第一次検定

建築
施工管理技士
出題分類別問題集

1級

建築学

共通

建築施工

施工管理法
（知識）／（応用能力）

法規

市ヶ谷出版社

ま え が き

　建築施工管理技士の資格は，1級と2級がありますが，建築工事にたずさわる技術者の皆様にとっては必ずどちらかを取得しておかなければならないものです。また，会社にとっても，建築施工管理技士を確保していることは，社会的な信用を高めることと同時に，企業としての経営力の評価を向上させるものです。

　本書では，忙しく活躍する建築技術者の方々に，**学力の蓄積をしながら効果的に学習し**，合格する実力を身につけられるよう工夫しました。

　まず，目からの印象を強め学習の助けとするため，**墨アミやアンダーライン**を施しました。さらに，効率的な学習を促すため，過去の出題を分析し，**出題頻度の高いものを優先**させるように記述してあります。

　また，随所に図を取り入れ，**視覚による理解を高める**ようにしました。これは，実戦力を高める上できわめて有力な武器となります。

　本書は，読者の理解を円滑にするため，分野別に分類し，なおかつ，分野内での重要度，出題頻度の高いものから配列するなどの工夫により，**建築施工の知識が体系的に習得できる**ようにしました。

　また本書は，**第一次検定**の合格を目指す皆様が，短期間に実力を養成できるよう，令和元年～令和5年の最近5年間に出題された［**最近出題された問題**］と毎年のように出題される［**必修基本問題**］の2本立てで，約540問の問題を精選し，その解答と解説を記述しました。また，ページの許す限り，**それらに関する重要な参考知識も掲載**しております。最新の試験問題（令和4，5年度）には，墨アミをかけてありますので，まずその問題から取り組んで下さい。

> 　**1級建築施工管理技術検定**は，「**令和3年度**」から第一次検定（旧学科試験）と第二次検定（旧実地試験）になりました。詳しくは次ページをご参照ください。

　令和5年11月

執筆者一同

1級建築施工管理技術検定　令和3年度制度改正について

令和3年度より，施工管理技術検定は制度が大きく変わりました。

●試験の構成の変更　　　　（旧制度）　　　　→　　　　（新制度）

　　　　　　　　　　学科試験・実地試験　　　→　　　第一次検定・第二次検定

●第一次検定合格者に『技士補』資格

　令和3年度以降の第一次検定合格者が生涯有効な資格となり，国家資格として『1級建築施工管理技士補』と称することになりました。

●試験内容の変更・・・以下を参照ください。

●受検手数料の変更・・第一次検定，第二次検定ともに受検手数料が 10,800 円に変更。

試験内容の変更

　学科・実地の両試験を経て，1級の技士となる現行制度から，施工技術のうち，基礎となる知識・能力を判定する第一次検定，実務経験に基づいた技術管理，指導監督の知識・能力を判定する第二次検定に改められます。

　第一次検定の合格者には技士補，第二次検定の合格者には技士がそれぞれ付与されます。

第一次検定

　これまで学科試験で求めていた知識問題を基本に，実地試験で出題していた施工管理法など能力問題が一部追加されることになりました。

　これに合わせ，合格基準も変更されます。現状，学科試験は全体の60％の得点で合格となりますが，新制度では，第一次検定は全体の合格基準に加えて，施工管理法（応用能力）の設問部分の合格基準が設けられました。これにより，全体の60％の得点と施工管理法の設問部分の60％の得点の両方を満たすことで合格となります。

　第一次検定はマークシート式で，出題形式の変更はありませんが，これまでの四肢一択形式に加え，施工管理法の応用能力を問う問題については，五肢二択の解答形式となります。

　合格に求める知識・能力の水準は現行検定と同程度となっています。

第一次検定の試験内容

検定区分	検定科目	検定基準	知識・能力の別	解答形式
第一次検定	建築学等	1　建築一式工事の施工の管理を適確に行うために必要な建築学，土木工学，電気工学，電気通信工学及び機械工学に関する一般的な知識を有すること。 2　建築一式工事の施工の管理を適確に行うために必要な設計図書に関する一般的な知識を有すること。	知　識	四肢一択
	施工管理法	1　監理技術者補佐として，建築一式工事の施工の管理を適確に行うために必要な施工計画の作成方法及び工程管理，品質管理，安全管理等工事の施工の管理方法に関する知識を有すること。	知　識	四肢一択
		2　監理技術者補佐として，建築一式工事の施工の管理を適確に行うために必要な応用能力を有すること。	能　力	五肢二択
	法　規	建設工事の施工の管理を適確に行うために必要な法令に関する一般的な知識を有すること。	知　識	四肢一択

（1級建築施工管理技術検定　受検の手引きより引用）

第一次検定の合格基準

　　　・建築学等（知識）

　　　・施工管理法（知識） ────＞ 60%

　　　・法規（知識）

　　　・施工管理法（応用能力）──── 60%

（国土交通省 不動産・建設経済局建設業課「技術検定制度の見直し等（建設業法の改正）」より）

第二次検定

　第二次検定は，施工管理法についての試験となります。

　知識を問う五肢一択のマークシート方式の問題と，能力を問う記述式の問題となります。

第二次検定の試験内容

検定区分	検定科目	検定基準	知識・能力の別	解答形式
第二次検定	施工管理法	1　監理技術者として，建築一式工事の施工の管理を適確に行うために必要な知識を有すること。	知　識	五肢一択 （マークシート方式）
		2　監理技術者として，建築材料の強度等を正確に把握し，及び工事の目的物に所要の強度，外観等を得るために必要な措置を適切に行うことができる応用能力を有すること。 3　監理技術者として，設計図書に基づいて，工事現場における施工計画を適切に作成し，及び施工図を適正に作成することができる応用能力を有すること。	能　力	記　述

（1級建築施工管理技術検定　受検の手引きより引用）

１級建築施工管理技術検定の概要

1．試験日程

　令和 6 年度の検定実施日程は本年 12 月末頃公表のため，令和 5 年度の日程を掲載しました。

　願書の手続きと試験日程は，例年同じ時期に実施されていますので，参考にして下さい。

令和5年度１級建築施工管理技術検定　実施日程

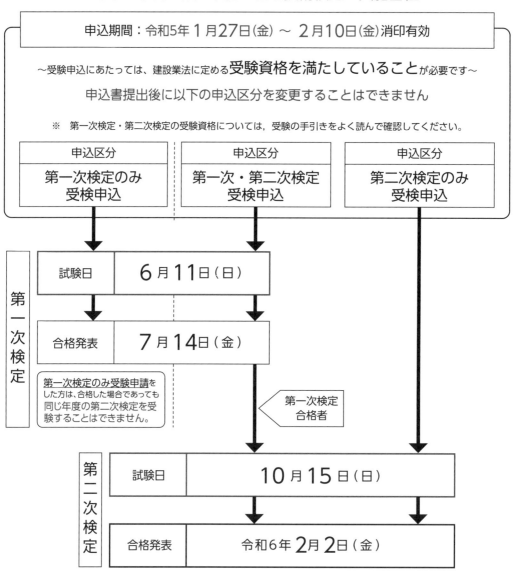

2. 受検資格

受検資格に関する詳細については，必ず「受検の手引」をご確認ください。

第一次検定

[注1] 実務経験年数は，令和6年3月31日現在で計算してください。このとき，年数が不足して受検資格を満たせない場合，第一次検定の試験日の前日まで参入することができます。

[注2] 実務経験年数には，「指導監督的実務経験」を1年以上含むことが必要です。

指導監督的実務経験とは，現場代理人，主任技術者，工事主任，設計監理者，施工監督などの立場で，部下・下請けに対して工事の技術面を総合的に指導監督した経験をいいます。

区分	学歴又は資格		実務経験年数	
			指定学科	指定学科以外
イ	大学，専門学校の「高度専門士」		卒業後3年以上	卒業後4年6ヶ月以上
	短期大学，高等専門学校（5年制），専門学校の「専門士」		卒業後5年以上	卒業後7年6ヶ月以上
	高等学校，中等教育学校（中高一貫校），専門学校の専門課程		卒業後10年以上※1. ※2	卒業後11年6ヶ月以上※2
	その他（学歴問わず）		15年以上※2	
ロ	二級建築士試験合格者		合格後5年以上	
ハ	2級建築施工管理技術検定第二次検定※合格者（※令和2年度までは実地試験）		合格後5年以上※1. ※2	
	2級建築施工管理技術検定第二次検定※合格後，実務経験が5年未満の者（※令和2年度までは実地試験）	短期大学高等専門学校（5年制）専門学校の「専門士」	上記イの区分参照	卒業後9年以上※2
		高等学校中等教育学校（中高一貫校）専門学校の専門課程	卒業後9年以上※2	卒業後10年6ヶ月以上※2
		その他（学歴問わず）	14年以上※2	
ニ	【注】 区分ニの受検資格は，第一次検定のみ受検可能です。この区分で受検申請した場合，第一次検定合格後，今年度の第二次検定を受験することができません。			
	2級建築施工管理技術検定第二次検定※合格者（※令和2年度までは実地試験）		実務経験年数は問わず	

※1 主任技術者の要件を満たした後，専任の監理技術者の配置が必要な工事に配置され，監理技術者の指導を受けた2年以上の実務経験を有する方は，表中※1印がついている実務経験年数に限り2年短縮が可能です。

※2 指導監督的実務経験として「専任の主任技術者」を1年以上経験した方は，表中※2印がついている実務経験年数に限り2年短縮が可能です。

※3 職業能力開発促進法に規定される職業訓練等のうち国土交通省の認定を受けた訓練を修了した者は，受検資格を満たすための実務経験年数に職業訓練期間を算入することが可能です。

※4 大学から飛び入学により大学院へ進学した方は，大学卒業と同等です。大学院入学日以降に積んだ実務経験で計算してください。

※5 学位授与機構より学士の学位を授与された方は，大学卒業と同等です。学位を授与された日以降に積んだ実務経験で計算してください。

※6 国外の学歴，実務経験の取り扱いについては，「日本国外の学歴・実務経験について」をご覧ください。

第二次検定

[1] 建築士法による一級建築士試験合格者で，上記の区分イ～ハのいずれかの受検資格を有する者

[2] 令和3年度以降の1級建築施工管理技術検定第一次検定合格者のうち，上記の区分イ～ハのいずれかの受検資格で受検した者

[3] 令和3年度以降の1級建築施工管理技術検定第一次検定合格者のうち，上記の区分ニの受検資格で受検した者で，上分の区分イ～ハのいずれかの受検資格を有する者

[4] 本年度第一次検定の合格者【上記の区分イ～ハの受検資格で受検した者に限る】

3. 試験地

札幌・仙台・東京・新潟・名古屋・大阪・広島・高松・福岡・沖縄

4. 試験の内容

「1級建築施工管理技術検定　令和3年度制度改正について」をご参照ください。

受検資格や試験の詳細については受検の手引をよく確認してください。

不明点等は下記機関に問い合わせしてください。

5. 試験実施機関

〒105-0001　東京都港区虎ノ門4-2-12　虎ノ門4丁目MTビル2号館

TEL：03-5473-1581

一般財団法人　建設業振興基金　試験研修本部

ホームページ：www.fcip-shiken.jp

◆本書の利用のしかた◆

本書は，次のように構成されております。

第1章　建　築　学　101題

第2章　共　　　　通　　45題

第3章　建　築　施　工　174題

第4章　施工管理法（知識）　125題

第5章　施工管理法（応用能力）　18題

第6章　法　　　　規　　76題

　　　　　　合計　539題

　令和5年度は，試験問題のうち，共通（5問）と施工管理法（知識）（15問）は 必須問題 ですので，第2章と第4章は，全体をくまなく，最も重点的に学習してください。

　新たに追加された施工管理法（応用能力）は6問出題され， 必須問題 でした。内容は建築施工，施工管理法の範囲からの出題で五肢二択となりましたが，本テキストを学習していれば解答できる問題でした。

　建築学は15問中12問，建築施工は19問中14問，法規は12問中8問の 選択問題 です。専門分野ごとに問題を取りまとめてありますので，総花的に解答にトライしようとせずに，**自分の得意な分野に限定して確実に得点できるようにしてください。**

　限られた時間ですので，取捨選択も大事な受験技術です。80点を取ることを目標に，効率的に学習してください。

　本書では，まえがきで述べた特色のほかに，次のような点も配慮しました。

チェックマーク　問題番号の前に示した □□□ は，問題に目を通すたびにチェックをするためのもので，重要問題は2度，3度と繰り返し，学習効果を高めてください。

重要用語・内容　重要用語は，太字とし，重要な内容には，アンダーラインを付しました。

　また，【正解】は太字，墨アミとし，視覚により学習しやすくしました。

実際に学習していく上では，次のような点にも注意しておくとよいでしょう。

⑴　施工管理法（知識）・建築学は，できるだけ問題の選択肢を理解し覚えていくことがたいせつです。このような選択式問題は，選択肢の1肢，1肢をじっくり頭に入れて整理していくと，比較的容易に覚えられるものです。

⑵　建築施工については，自分の得意とする分野を半分だけ選び，それを徹底的に学習するのもよい方法でしょう。

応用能力問題に対する準備

応用能力問題に対する準備として，次のような点に注意していくとよいでしょう。

⑴　令和5年度から施工管理法について，「監理技術者補佐としての応用能力」を有することを判定するために，実地試験で求められていた応用能力問題の一部が追加されることになりました。

⑵　しかしながら，実際令和3年度から令和5年度に出題された応用能力問題は，本書でいう「建築施工」からの五肢二択の問題がほとんどで，いずれも本書を学習しておけば解答できる問題でした。

⑶　令和6年度は，「建築施工」からの出題になるか，「施工管理法」からの出題になるかは不明ですが，いずれにしても，本書で取り上げている過去の試験問題に関連した出題になると思われます。

⑷　したがって，本書をきちんと学習しておけば，出題分野・出題形式（四肢一択または五肢二択）に関わらず正答を導けるものと思われます。

目　　　　次

1級建築施工管理技術検定試験（学科試験，第一次検定）過去問題分析表

分類			令和5年	令和4年	令和3年	令和2年	令和1年	平成30年
第一章 建築学	1・1 環境工学	換気		1	1	1	1	1
		伝熱		2			2	
		日照・日射	1			2		2
		音	3	3	3	3		3
		採光・照明	2		2		3	
	1・2 一般構造	木質構造		5		4		4
		免震構造	4		4		4	
		RC構造(構造計画)	5	4	5	5	5	5
		鉄骨構造	6	6	6	6	6	6
		基礎構造						7
		杭基礎	7		7		7	
		地盤及び基礎構造		7		7		
	1・3 構造力学	積載荷重				8		
		許容曲げモーメント					8	
		断面二次モーメント			8			
		荷重及び外力		8				8
		引張縁応力度	11					
		3ヒンジラーメンの反力	9	9		9	9	9
		3ヒンジラーメンの曲げモーメント図	10					10
		片持ち梁に生じるモーメメント反力						
		単純梁の曲げモーメント図		10	10			
		梁に荷重が作用したときの曲げモーメント図					10	
		架構に等分布荷重が作用したときの曲げモーメント図				10		
		架構に等分布荷重が作用したときの反力・曲げモーメント			9			
	1・4 建築材料	金属材料（鋼材）	12	11	11	11	11	11
		コンクリート	11					
		左官材料		12		12		12
		石材の特徴	13		12		12	
		セメント						
		サッシの性質項目				13		
		ガラス		13				13
		シーリング材		14		14		14
		金属製屋根材						
		ドアセットの性能項目			13		13	
		防水材料	14		14		14	
		内装材料		15		15		15
		塗料	15		15		15	
	2・1 外構工事	アスファルト舗装		16		16		16
		測量			16		16	
		植栽	16					

＊各年度の番号は問題番号を表す。

※ ▟▟▟▟▟ は応用能力問題

分類		年度	令和5年	令和4年	令和3年	令和2年	令和1年	平成30年
第二章 共通	2・2 建築設備	避雷設備		17		17		17
		空気調和設備		18		18		18
		消火設備		19		19		19
		電気設備	17		17		17	
		給水設備			18		18	
		給排水設備	18					
		昇降設備	19		19		19	
	2・3 契約など	公共建築数量積算基準				20		
		公共建築工事積算基準		20				
		公共工事標準請負契約約款	20		20		20	20
第三章 建築施工	躯体	乗入れ構台・荷受け構台	21	21	21	21	21	21
		土工事		22		22		22
		土質試験					22	
		地盤調査及び土質試験			22			
		地下水処理工法	22				23	
		山留め工事		23				
		ソイルセメント柱列山留め壁				23		23
		場所打ちコンクリート杭		24		24		24
		既製コンクリート杭	23		23		24	
		鉄筋の継手・定着			55	25		25
		鉄筋の機械式継手	24			26		26
		鉄筋の配筋					25	
		鉄筋の加工・組立て	55					
		鉄筋のガス圧接		25	24		26	
		型枠の設計				27		27
		型枠支保工	25	56	56		27	
		コンクリートの調合	56	26	25	28	28	
		コンクリートの運搬・打込み	26		26	29	29	28
		コンクリートの養生		57				29
		高力ボルト接合		27		30		30
		鉄骨の溶接	57		27		30	
		鉄骨の加工・組立	27		28		31	
		柱補強工事			57			
		建設機械	29		30			
		大断面集成材	28		29		32	32
		大空間鉄骨架構の建方		28		31		31
		木質軸組構法		29		32		
		揚重運搬機械		30		33	33	33
		RC造の耐震改修工事	30					
		躯体解体工事						

※ ▨▨▨▨は応用能力問題

※ ▓▓▓▓ は応用能力問題

分類		年度	令和5年	令和4年	令和3年	令和2年	令和1年	平成30年
第四章 施工管理法	施工計画	仕上工事の施工計画				50		
		仕上改修工事の施工計画					50	50
		材料の保管（取り扱い）	42	55	42	51	51	51
		工事の記録		43		52		52
		労働基準監督署長への届出	43		43		52	
	工程管理	工程計画	44	45	44	53	54	
		工期と費用の関係		44			53	
		工程計画の立案				54		
		施工速度とコストの関係						
		突貫工事における工事原価の急増する原因						53
		工程計画・工程管理						54
		鉄骨工事の所要工期算出	45					
		工事の総所要日数						
		タクト手法		46		55		55
		鉄骨工事の工程計画			45		55	
		ネットワーク工程表	46		46	56	56	56
	品質管理	品質管理		47	47	57		57
		QC工程表					57	
		JIS Q9000の用語						
		品質管理用語				58	58	58
		管理値				59	59	59
		品質管理の精度	47					
		品質管理図表	48		48		60	
		品質管理における検査	49		49	60	61	60
		コンクリートの試験と検査		48		61		
		ガス圧接継手の検査					62	61
		仕上げ工事の試験・検査	60				63	
		タイル張工事の試験				62		62
	安全管理	解体工事における振動・騒音対策		49		63		63
		労働災害		50	53	64	64	
		死亡災害						64
		公衆災害防止対策	50	51	50	65	65	65
		作業主任者の職務	51	52		66		66
		作業主任者の選任			51		66	
		足場	52		52	67	67	67
		立入りを禁止すべきもの						68
		事業者が行わなければならない点検				68		
		事業者の講ずべき措置	53	53			68	
		有機溶剤作業					70	
		ゴンドラ				69		69
		クレーン	54		54		69	

分類			令和5年	令和4年	令和3年	令和2年	令和1年	平成30年
第五章　法　規		酸素欠乏危険作業		54		70		
		工具の携帯に関する規定						70
	建築基準法	建築確認等の手続き	62	61		71		
		用語の定義	61		61		71	
		法全般	63	62	62	72	72, 73	71, 72
		防火区画			63			
		避難施設等		63		73		
		内装制限						73
	建設業法	建設業の許可	64	64	64	74	74	74
		請負契約	65	65	65	75	75	75
		工事現場に置く技術者		66		76		76
		元請負人の義務			66		76	
		法全般	66					
	労働基準法	労働契約		67		77		77
		女性の就業					77	
		労働時間	67					
		年少者の就業			67			
	労働安全衛生法	安全衛生管理体制	68	68	68	78	78	78
		労働者の就業に当たっての措置		69		79		79
		就業制限	69				79	
		業務に係る免許を必要とするもの			69			
		法全般						
		安全衛生のための教育						
	環境保全関係法	「資材の再資源化等法」		70		80		80
		「廃棄物処理法」上の法全般	70		70		80	
	その他	「騒音規制法」上の特定建設作業の実施の届出		71		81		81
		「道路交通法」上の警察署長の許可		72		82		82
		「宅地造成規制法」の法全般	71		71		81	
		「振動規制法」上の特定建設作業の規制	92		72		82	
		「消防法」上の消防用設備等						

1級建築施工管理技術検定試験（学科試験，第一次検定）の出題数および解答数

分野別		令和5年 出題数	令和5年 解答数	令和4年 出題数	令和4年 解答数	令和3年 出題数	令和3年 解答数	令和2年 出題数	令和2年 解答数	令和元年 出題数	令和元年 解答数	平成30年 出題数	平成30年 解答数	平成29年 出題数	平成29年 解答数	平成28年 出題数	平成28年 解答数	平成27年 出題数	平成27年 解答数	平成26年 出題数	平成26年 解答数
建築学等 建築学・共通	環境工学	3		3		3		3		3		3		3		3		3		3	
	力学・一般構造	7	12	7	12	7	12	7	12	7	12	7	12	7	12	7	12	7	12	7	12
	建築材料	5		5		5		5		5		5		5		5		5		5	
	設備その他	4	4	4	4	4	4	4	4	4	4	4	4	5	5	4	4	4	4	4	4
	契約関係	1	1	1	1	1	1	1	1	1	1	1	1	−	−	1	1	1	1	1	1
施工	躯体	10	7	10	7	10	7	13	5	13	5	13	5	13	5	13	5	13	5	13	5
	仕上	9	7	9	7	9	7	12	5	12	5	12	5	12	5	12	5	12	5	12	5
施工管理法	施工計画	4	4	4	4	4	4	7	7	7	7	7	7	7	7	7	7	7	7	7	7
	工程管理	3	3	3	3	3	3	4	4	4	4	4	4	4	4	4	4	4	4	4	4
	品質管理	3	3	3	3	3	3	7	7	7	7	6	6	7	7	7	7	7	7	7	7
	安全管理	5	5	5	5	5	5	7	7	7	7	8	8	7	7	7	7	7	7	7	7
	応用能力問題	6	6	6	6	6	6														
法規	建築基準法	3		3		3		3		3		3		3		3		3		3	
	建設業法	3		3		3		3		3		3		3		3		3		3	
	労働基準法	1		1		1		1		1		1		1		1		1		1	
	労働安全衛生法	2		2		2		2		2		2		2		2		2		2	
	都市計画法	−	8	−	8	−	8	−	8	−	8	−	8	−	8	1	8	−	8	−	8
	廃棄物処理法	1		−		1		−		1		−		1		−		1		−	
	振動・騒音規制法	1		1		1		1		1		1		1		1		1		1	
	消防法	−		1		−		−		−		−		−		1		−		1	
	資材の再資源化等法	−		−		−		1		−		1		−		−		−		1	
	その他関連法	1		1		1		1		1		−		1		−		1		1	
合計		72	60	72	60	72	60	82	60	82	60	82	60	82	60	82	60	82	60	82	60

第1章 建築学

1・1 環 境 工 学

[最近出題された問題]

1・1・1 換 気

☐☐☐ **1** 換気に関する記述として，**最も不適当な**ものはどれか。

(1) 必要換気量は，1時間当たりに必要な室内の空気を入れ替える量で表される。

(2) 温度差による自然換気は，冬期には中性帯より下部から外気が流入し，上部から流出する。

(3) 全熱交換器は，冷暖房を行う部屋で換気設備に用いると，換気による熱損失や熱取得を軽減できる。

(4) 室内の効率的な換気は，給気口から排気口に至る換気経路を短くするほうがよい。

《R4-1》

☐☐☐ **2** 換気に関する記述として，**最も不適当な**ものはどれか。

(1) 風圧力による自然換気の場合，他の条件が同じであれば，換気量は風上側と風下側の風圧係数の差の平方根に比例する。

(2) 室内外の温度差による自然換気で，上下に大きさの異なる開口部を用いる場合，中性帯の位置は，開口部の大きい方に近づく。

(3) 中央管理方式の空気調和設備を設ける場合，室内空気の一酸化炭素の濃度は，100ppm 以下となるようにする。

(4) 中央管理方式の空気調和設備を設ける場合，室内空気の浮遊粉塵の量は，0.15mg/m^3 以下となるようにする。

《R3-1》

☐☐☐ **3** 換気に関する記述として，**最も不適当な**ものはどれか。

(1) 換気量が一定の場合，室容積が小さいほど換気回数は多くなる。

(2) 給気口から排気口に至る換気経路を短くするほうが，室内の換気効率はよくなる。

(3) 全熱交換器を用いると，冷暖房時に換気による熱損失や熱取得を軽減できる。

(4) 換気量が同じ場合，置換換気は全般換気に比べて，換気効率に優れている。

《R2-1》

[解説]

1 (1) **換気量**は，単位時間当たりに室内の空気を入れ替える量で表される。在室者の呼吸のための換気や火気使用室おいて必要とされる換気量を**必要換気量**という。その換気量を室内

(注)　問題の右下の表示は，《R1-1》は令和元年の 1 番の問題を表し，《基 本》は基本的な問題を表している。

の体積で割ったものを換気回数という。

⑵　自然換気には，室内外の温度差に基づく空気の密度差による**重力換気**と建物の外壁に加わる風圧による**風力換気**がある。室の上下に開口がある場合，室温が外気温度より高いと，室内空気は外気より軽いため，上部から流出し，下部では外気が室内に流入することになる。

　　冬期（暖房時）：室内温度が高い→上から流出，下から外気が流入

　　夏期（冷房時）：室内温度が低い→下から流出，上から外気が流入

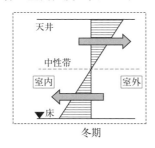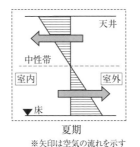

※矢印は空気の流れを示す

図1　風力換気

なお，室内空気圧と室外の大気圧が同一となる垂直方向の位置を**中性帯**という。

⑶　全熱交換器は，空調室の換気で使用される省エネ手法で，空調室からの排気の熱で空調室へ給気する外気を予冷・予熱する省エネ手法である。

⑷　給気口と排気口の距離を短くすると室内の空気が入れ替わらず，室内に入った空気がそのまま排気されることになる。これをショートサーキットという。よって，最も不適当である。

2 ⑴　風圧力による自然換気の換気量 Q（m³/h）は，次式で表される。

$$Q = \alpha AV \times \sqrt{(Cf - Cb)}$$

α：流量係数，A：開口部面積，V：外部風速，Cf：**風上風圧係数**，Cb：**風下側風圧係数**

⑵　温度差換気の場合，開口部の大きいほうの室内外圧力差は小さくなるため，中性帯（室内の気圧が外気圧（大気圧）と等しくなる垂直方向の位置）の位置は，開口部の大きい方に近づくことになる。

⑶　中央管理方式の空気調和設備を設ける場合，室内空気の一酸化炭素の許容濃度は，10 ppm である。よって，最も不適当である。

⑷　中央管理方式の空気調和設備を設ける場合，室内空気の浮遊粉塵の量は，0.15 mg/m³ である。

3 ⑴　**換気回数**とは，居室内へ供給される，あるいは排出される空気量を居室の容積で割った値である。

⑵　給気口から排気口に至る換気経路を短くすると，空気が給気口から排気口へと短絡し換気効率は悪くなる。よって，最も不適当である。

⑶　**置換換気方式**は床面から給気し，居住域に温度成層を形成して，汚染物質は上昇気流によって搬送し天井面の排気口から排出する。ピストンフローに近い気流状態となるので，一般の混合換気方式と比べ換気効率に優れている。

【正解】　**1**：⑷，**2**：⑶，**3**：⑵

1・1・2　伝　　　熱

☐☐☐ **4** 伝熱に関する記述として，**最も不適当な**ものはどれか。

(1) 熱放射は，電磁波による熱の移動現象で，真空中においても生じる。

(2) 壁体の含湿率が増加すると，その壁体の熱伝導率は小さくなる。

(3) 壁体の熱伝達抵抗と熱伝導抵抗の和の逆数を，熱貫流率という。

(4) 物質の単位体積当たりの熱容量を，容積比熱という。

《R4-2》

☐☐☐ **5** 伝熱に関する記述として，**最も不適当な**ものはどれか。

(1) 壁体内の中空層の片面にアルミ箔を貼り付けると，壁体全体の熱抵抗は大きくなる。

(2) 熱放射は，電磁波による熱移動現象であり，真空中でも生じる。

(3) 壁体内にある密閉された中空層の熱抵抗は，中空層の厚さに比例する。

(4) 総合熱伝達率は，対流熱伝達率と放射熱伝達率を合計したものをいう。

《R1-2》

☐☐☐ **6** 伝熱に関する記述として，**最も不適当な**ものはどれか。

(1) 熱損失係数は，建物の断熱性能評価の指標であり，その値が小さいほど断熱性能が高い。

(2) 壁体の熱貫流抵抗は，熱伝達抵抗と熱伝導抵抗の和によって得られる。

(3) 熱放射は，電磁波による熱移動現象であり，真空中では放射による熱移動は生じない。

(4) 壁体の中空層（空気層）の熱抵抗は，中空層の厚さが 20～30 mm を超えると，厚さに関係なくほぼ一定となる。

《H28-2》

1・1・3　採光・照明・日照・日射・日影

☐☐☐ **7** 日照及び日射に関する記述として，**最も不適当な**ものはどれか。

(1) 北緯 35°における南面の垂直壁面の可照時間は，夏至日より冬至日のほうが長い。

(2) 日影規制は，中高層建築物が敷地境界線から一定の距離を超える範囲に生じさせる，冬至日における日影の時間を制限している。

(3) 水平ルーバーは東西面の日射を遮るのに効果があり，縦ルーバーは南面の日射を遮るのに効果がある。

(4) 全天日射は，直達日射と天空日射を合計したものである。

《R5-1》

［解説］

4 (1) 熱放射は，電磁波による熱の移動現象で，水や空気などの媒体を必要としない伝熱現象である。

建築学

(2) 伝導率の値は，含湿率が大きく（湿潤状態）なると大きくなる。水の熱伝導率は約 0.6 W/mK，空気は約 0.0241 W/mK で水は空気より 24 倍熱が伝わりやすい。水の含有率が増えると熱伝導率は大きくなる。よって，最も不適当である。

(3) 熱貫流率 K = 1/Σ 熱抵抗で表される。

(4) **熱容量**は，ある物体の温度を 1℃ 高めるのに必要な熱量で，容積比熱 ⌊J/K⌉ = ρ [kg/m³]・c [J/（kg・K）]・V [m³] である。壁材の断熱特性として容積比熱が用いられる。

5 (1) 壁体内の中空層の片面にアルミ箔を張り付けると，放射による熱流がほとんど 0 になるので，壁体全体の熱抵抗は大きくなる。

(3) 壁体内にある密閉された**中空層の熱抵抗**は，中空層の厚さが 20〜30 mm を超えると，内部に**対流**が生じ，厚さに関係なくほぼ一定となる。よって，最も不適当である。

6 (1) **熱損失係数**とは，建物からの換気による熱損失を含む熱損失を延面積で割った値であり，単位は，W/（m²・℃）である。建物の断熱性能および保温性能の評価の指標であり，その値が小さいほど，断熱性能が高い。

(2) 壁体の熱貫流抵抗は，壁体表面における熱伝達抵抗と壁体内部における熱伝導抵抗の和である。

(3) **熱放射**は，電磁波による熱移動現象であり，途中に媒体を必要としない。真空中であったとしても熱が伝わる。よって，最も不適当である。

(4) 壁体の中空層の熱抵抗は，中空層の厚さが 20〜30 mm を超えると，内部に対流が生じ，厚さに関係なくほぼ一定となる。

7 (1) 南面の垂直壁面の可照時間は，夏至では 7 時間，冬至では 9 時間 32 分である。

(2) 日影規制は，「日影による中高層の建築物の制限」の略で，冬至日において一定時間以上の日影が生じないよう，建築物の高さを制限するもので，具体的な時間は条令等で定められている。

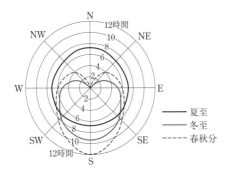

壁面の方位	夏　至	春・秋分	冬　至
南　　　　面	7 時間 0 分	12 時間 0 分	9 時間 32 分
東，　西面	7 時間 14 分	6 時間 0 分	4 時間 46 分
北　　　　面	7 時間 28 分	0 分	0 分
南東，南西面	8 時間 4 分	8 時間 0 分	8 時間 6 分
北東，北西面	6 時間 24 分	4 時間 0 分	1 時間 26 分
水　平　面	14 時間 28 分	12 時間 0 分	9 時間 32 分

図 2　垂直壁の方位可照時間

(3) 東西面に日射が当たる朝方，夕方の場合は，太陽高度が低く水平ルーバーでは遮ることができず，縦ルーバーが用いられる。

(4) 日射には，太陽から直接当たる直達日射と拡散光である天空日射があり，全天日射＝直達日射＋天空日射となる。　【正解】 4 : (2)，5 : (3)，6 : (3)，7 : (3)

8 採光及び照明に関する記述として，**最も不適当な**ものはどれか。

(1) 横幅と奥行きが同じ室において，光源と作業面の距離が離れるほど，室指数は小さくなる。

(2) 設計用全天空照度は，快晴の青空のときのほうが薄曇りのときよりも小さな値となる。

(3) 照度は，単位をルクス（lx）で示し，受照面の単位面積当たりの入射光束のことをいう。

(4) 光度は，単位をカンデラ（cd）で示し，反射面を有する受照面の光の面積密度のことをいう。

《R5-2》

9 採光及び照明に関する記述として，**最も不適当な**ものはどれか。

(1) 演色性とは，照明光による物体色の見え方についての光源の性質をいう。

(2) 光束とは，単位波長当たりの放射束を標準比視感度で重みづけした量をいう。

(3) 形状と面積が同じ側窓は，その位置を高くしても，昼光による室内の照度分布の均斉度は変わらない。

(4) 設計用全天空照度は，快晴の青空のときが薄曇りのときよりも小さな値となる。

《R3-2》

10 日照及び日射に関する記述として，**最も不適当な**ものはどれか。

(1) 同じ日照時間を確保するためには，緯度が高くなるほど南北の隣棟間隔を大きくとる必要がある。

(2) 夏至に終日日影となる部分は永久日影であり，1年を通して太陽の直射がない。

(3) 北緯35度付近で，終日快晴の春分における終日直達日射量は，東向き鉛直面よりも南向き鉛直面のほうが大きい。

(4) 昼光率は，全天空照度に対する室内のある点の天空光による照度であり，直射日光による照度を含む。

《R2-2》

11 採光及び照明に関する記述として，**最も不適当な**ものはどれか。

(1) 均等拡散面上における輝度は，照度と反射率との積に比例する。

(2) 演色性とは，光がもつ物体の色の再現能力のことで，光の分光分布によって決まる。

(3) 昼光率とは，全天空照度に対する室内のある点の天空光による照度の比をいう。

(4) 設計用全天空照度は，快晴の青空のときが薄曇りの日よりも大きな値となる。

《R1-3》

［解説］

8 (1) 室指数 K は壁面積に対する床面積（＝天井面積）で，$K = X \times Y / \{H \times (X+Y)\}$ で計算する。部屋の幅と奥行きの比率で，照明器具の光束をどれだけ効率的に利用できるか算出する。室の横幅 X と奥行き Y が同じ場合，天井面と作業面が離れるほど，H は大きく

なるため, 室指数は小さくなる。

(2) 設計用天空照度は, 設計時に使用する天空照度で, 気候によって異なるが, 薄曇りでは 50,000 Lx に対して, 快晴の青空では 10,000 Lx と小さい値となる。

図3

(3) 照度は, 単位はルクス (Lx) で, 単位面積 (1 m²) に入る光束を表す。

(4) 光度は, 単位はカンデラ (cd) で, 点光源を特定の方向から見たときの明るさ (点光源からある方向を照らす単位立体角あたりの光束) を表す。反射面を有する受照面の光の面密度は照度のことで, 単位はルクス (Lx, lm/m²) である。

9 (1) 演色性とは, 物体色の見え方の変化を起こさせる光源の性質をいう。自然光のときの見え方に近いものほど演色性がよいとしている。

(2) 光束は, 放射束に人間の目の光に対する感度を考えあわせたもので, 標準 (分光) 比視感度によって評価している。

(3) 均斉度は, 最大照度と平均照度の比 (室内の明るさの均一度を表す指標) で, <u>均斉度＝室内の平均照度 / 室内の最大照度</u>で表される。天窓や高窓など高い位置にある側窓は, 均斉度が高くなり, 低い位置にある側窓は, 床面の採光量が大きくなるが, 均斉度は低くなる。よって, 最も不適当である。

10 (2) **永久日影**とは, <u>建築物などにより直射日光が遮断され, 一年を通じてまったく太陽直射光の当たらない領域で, 我が国においては, 夏至の日に終日日影となる部分である。</u>

(4) 昼光率は, 全天空照度に対する室内のある点の天空光による照度であり, 直射日光による照度は含まない。よって, 最も不適当である。

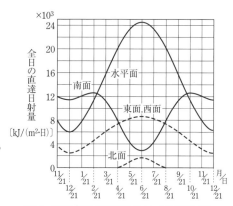

図4 建物各面の終日日射量 (北緯 35 度)

11 (1) 均等拡散面における輝度は, その面の照度 (光の入射量) と反射率 (光の放射量) によって決まる。$L = pE / \pi$ 〔L：輝度, p：反射率, E：照度〕

(2) 演色性は, 物体色の見え方の変化を起こさせる光源の性質をいう。自然光のときの見え方に近いものほど演色性がよいとしている。

(3) 昼光率は次式で表す。なお, 同一室内であっても, 測定する地点によって照度が異なれば, 昼光率も異なる値を示す。

$$昼光率 = \frac{室内におけるある点の水平面照度（E）}{全天空照度（Es）} \times 100（\%）$$

(4) 設計用全天空照度は, 薄曇りの日のほうが快晴の青空より大きくなる。よって, 最も不適当である。

【正解】 8 : (4), 9 : (3), 10 : (4), 11 : (4)

1・1・4　音

□□□ **12** 吸音及び遮音に関する記述として，**最も不適当なもの**はどれか。
- (1) 吸音材は，音響透過率が高いため，遮音性能は低い。
- (2) 多孔質の吸音材は，一般に低音域より高音域の吸音に効果がある。
- (3) 単層壁において，面密度が大きいほど，音響透過損失は小さくなる。
- (4) 室間音圧レベル差の遮音等級はD値で表され，D値が大きいほど遮音性能は高い。

《R5-3》

□□□ **13** 音に関する記述として，**最も不適当なもの**はどれか。
- (1) 音波は，媒質粒子の振動方向と波の伝搬方向が等しい縦波である。
- (2) 音速は，気温が高くなるほど速くなる。
- (3) 音波が障害物の背後に回り込む現象を回折といい，低い周波数よりも高い周波数の音のほうが回折しやすい。
- (4) ある音が別の音によって聞き取りにくくなるマスキング効果は，両者の周波数が近いほどその影響が大きい。

《R4-3》

□□□ **14** 吸音及び遮音に関する記述として，**最も不適当なもの**はどれか。
- (1) グラスウールなど多孔質の吸音材の吸音率は，一般に低音域より高音域の方が大きい。
- (2) コンクリート間仕切壁の音響透過損失は，一般に低音域より高音域の方が大きい。
- (3) 床衝撃音レベルの遮音等級を表すL値は，その値が大きいほど遮音性能が高い。
- (4) 室間音圧レベル差の遮音等級を表すD値は，その値が大きいほど遮音性能が高い。

《R3-3》

［解説］

12 (1)　グラスウールなどの多孔質の吸音材は，吸音率は高いが，音響透過率が高く遮音性能は低い。遮音性能は，気密性，質量の大きい材料の採用，同じ材料では厚いほど高い。

(2)　多孔質の吸音材は，一般に低音域より高音域に対して効果がある。

(3)　単層壁では，面密度が大きいほど，音響透過損失は大きい。よって最も不適当である。

(4)　遮音等級は，D値で表され，D値が大きいほど遮音性能は高い。なお，床衝撃音は，L値で表され，数値が少ないほど性能は高い。

13 (1)　音波は，空気中を音の波が進行方向に粗密波で伝わる**縦波**である。横波とは振動が波の進行方向に対して垂直である波である。

建
築
学

(2) 音速 V（m/s）と気温の関係は，V＝331.5＋0.61×t で表される。t は気温（℃）で，温
度が高くなると速くなる。

(3) 音波の波長が障害物より大きいと障害物の背後に回り込む回折現象がおこる。回折は周
波数が低くなるほど回折しやすい。よって，最も不適当である。

(4) **マスキング現象**は，通常なら明瞭に聞こえる音が別の音で聞こえなくなることで，両者
の周波数が近いほどその影響は大きい。

14 (1) 設問のとおりである。グラスウールなどの多孔質は，音が入射した際に繊維を振動させ，
細かい間隙に入りこむときの摩擦等により，音のエネルギーを熱エネルギーに変換するこ
とで吸音する。特に低音域より高音の方が大きい。

(3) 床の遮音等級は，上階の床に設置した標準衝撃音発生装置による音を下階において測定
し，L-30～80 までの数値で示す。値が小さいほど遮断性能が高いことを表わす。よって，
最も不適当である。

(4) 壁体の遮音等級は，室間の音圧レベル差で表示し，D-60～30 までの等級がある。この
値が大きいほど，遮音性能が優れている。

【正解】 12 : (3)，13 : (3)，14 : (3)

建築学

15 音に関する記述として，**最も不適当なもの**はどれか。

(1) 人間が聞き取れる音の周波数は，一般的に 20 Hz から 20 kHz といわれている。

(2) 室内の向かい合う平行な壁の吸音率が低いと，フラッターエコーが発生しやすい。

(3) 自由音場において，無指向性の点音源から 10 m 離れた位置の音圧レベルが 63 dB のとき，20 m 離れた位置の音圧レベルは 57 dB になる。

(4) 音波が障害物の背後に回り込む現象を回折といい，低い周波数よりも高い周波数の音のほうが回折しやすい。

《R2-3》

［解説］

15 (2) **フラッタエコー**とは，音が多重反射を起こすことで生まれる音響障害で，壁と床，または天井と床が平行であったり，その平行面の面積が広かったり，向き合う平行な壁の吸音率が低い場合に，発生した音が延々と反射を繰り返すことで生じる。

(3) 点音源から放射された音が球面上に一様に広がる場合，音の強さは点音源からの距離の2乗に反比例するから，点音源の音の強さを I_0，点音源からの距離が r における音源の音の強さのレベルを I_r とすれば，音源からの距離が nr の点の音の強さのレベル I_{nr} は，

$$10\log_{10}\left(\frac{I_{nr}}{I_0}\right)$$

$$=10\log_{10}\left[\frac{\dfrac{I_r}{n^2}}{I_0}\right]$$

$$=10\log_{10}\left[\frac{I_r}{I_0}-2\log_{10}n\right]$$

$$=10\log_{10}\left[\frac{I_r}{I_0}\right]-20\log_{10}n$$

$10\log_{10}\left[\dfrac{I_r}{I_0}\right]$ は，音源からの距離が r の点の音の強さのレベルであるから，これを L_r と置けば，

$$=L_r-20\log_{10}n$$

点音源からの距離が 10 m から 20 m と $n=2$ であるから，

$$=L_r-20\log_{10}2=L_r-6.02$$

すなわち，音源からの距離が 10 m から 20 m と 2 倍になると，音圧レベルは，約 6 dB 低下し，63 dB から 57 dB となる。

(4) 音波が障害物の背後に回り込む現象を**回折**というが，高い周波数よりも低い周波数の音のほうが回析しやすい。よって，最も不適当である。

建
築
学

1・1・5　色　　彩

□□□ **16** マンセル表色系に関する記述として，**最も不適当なもの**はどれか。

(1) マンセル記号で表示された「5 RP 3/8」のうち，数値「3」は彩度を表す。

(2) マンセル色相環の相対する位置にある色相は，互いに補色の関係にある。

(3) 明度は，理想的な白を 10，理想的な黒を 0 として，10 段階に分割している。

(4) 彩度は，色の鮮やかさの程度を表し，マンセル色立体では，無彩色軸からの距離で示す。

《H25-3》

□□□ **17** マンセル表色系に関する記述として，**最も不適当なもの**はどれか。

(1) マンセル色相環において，対角線上にある 2 つの色は，補色の関係にある。

(2) 明度は，色の明るさを表し，理想的な黒を 10，理想的な白を 0 として，10 段階に分けている。

(3) 彩度は，色の鮮やかさの程度を表し，無彩色軸からの距離で示す。

(4) マンセル記号「5 Y 8/10」のうち，数値「8」は明度を表す。

《H22-3》

---

16 (1) **マンセル表色系**は，色を色相，明度，彩度で表したもので，これらを円周上に配置したものを**色相環**という。**マンセル記号**は，色を「色相 明度／彩度」で表したもので，「5 RP 3/8」の「5 RP」は色相を，「3」は明度を，「8」は彩度を表す。よって，最も不適当である。

(2) マンセル色相環において，対角線上にある 2 つの色を混ぜると無彩色となり，このような色を互いに**補色**という。

(3) **明度**は，色のもつ明るさ暗さの度合いを表すもので，理想的な白（反射率 100%）を 10，理想的な黒（反射率 0%）を 0 として，10 段階に分けている。

(4) 図 5 に示す**マンセル色立体**は，同心円上に彩度を，円周円上に色相を，中心軸上に明度を表したもので，

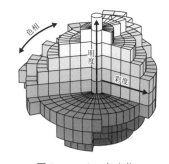

図 5　マンセル色立体

彩度は，色の鮮やかさの度合いを表し，マンセル色立体においては，無彩色軸からの水平距離で示す。

17 (2) 16の(3)の解説を参照のこと。よって，最も不適当である。

(3) 彩度は，色の鮮やかさの度合いを表し，無彩色軸からの水平距離で示す。

【正解】 15 ：(4)，　16 ：(1)，　17 ：(2)

▶ 必修基本問題 ◀　1・1 環 境 工 学

1 換気に関する記述として，**最も不適当なもの**はどれか。

(1) 第3種機械換気方式は，自然給気と排気機による換気方式で，浴室や便所などに用いられる。

(2) 自然換気設備の給気口は，調理室等を除き，居室の天井の高さの $\frac{1}{2}$ 以下の高さに設置する。

(3) 営業用の厨房は，一般に窓のない浴室よりも換気回数を多く必要とする。

(4) 給気口から排気口に至る換気経路を短くする方が，室内の換気効率はよくなる。

(H30-1)

2 換気に関する記述として，**最も不適当なもの**はどれか。

(1) 換気量が一定の場合，室容積が大きいほど換気回数は少なくなる。

(2) 室内外の温度差による自然換気の場合，換気量は上下の開口部の高低差に比例する。

(3) 室内空気の一酸化炭素の濃度は，10ppm 以下となるようにする。

(4) 室内空気の二酸化炭素の濃度は，1,000ppm 以下となるようにする。

(H29-1)

3 換気に関する記述として，**最も不適当なもの**はどれか。

(1) 室内空気の気流は，0.5m/s 以下となるようにする。

(2) 室内空気の二酸化炭素の濃度は，1.0%以下となるようにする。

(3) 室内空気の相対湿度は，40%以上70%以下となるようにする。

(4) 室内空気の浮遊粉じんの量は，0.15mg/m³ 以下となるようにする。

(R1-1)

4 日照，日射及び日影に関する記述として，**最も不適当なもの**はどれか。

(1) 水平ルーバーは西日を遮るのに効果があり，縦ルーバーは夏季の南面の日射を防ぐのに効果がある。

(2) 北緯35度における南面の垂直壁面の可照時間は，春分より夏至の方が短い。

(3) 同じ日照時間を確保するためには，緯度が高くなるほど南北の隣棟間隔を大きくとる必要がある。

(4) 建物の高さが同じである場合，東西に幅が広い建物ほど日影の影響の範囲が大きくなる。

(H30-2)

5 採光及び照明に関する記述として，**最も不適当なもの**はどれか。

(1) 演色性とは，照明光による物体色の見え方についての光源の性質をいう。

(2) グレアとは，高輝度な部分，極端な輝度対比や輝度分布などによって感じられるまぶしさをいう。

(3) 照度とは，受照面の単位面積当たりの入射光束をいい，単位は lx（ルクス）である。

(4) 全天空照度とは，天空光が遮蔽されることのない状況で，直射日光を含めた全天空によるある点の水平面照度をいう。

(H29-2)

6　吸音及び遮音に関する記述として，**最も不適当なもの**はどれか。

(1)　グラスウールなどの多孔質材料は，厚さが増すと高音域に比べて中低音域の吸音率が増大する。

(2)　共鳴により吸音する穿孔板は，背後に多孔質材料を挿入すると全周波数帯域の吸音率が増大する。

(3)　コンクリート間仕切壁の音響透過損失は，一般に高音域より低音域の方が大きい。

(4)　単層壁の音響透過損失は，一般に壁の面密度が高いほど大きい。

(H30-3)

7　色彩に関する次の記述のうち，**適当でないもの**はどれか。

(1)　同じ色でも面積が小さいほど，明度と彩度が増加して見える。

(2)　マンセル色相環の対角線上にある色は，補色関係にある。

(3)　異なる色の光を投影して混色することを，加法混色という。

(4)　自然光の場合とけい光灯の場合とで物体の色が異なって見えるのは，光源の分光分布が異なるためである。

(基　本)

正解とワンポイント解説

1　(4)　**換気効率**は，換気の質を表すための尺度で，換気効率には換気の質をどのように判断するかによって2つの指標が用いられる。1つは**汚染質除去効率**，もう1つは**空気交換効率**である。いずれの効率も，換気経路を長くする方がよくなる。

2　(2)　自然換気の換気量は，開口部の高低差hの平方根に比例する。

3　(2)　二酸化炭素（炭酸ガス）の濃度は，1,000 ppm（＝0.1％）以下と規定されている。

4　(1)　西側からの日照は，太陽光度が低くなり太陽光線の水平面に対する角度が小さくなるため，西日を遮るためには水平ルーバーは適さない。縦ルーバーの方が効果的である。

5　(4)　全天空照度は，天空光が遮断されることのない状況で，直射日光を除いた全天空によるある点の水平面照度をいう。

6　(3)　コンクリート間仕切壁のように質量の大きい壁における透過損失は，低音域より高音域の方が大きい。

7　(1)　同じ色でも，面積が<u>大きい</u>ほど，明度と彩度が増加して見え，その色らしく見える。この現象を色彩の面積効果という。

【正解】 1：(4)，2：(2)，3：(2)，4：(1)，5：(4)，6：(3)，7：(1)

1・2　一 般 構 造

[最近出題された問題]

1・2・1　地盤・基礎

□□□　**1**　地盤及び基礎構造に関する記述として，**最も不適当なもの**はどれか。

(1)　直接基礎における地盤の許容応力度は，基礎荷重面の面積が同一ならば，その形状が異なっても同じ値となる。

(2)　直接基礎下における粘性土地盤の圧密沈下は，地中の応力の増加により長時間かかって土中の水が絞り出され，間隙が減少するために生じる。

(3)　圧密による許容沈下量は，独立基礎のほうがべた基礎に比べて小さい。

(4)　基礎梁の剛性を大きくすることにより，基礎の沈下量を平均化できる。

《R2-7》

□□□　**2**　地盤及び基礎構造に関する記述として，**最も不適当なもの**はどれか。

(1)　圧密沈下の許容値は，独立基礎のほうがべた基礎に比べて大きい。

(2)　粘性土地盤の圧密沈下は，地中の応力の増加により長時間かかって土中の水が絞り出され，間隙が減少するために生じる。

(3)　直接基礎の滑動抵抗は，基礎底面の摩擦抵抗が主体となるが，基礎の根入れを深くすることで基礎側面の受動土圧も期待できる。

(4)　地盤の液状化は，地下水面下の緩い砂地盤が地震時に繰り返しせん断を受けることにより間隙水圧が上昇し，水中に砂粒子が浮遊状態となる現象である。

《R4-7》

□□□　**3**　杭基礎に関する記述として，**最も不適当なもの**はどれか。

(1)　杭の先端の地盤の許容応力度は，セメントミルク工法による埋込み杭の場合より，アースドリル工法による場所打ちコンクリート杭の方が大きい。

(2)　杭の極限鉛直支持力は，極限先端支持力と極限周面摩擦力との和で表す。

(3)　地盤から求める杭の引抜き抵抗力に杭の自重を加える場合，地下水位以下の部分の浮力を考慮する。

(4)　杭の周辺地盤に沈下が生じたときに杭に作用する負の摩擦力は，一般に摩擦杭の場合より支持杭の方が大きい。

《R3-7》

建築学

4 杭基礎に関する記述として，**最も不適当なもの**はどれか。

(1) 支持杭を用いた杭基礎の許容支持力には，基礎スラブ底面における地盤の支持力は加算しない。

(2) 杭と杭の中心間隔は，杭径が同一の場合，打込み杭の方が埋込み杭より小さくすることができる。

(3) 杭の極限鉛直支持力は，極限先端支持力と極限周面摩擦力との和で表す。

(4) 地盤から求める杭の引抜き抵抗力に杭の自重を加える場合は，地下水位以下の部分の浮力を考慮する。

《H29-7》

[解説]

1 (1) 直接基礎の地盤の許容応力度は，基礎スラブの底面積が同じであっても，その底面形状が正方形の場合と長方形の場合とでは異なる値となる。よって，最も不適当である。

(2) **圧密沈下**の生じやすい地盤で，盛土などで長期間にわたり荷重が作用した場合，圧力により<u>粒子間の間げき水</u>が押し出され，土が圧密する。

(3) 圧密による許容沈下量は，独立基礎＜連続（布）基礎＜べた基礎である。

(4) 建物（基礎梁）の剛性が大きい場合は，その剛性効果により，接地圧が再配分されるため，相対沈下量は小さくなる。

2 (1) **1**の(3)の解説参照。よって，最も不適当である。

(4) 地盤の液状化は，地下水位下に軟弱な砂層がある場合にせん断変形時の急激な水圧の上昇で生じる現象であり，水で飽和されていないと起こらない。また，地盤の液状化により，地中に埋設された施設等が浮き上がるおそれがある。

3 (1) 基礎杭の先端の地盤の許容応力度は，打込み杭＞埋込み杭＞場所打ち杭の順である。よって，最も不適当である。

(2) 杭の鉛直支持力は，先端支持力と周面摩擦力との和で表す。許容鉛直支持力・極限鉛直支持力とも同様である。

(3) 地盤から求める単杭の引抜き抵抗力には，杭の自重から地下水位以下の部分の浮力を減じた値とする。

(4) 杭の周辺地盤に沈下が生じたときに杭に作用する負の摩擦力は，一般に，摩擦杭より支持杭の方が大きい。

4 (2) 杭と杭の中心間隔は，杭径が同じであれば，<u>埋込み杭の方が，打込み杭より小さくする</u><u>ことができる</u>。よって，最も不適当である。

【正解】 **1**：(1)，**2**：(1)，**3**：(1)，**4**：(2)

建
築
学

1・2・2　鉄筋コンクリート構造

5　鉄筋コンクリート構造に関する記述として，**最も不適当なもの**はどれか。

(1)　柱のせん断補強筋の間隔は，柱の上下端から柱の最大径の 1.5 倍又は最小径の 2 倍の
いずれか大きい範囲を 100mm 以下とする。

(2)　柱及び梁のせん断補強筋は，直径 9mm 以上の丸鋼又は D10 以上の異形鉄筋とし，
せん断補強筋比は 0.2% 以上とする。

(3)　一般の梁で，長期許容応力度で梁の引張鉄筋の断面積が決まる場合，原則として引張
鉄筋の断面積はコンクリート断面積の 0.2% 以上とする。

(4)　貫通孔の中心間隔は，梁に 2 個以上の円形の貫通孔を設ける場合，両孔径の平均値の
3 倍以上とする。

《R1-5》

6　鉄筋コンクリート構造の建築物の構造計画に関する一般的な記述として，**最も不適当なもの**はどれか。

(1)　普通コンクリートを使用する場合の柱の最小径は，その構造耐力上主要な支点間
の距離の $\frac{1}{15}$ 以上とする。

(2)　耐震壁とする壁板のせん断補強筋比は，直交する各方向に関して，それぞれ 0.25%
以上とする。

(3)　床スラブの配筋は，各方向の全幅について，コンクリート全断面積に対する鉄筋全断
面積の割合を 0.1% 以上とする。

(4)　梁貫通孔は，梁端部への配置を避け，孔径を梁せいの $\frac{1}{3}$ 以下とする。

《R5-5》

7　片持梁の先端に集中荷重（P）を加えたとき，図のようなひび割れが生じた。
このひび割れが生じないようにする方法として，**最も適当なもの**は次のうちどれか。

(1)　上端筋の量を増やす。

(2)　下端筋の量を増やす。

(3)　あばら筋の量を増やす。

(4)　帯筋の量を増やす。

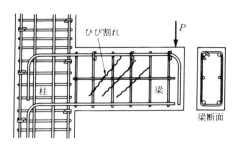

《基本》

建
築
学

［解説］

5　(1)　柱のせん断補強筋の間隔は，柱の上下端から柱の最大径の1.5倍又は最小径の2倍のいずれか大きい範囲を100mm以下とする。

　(2)　柱及び梁のせん断補強筋は，直径9mm以上の丸鋼又はD10以上の異形鉄筋とし，せん断補強筋比は0.2%以上とする。

　(3)　一般の梁で，長期許容応力度で梁の引張鉄筋の断面積が決まる場合，原則として引張鉄筋の断面積は0.004 bd（b: 梁幅，d: 梁の有効せい）又は，存在応力によって必要とされる量の4/3倍のうち，小さい方の値以上とする。よって，最も不適当である。

　(4)　貫通孔の中心間隔は，梁に2個以上の円形の貫通孔を設ける場合，両孔径の平均値の3倍以上とする。

6　(3)　床スラブの配筋は，各方向の全幅について，コンクリート全断面積に対する鉄筋全断面積の割合を0.2%以上とする。よって，最も不適当である。

　(4)　梁に貫通孔を設けると，せん断破壊が生じやすくなる。やむをえず，2個以上の貫通孔を設ける場合，孔径は梁せいの$\frac{1}{3}$以下，中心間隔は，両孔径の平均値の3倍以上とする。

7　構造上のひび割れは，主に**せん断ひび割れ**と**曲げひび割れ**とがある。曲げひび割れは，曲げモーメントの発生する位置に材軸と直角にひび割れが発生し，せん断ひび割れは図1のように45°方向に引張応力が働くために発生する。

　　曲げひび割れに対しては，引張り側の主筋を増やし，せん断ひび割れに対しては，あばら筋の量を増やすことによりひび割れを防ぐ（図2）。

　　よって，(3)が適当である。

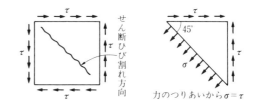

図1　純せん断とひび割れ

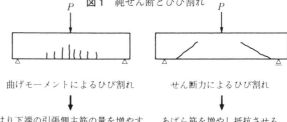

曲げモーメントによるひび割れ　　　せん断力によるひび割れ

はり下端の引張側主筋の量を増やす　あばら筋を増やし抵抗させる

図2　単純ばりのひび割れ

【正解】5：(3)，6：(3)，7：(3)

8　鉄筋コンクリート造の構造計画に関する記述として，**最も不適当なものはど**れか。

(1)　柱の変形能力を高めるため，曲げ降伏強度がせん断強度を上回るように計画する。

(2)　垂れ壁や腰壁により短柱となる柱は，水平力が集中するので，壁と柱の間を構造的に縁を切るなど考慮する。

(3)　壁に小さな開口がある場合でも，その壁を耐震壁として扱うことができる。

(4)　平面形状が極めて長い建物には，コンクリートの乾燥収縮や不同沈下等による問題が生じやすいので，エキスパンションジョイントを設ける。

《H26-4》

9　鉄筋コンクリート造の建築物の構造計画に関する記述として，**最も不適当な**ものはどれか。

(1)　建物間に設けるエキスパンションジョイント部のあき寸法は，建物相互の変形量を考慮する。

(2)　同一階に同一断面の長柱と短柱が混在する場合は，地震時に短柱の方が先に破壊しやすい。

(3)　特定の階だけ階高を高くすると剛性が不連続になるので，耐震壁を増やすなど，その階の剛性増加を図る。

(4)　重心と剛心が一致しない建築物では，地震時にねじれ変形が生じ，剛心に近い構面ほど層間変形が大きくなる。

《H25-4》

10　鉄筋コンクリート造の建築物の構造計画に関する記述として，**最も不適当な**ものはどれか。

(1)　ねじれ剛性は，耐震壁等の耐震要素を，平面上の中心部に配置するよりも外側に均一に配置したほうが高まる。

(2)　壁に換気口等の小開口がある場合でも，その壁を耐震壁として扱うことができる。

(3)　平面形状が極めて長い建築物には，コンクリートの乾燥収縮や不同沈下等による問題が生じやすいため，エキスパンションジョイントを設ける。

(4)　柱は，地震時の脆性破壊の危険を避けるため，軸方向圧縮応力度が大きくなるようにする。

《R4-4》

［解説］

8 (1)　鉄筋コンクリートの**曲げ破壊**は，変形は大きいが耐力は急激には低下しない。**せん断破壊**の場合はぜい性破壊であり，耐力が急激に低下し危険となる。そのため，曲げ破壊より先にせん断破壊が生じないように，せん断強度は曲げ降伏強度を上回るように計画する。よって，最も不適当である。

　(2)　垂れ壁や腰壁があると**短柱**となり，他の部分に比べ剛性が大きくなるので，このような部分には地震時に水平力が集中したりせん断破壊を起こす。そのため，壁と柱の間にスリットを設けるなどして構造的に絶縁することを考慮する。

9 (1)　エキスパンションジョイント部のあき寸法は，建物相互の変形量を考慮して設定する。

　(3)　特定の階だけ階高を高くすると，剛性が不連続になるので，耐震壁を増やすなど，その階の剛性増加を図る。

　(4)　重心と剛心が一致しない建築物では，地震時にねじれ変形が生じ，重心に近い構面ほど層間変形が大きくなる。よって，最も不適当である。

10 (1)　ねじれ剛性を大きくすることは，地震時にねじれ変形を生じにくくすることになる。ねじれ剛性は，耐震壁等の耐震要素を平面上の中心部に配置するよりも，外側に配置する方が高まる。

　(3)　9の(1)参照。

　(4)　柱は，負担する軸方向圧縮力が小さければ十分に変形能力を持つが，軸方向圧縮力が大きくなると変形能力が小さくなるため，**ぜい性破壊**（荷重限度を超えたために生じるガラスが割れるような脆い破壊）の危険が増す。よって，最も不適当である。

【正解】8：(1)，9：(4)，10：(4)

建
築
学

1・2・3　鉄　骨　構　造

☐☐☐ **11** 鉄骨構造に関する記述として，**最も不適当な**ものはどれか。

(1) 角形鋼管柱の内ダイアフラムは，せいの異なる梁を1本の柱に取り付ける場合等に用いられる。

(2) H形鋼は，フランジやウェブの幅厚比が大きくなると局部座屈を生じにくい。

(3) シヤコネクタでコンクリートスラブと結合された鉄骨梁は，上端圧縮となる曲げ応力に対して横座屈を生じにくい。

(4) 部材の引張力によってボルト孔周辺に生じる応力集中の度合は，高力ボルト摩擦接合より普通ボルト接合のほうが大きい。

《R5-6》

☐☐☐ **12** 鉄骨構造に関する記述として，**最も不適当な**ものはどれか。

(1) 梁の材質を SN400A から SN490B に変えても，部材断面と荷重条件が同一ならば，構造計算上，梁のたわみは同一である。

(2) 節点の水平移動が拘束されているラーメン構造では，柱の座屈長さは，設計上，節点間の距離に等しくとることができる。

(3) トラス構造の節点は，構造計算上，すべてピン接合として扱う。

(4) 柱脚に高い回転拘束力をもたせるためには，根巻き形式ではなく露出形式とする。

《R4-6》

☐☐☐ **13** 鉄骨構造における接合に関する記述として，**最も不適当な**ものはどれか。

(1) 構造耐力上主要な部分に普通ボルト接合を用いる場合には，延べ床面積 $3,000\,\mathrm{m}^2$ 以下，軒高 9m 以下，はり間 13m 以下の規模等の制限がある。

(2) 完全溶込み溶接による T継手の余盛は，溶接部近傍の応力集中を緩和する上で重要である。

(3) 高力ボルト摩擦接合におけるボルト相互間の中心距離は，公称軸径の 2.5 倍以上とする。

(4) 溶接と高力ボルトを併用する継手で，溶接を先に行う場合は両方の許容耐力を加算してよい。

《H28-6》

建
築
学

［解説］

11 (2) 座屈は，圧縮による**曲げ座屈**と，曲げによる**横座屈**と

がその代表例であり，部材が長い（座屈長さ）ほど，ま

た，部材断面の長辺・短辺の比が大きいほど生じやすい。

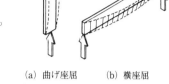

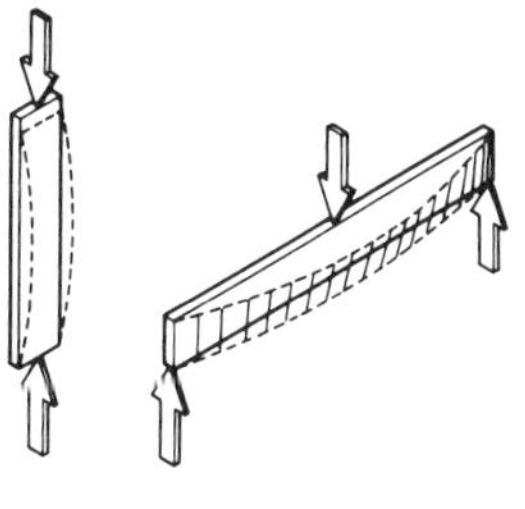

(a) 曲げ座屈　　(b) 横座屈

板要素の幅厚比とは，板の相対的な薄さを表す指標で

ある。H 形鋼の場合は以下のように定められている。

$\dfrac{b}{t_f}$（フランジの幅厚比）　　$\dfrac{d-2t_f}{t_w}$（ウェブの幅厚比）

図3 座 屈 現 象

すなわち，幅厚比が大きいほど，相対的に薄いことを表しており，

大きいほど局部座屈が早期に発生し，急激な耐力の低下を起こす。

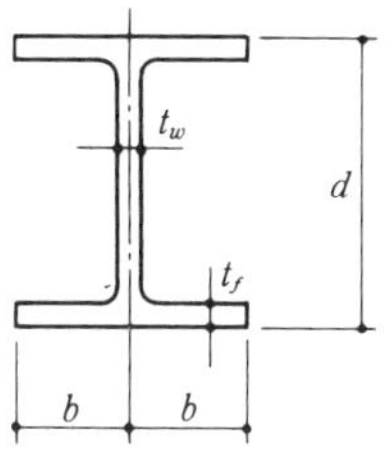

よって，最も不適合である。

鋼材には，設計時に局部座屈を考慮しなくてもよい幅厚比の制限

値が定められている。この値は，H 形鋼の場合，柱のウェブプレー

トより梁のウェブプレートの方が大きい。

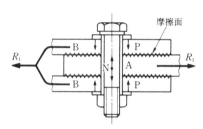

図4

(4) 高力ボルト摩擦接合は，図5のように，部

材 A，B をボルトで締め付け，接触面の摩擦

により力を伝達する接合法である。普通ボル

ト接合では，外力が作用すると接合部にずれ

が生じるため，ボルト穴周辺で高い応力集中

が生じるが，高力ボルト摩擦接合では，接触

図5　摩擦接合の原理

面で応力が伝達されるため応力集中の度合いが少ない。

12 (1) 鋼材のヤング係数は，材質にかかわらず一定とする。したがって，SN400 A から

SN490 B に変えても，部材断面と荷重条件が同一であれば，梁のたわみは同一である。

(4) 柱脚に高い回転拘束力を持たせるためには，露出形式よりも根巻き形式や埋込み形式と

する。よって，最も不適当である。

13 (4) 溶接と高力ボルトを併用する継手は，高力ボルトを先に施工した場合，両方の許容耐力

を加算してよい。溶接を先に施工した場合，溶接のみの許容耐力とする。

よって，最も不適当である。

【正解】 11 : (2)，12 : (4)，13 : (4)

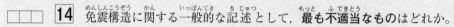

1・2・4　その他の構造・荷重

□□□ **14** 免震構造に関する一般的な記述として，**最も不適当なもの**はどれか。

(1) アイソレータは，上部構造の重量を支持しつつ水平変形に追従し，適切な復元力を持つ。

(2) 免震部材の配置を調整し，上部構造の重心と免震層の剛心を合わせることで，ねじれ応答を低減できる。

(3) 地下部分に免震層を設ける場合は，上部構造と周囲の地盤との間にクリアランスが必要である。

(4) ダンパーは，上部構造の垂直方向の変位を抑制する役割を持つ。

《R5-4》

□□□ **15** 積層ゴムを用いた免震構造の建築物に関する記述として，**最も不適当なもの**はどれか。

(1) 水平方向の応答加速度を大きく低減することができるが，上下方向の応答加速度を低減する効果は期待できない。

(2) 軟弱な地盤に比べ強固な地盤では大地震時の地盤の周期が短くなるため，応答加速度を低減する効果が低下する。

(3) 免震部材の配置を調整し，上部構造の重心と免震層の剛心を合せることで，ねじれ応答を低減できる。

(4) 免震層を中間階に設置する場合は，火災に対して積層ゴムを保護する必要がある。

《R1-4》

□□□ **16** 荷重及び外力に関する記述として，**最も不適当なもの**はどれか。

(1) 教室に連絡する廊下と階段の床の構造計算用の積載荷重は，実況に応じて計算しない場合，教室と同じ積載荷重の $2,300\,\mathrm{N/m^2}$ とすることができる。

(2) 保有水平耐力計算において，多雪区域の積雪時における長期応力度計算に用いる荷重は，固定荷重と積載荷重の和に，積雪荷重に 0.7 を乗じた値を加えたものとする。

(3) 必要保有水平耐力の計算に用いる標準せん断力係数は，1.0 以上としなければならない。

(4) 速度圧の計算に用いる基準風速 V_0 は，その地方の再現期間 50 年の 10 分間平均風速値に相当する。

《H30-8》

□□□ **17** 建築物に作用する荷重及び外力に関する記述として，**最も不適当なもの**はどれか。

(1) 風圧力を求めるために用いる風力係数は，建築物の外圧係数と内圧係数の積により算出する。

(2) 雪下ろしを行う慣習のある地方において，垂直積雪量が1mを超える場合，積雪荷重は，雪下ろしの実況に応じ垂直積雪量を1mまで減らして計算することができる。

(3) 劇場，映画館等の客席の単位床面積当たりの積載荷重は，実況に応じて計算しない場合，固定席のほうが固定されていない場合より小さくすることができる。

(4) 速度圧の計算に用いる基準風速は，原則として，その地方の再現期間50年の10分間平均風速値に相当する。

《R4-8》

[解説]

14 (3) 免震構造とした建物は，免震層の水平剛性を小さくすることにより，固有周期が，免震構造としない建物に比べて長くなる。このことにより，地震時，水平変形が大きくなり周辺地盤との間にクリアランスが必要である。

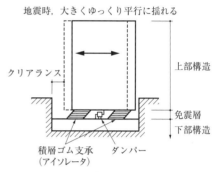
図6 免震構造の例

(4) 免震構造は，一般に，アイソレータとダンパーによって構成される。アイソレータは，鉛直荷重を支えつつ，地震による水平方向の力から絶縁しようとする機能をもつ。一般に積層ゴムが使われる。ダンパーは，地震入力エネルギーを吸収する機能をもち，水平方向の変位を抑制する。鋼製ダンパー，粘性ダンパー，鉛棒ダンパーなどが用いられる。よって，最も不適当である。

15 (1) 積層ゴムは，水平方向の応答加速度を大きく低減することはできるが，上下方向の応答加速度を低減することはできない。

(2) 軟弱な地盤であっても，強固な地盤であっても，適切な検討をすることにより応答加速度を低減することができる。よって，最も不適当である。

16 (1) 教室に連絡する廊下と階段の床の構造計算用の積載荷重は，実況に応じて計算しない場合，教室より大きな値とする。よって，最も不適当である。

(2) 多雪区域の積雪時における長期の荷重は，固定荷重と積載荷重の和に，積雪荷重に0.7を乗じた値を加えるものとし，短期の荷重は，固定荷重と積載荷重の和に，積雪荷重に0.35を乗じた値を加えるものとする。

(3) 一次設計（許容応力度設計）用の標準せん断力係数は，一般に，0.2以上とし，必要保有水平耐力を計算する場合（二次設計）は，1.0以上とする。

17 (1) 風圧力を求めるために用いる風力係数は，建築物の外圧係数と内圧係数の差により算出する。よって，最も不適当である。

【正解】 14：(4)，15：(2)，16：(1)，17：(1)

■▶ **必修基本問題** ◀ 1・2 一 般 構 造

1 杭基礎に関する記述として，**最も不適当なもの**はどれか。

(1) 基礎杭の周辺地盤に沈下が生じたときに杭に作用する負の摩擦力は，一般に摩擦杭の場合より支持杭の方が大きい。

(2) 杭と杭との中心間隔の最小値は，埋込み杭の場合，杭径の 1.5 倍とする。

(3) 基礎杭の先端の地盤の許容応力度は，アースドリル工法による場所打ちコンクリート杭の場合よりセメントミルク工法による埋込み杭の方が大きい。

(4) 外殻鋼管付きコンクリート杭の鋼管の腐食代（しろ）は，有効な防錆措置を行わない場合，1mm 以上とする。

(R1-7)

2 杭基礎に関する記述として，**最も不適当なもの**はどれか。

(1) 鋼杭は，曲げや引張力に対する強度と変形性能に優れており，既製コンクリート杭のようにひび割れによる曲げ剛性の低下がない。

(2) 杭の周辺地盤に沈下が生じたときに，杭に作用する負の摩擦力は，一般に支持杭の方が摩擦杭より大きい。

(3) 基礎杭の先端の地盤の許容応力度は，セメントミルク工法による埋込み杭の方がアースドリル工法による場所打ちコンクリート杭より大きい。

(4) 埋込み杭の場合，杭と杭との中心間隔の最小値は，杭径の 1.5 倍とする。

(H27-7)

3 基礎構造に関する記述として，**最も不適当なもの**はどれか。

(1) 直接基礎の底面の面積が同じであれば，底面形状が正方形や長方形のように異なっていても，地盤の許容支持力は同じ値となる。

(2) フローティング基礎は，建物重量と基礎等の構築による排土重量をつり合わせ，地盤中の応力が増加しないようにする基礎形式である。

(3) 基礎梁の剛性を大きくすることにより，基礎フーチングの沈下を平均化できる。

(4) 地盤の液状化は，地下水面下の緩い砂地盤が地震時に繰り返しせん断を受けることにより間隙水圧が上昇し，水中に砂粒子が浮遊状態となる現象である。

(H30-7)

4 杭基礎（くいきそ）に関（かん）する記述（きじゅつ）として，**最（もっと）も不適当（ふてきとう）なもの**はどれか。

(1) 杭（くい）の周辺地盤（しゅうへんじばん）に沈下（ちんか）が生（しょう）じたときに杭（くい）に作用（さよう）する負（ふ）の摩擦力（まさつりょく）は，支持杭（しじぐい）より摩擦杭（まさつぐい）のほうが大（おお）きい。

(2) 杭（くい）と杭（くい）の中心間隔（ちゅうしんかんかく）は，杭径（くいけい）が同一（どういつ）の場合（ばあい），埋込（うめこ）み杭（ぐい）のほうが打込（うちこ）み杭（ぐい）より小（ちい）さくすることができる。

(3) 杭（くい）の極限鉛直支持力（きょくげんえんちょくしじりょく）は，極限先端支持力（きょくげんせんたんしじりょく）と極限周面摩擦力（きょくげんしゅうめんまさつりょく）との和（わ）で表（あらわ）す。

建
築
学

(4) 杭の引抜き抵抗力に杭の自重を加える場合，地下水位以下の部分の浮力を考慮する。

(R5-7)

5 鉄筋コンクリート構造に関する記述として，**最も不適当なもの**はどれか。

(1) 壁板のせん断補強筋比は，直交する各方向に関して，それぞれ 0.25％以上とする。

(2) 柱の主筋の断面積の和は，コンクリートの断面積の 0.8％以上とする。

(3) 床スラブの配筋は，各方向の全幅について，鉄筋全断面積のコンクリート全断面積に対する割合を 0.1％以上とする。

(4) 柱梁接合部内の帯筋間隔は，原則として 150mm 以下とし，かつ，隣接する柱の帯筋間隔の 1.5 倍以下とする。

(H29-5)

6 鉄筋コンクリート構造に関する記述として，**最も不適当なもの**はどれか。

(1) 大梁は大地震に対してねばりで抵抗させるため，原則として，両端での曲げ降伏がせん断破壊に先行するよう設計される。

(2) 耐震壁の剛性評価に当たっては，曲げ変形，せん断変形を考慮するが，回転変形は考慮しない。

(3) 一般に梁の圧縮鉄筋は，じん性の確保やクリープによるたわみの防止に有効である。

(4) 柱の引張鉄筋比が大きくなると，付着割裂破壊が生じやすくなる。

(H24-5)

正解とワンポイント解説

1 (2) 杭と杭の中心間隔は，埋込み杭の場合，杭径の 2 倍以上，打込み杭の場合，杭径の 2.5 倍以上かつ 75cm 以上である。

2 (4) 杭と杭の中心間距離は，埋込み杭の場合，杭径の 2 倍以上，打込み杭の場合，杭径の 2.5 倍以上かつ 75cm 以上である。

3 (1) 直接基礎の地盤の許容応力度は，基礎スラブの底面積が同じであっても，その底面形状が正方形の場合と長方形の場合とでは異なる値となる。

4 (1) 杭の周辺地盤に沈下が生じたときに杭に作用する負の摩擦力は，一般に，摩擦杭より支持杭の方が大きい。

5 (3) 床スラブの配筋は，各方向の全幅について，鉄筋全断面積のコンクリート全断面積に対する割合を 0.2％以上とする。

6 (2) 耐震壁の剛性評価に当たっては，曲げ変形，せん断変形，回転変形を考慮する。

【正解】 1：(2)，2：(4)，3：(1)，4：(1)，5：(3)，6：(2)

▶必修基本問題◀　1・2　一　般　構　造

7　鉄筋コンクリート構造に関する記述として，**最も不適当なもの**はどれか。

(1)　壁板のせん断補強筋比は，直交する各方向に関して，それぞれ 0.0025 以上とする。

(2)　普通コンクリートを使用する場合の柱の小径は，原則としてその構造耐力上主要な支点間の距離の $\frac{1}{15}$ 以上とする。

(3)　床スラブの配筋は，各方向の全幅について，鉄筋全断面積のコンクリート全断面積に対する割合を 0.1% 以上とする。

(4)　柱梁接合部内の帯筋間隔は，原則として 150mm 以下とし，かつ，隣接する柱の帯筋間隔の 1.5 倍以下とする。

(H26-5)

8　鉄筋コンクリート構造に関する記述として，**最も不適当なもの**はどれか。

(1)　柱の引張鉄筋比が小さくなると，付着割裂破壊が生じやすくなる。

(2)　一般に梁の圧縮鉄筋は，じん性の確保やクリープ変形によるたわみの防止に有効である。

(3)　梁に貫通孔を設けた場合の構造耐力の低下は，曲げ耐力よりせん断耐力の方が著しい。

(4)　耐震壁の剛性評価に当たっては，曲げ変形，せん断変形，回転変形を考慮する。

(H27-5)

9　鉄骨構造に関する記述として，**最も不適当なもの**はどれか。

(1)　H 形鋼は，フランジ及びウェブの幅厚比が大きくなると局部座屈を生じやすい。

(2)　角形鋼管柱の内ダイアフラムは，せいの異なる梁を 1 本の柱に取り付ける場合等に用いられる。

(3)　部材の引張力によってボルト孔周辺に生じる応力集中の度合は，高力ボルト摩擦接合の場合より普通ボルト接合の方が大きい。

(4)　H 形鋼梁は，荷重や外力に対し，せん断力をフランジが負担するものとして扱う。

(R1-6)

10　鉄骨構造に関する記述として，**最も不適当なもの**はどれか。

(1)　溶接継目ののど断面に対する長期許容せん断応力度は，溶接継目の形式にかかわらず同じである。

(2)　片面溶接による部分溶込み溶接は，継目のルート部に，曲げ又は荷重の偏心による付加曲げによって生じる引張応力が作用する箇所に使用してはならない。

(3)　引張材の接合を高力ボルト摩擦接合とする場合は，母材のボルト孔による欠損を無視して，引張応力度を計算する。

(4)　引張力を負担する筋かいの接合部の破断耐力は，筋かい軸部の降伏耐力以上になるように設計する。

(H27-6)

11 建築物に作用する荷重及び外力に関する記述として，**最も不適当なもの**はどれか。

(1) 劇場，映画館等の客席の積載荷重は，固定席の方が固定されていない場合より小さくすることができる。

(2) 雪止めがない屋根の積雪荷重は，屋根勾配が 60 度を超える場合には 0 とすることができる。

(3) 倉庫業を営む倉庫の床の積載荷重は，実況に応じて計算する場合，2,900N/m² とすることができる。

(4) 防風林などにより風を有効に遮ることができる場合は，風圧力の算定に用いる速度圧を低減することができる。

(H29-8)

12 鉄骨構造における接合部に関する記述として，**最も不適当なもの**はどれか。

(1) 引張力とせん断力を同時に受けるときの摩擦接合部の高力ボルトの軸断面に対する許容せん断応力度は，引張力を受けないときの許容値より低減させる。

(2) 十分な管理が行われる場合，完全溶込み溶接の許容応力度は，接合される母材の許容応力度とすることができる。

(3) 応力を負担させる T 継手の隅肉溶接の場合，母材間の交角は，60 度から 120 度の範囲とする。

(4) せん断応力のみを受ける高力ボルト摩擦接合の場合，繰返し応力によるボルトの疲労を考慮する必要がある。

(H25-6)

正解とワンポイント解説

7 (3) 床スラブの配筋は，スラブの各方向の全幅について，鉄筋全断面積のコンクリート全断面積に対する割合を 0.2% 以上とし，配筋は，全幅に均等とすることが望ましい。

8 (1) 柱の引張鉄筋比を大きくすると，主筋に沿ってひび割れが生じたり，付着割裂破壊が生じたり，変形能力が小さくなる。

9 (4) H 形鋼梁は，荷重や外力に対し，曲げモーメントをフランジが，せん断力をウェブが負担するものとして扱う。

10 (3) 引張材の接合を高力ボルト摩擦接合とする場合は，母材のボルト孔による欠損を考慮して引張応力度を計算する。

11 (3) 倉庫業を営む倉庫の床の積載荷重は，実況に応じた数値が，3,900N/m² 未満の場合であっても，3,900N/m² としなければならない。

12 (4) 鋼構造設計規準によると，せん断応力のみを受ける高力ボルト摩擦接合の場合，<u>繰り返し応力によるボルトの疲労については考慮する必要はない</u>としている。

【正解】 7：(3)，8：(1)，9：(4)，10：(3)，11：(3)，12：(4)

[13]　鉄骨構造に関する記述として，**最も不適当なもの**はどれか。

(1)　H形鋼は，フランジ及びウェブの幅厚比が大きくなると局部座屈を生じやすい。

(2)　角形鋼管柱とH形鋼梁の剛接合の仕口部には，ダイアフラムを設けて力が円滑に流れるようにする。

(3)　中間スチフナは，梁の材軸と直角方向に配置し，主としてウェブプレートのせん断座屈補強として用いる。

(4)　部材の引張力によってボルト孔周辺に生じる応力集中の度合は，高力ボルト摩擦接合の場合より普通ボルト接合の方が少ない。

(H26-6)

[14]　木質構造に関する記述として，**最も不適当なもの**はどれか。

(1)　枠組壁工法は，木材を使用した枠組に構造用合板その他これに類するものを打ち付けることにより，壁及び床を設ける工法で，枠組壁は水平力と鉛直力を同時に負担することはできない。

(2)　2階建の建築物における隅柱は，接合部を通し柱と同等以上の耐力を有するように補強した場合，通し柱としなくてもよい。

(3)　燃えしろ設計は，木質材料の断面から所定の燃えしろ寸法を除いた断面に長期荷重により生じる応力度が，短期の許容応力度を超えないことを検証するものである。

(4)　構造耐力上主要な部分である柱を基礎に緊結した場合，当該柱の下部に土台を設けなくてもよい。

(R2-4)

[15]　荷重及び外力に関する記述として，**最も不適当なもの**はどれか。

(1)　教室に連絡する廊下と階段の床の構造計算用の積載荷重は，実況に応じて計算しない場合，教室と同じ積載荷重の 2,300N/m^2 とすることができる。

(2)　多雪区域に指定されていない地域において，積雪荷重の計算に用いる積雪の単位荷重は，積雪量 1cm ごとに 20N/m^2 以上としなければならない。

(3)　屋根葺き材に作用する風圧力は，平均速度圧にピーク風力係数を乗じて求める。

(4)　地震力の計算に用いる振動特性係数は，建築物の弾性域における固有周期と地盤種別に影響される。

(H27-8)

正解とワンポイント解説

[13]　(4)　普通ボルト接合では，外力が作用すると接合部にずれが生じるため，ボルト穴周辺で高い応力集中が生じるが，高力ボルト摩擦接合では，接触面で応力が伝達されるため，応力集中の度合いは少ない。

[14]　(1)　枠組壁工法の枠組壁は，水平力と鉛直力を同時に負担する。

[15]　(1)　教室に連絡する廊下と階段の床の構造計算用の積載荷重は，実況に応じて計算しない場合，教室より大きい値とする。

【正解】 [13]：(4)，[14]：(1)，[15]：(1)

1·3 構 造 力 学

1・3・1 反力の算定

□□□ **1** 図に示す3ヒンジラーメン架構の AD 間及び DC 間に集中荷重が同時に作用するとき，支点 B に生じる水平反力 H_B，鉛直反力 V_B の値の大きさの組合せとして，正しいものはどれか。

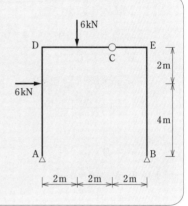

(1) $H_B = 2\,\mathrm{kN}$, $V_B = 6\,\mathrm{kN}$

(2) $H_B = 3\,\mathrm{kN}$, $V_B = 9\,\mathrm{kN}$

(3) $H_B = 4\,\mathrm{kN}$, $V_B = 12\,\mathrm{kN}$

(4) $H_B = 5\,\mathrm{kN}$, $V_B = 15\,\mathrm{kN}$

《R4-9》

□□□ **2** 図に示す静定の山形ラーメン架構の AC 間に等分布荷重 w が作用したとき，支点 B に生じる鉛直反力 V_B と，点 D に生じる曲げモーメント M_D の値の大きさの組合せとして，正しいものはどれか。

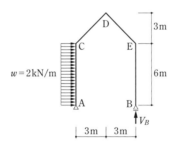

(1) $V_B = 6\,\mathrm{kN}$, $M_D = 0\,\mathrm{kN \cdot m}$

(2) $V_B = 6\,\mathrm{kN}$, $M_D = 18\,\mathrm{kN \cdot m}$

(3) $V_B = 12\,\mathrm{kN}$, $M_D = 0\,\mathrm{kN \cdot m}$

(4) $V_B = 12\,\mathrm{kN}$, $M_D = 18\,\mathrm{kN \cdot m}$

《R3-9》

［解説］

1　反力を仮定する。

$\Sigma X = 0$ より

$H_A + 6 = H_B$

$\Sigma Y = 0$ より

$V_A + V_B - 6 = 0$

$\Sigma M_B = 0$ より

$V_A \times 6 + 6 \times 4 - 6 \times 4 = 0$　$\therefore V_A = 0\,\text{kN}$　　$V_B = 6\,\text{kN}$

$M_C = 0$ より

$H_B \times 6 - V_B \times 2 = 0$　　　$\therefore H_B = 2\,\text{KN}$　　$H_A = -4\,\text{kN}$

よって，(1)が正しい。

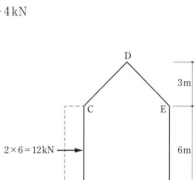

2　$\Sigma M_A = 0$　より

$12 \times 3 - V_B \times 6 = 0$

$\therefore V_B = 6\,\text{kN}$

$M_D = V_B \times 3$

$= 18\,\text{kN} \cdot \text{m}$

よって(2)が正しい。

【正解】1：(1)，2：(2)

建
築
学

1・3・2　応 力 の 算 定

□□□ **3** 図に示すラーメン架構に集中荷重 3P 及び 2P が同時に作用したときの曲げモーメント図として，**正しいもの**はどれか。

ただし，曲げモーメントは材の引張り側に描くものとする。

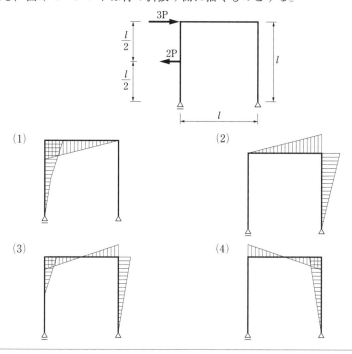

《R2-10》

□□□ **4** 単純梁に荷重が作用したときの梁のせん断力図が下図のようであるとき，そのときの曲げモーメント図として，**正しいもの**はどれか。

ただし，曲げモーメントは材の引張り側に描くものとする。

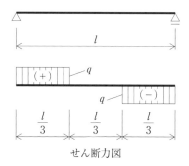

（3）　　　　　　　　　　　　　　　（4）

□□□ **5** 図に示す3ヒンジラーメン架構の点Dにモーメント荷重Mが作用したときの曲げモーメント図として，正しいものはどれか。

ただし，曲げモーメントは材の引張側に描くものとする。

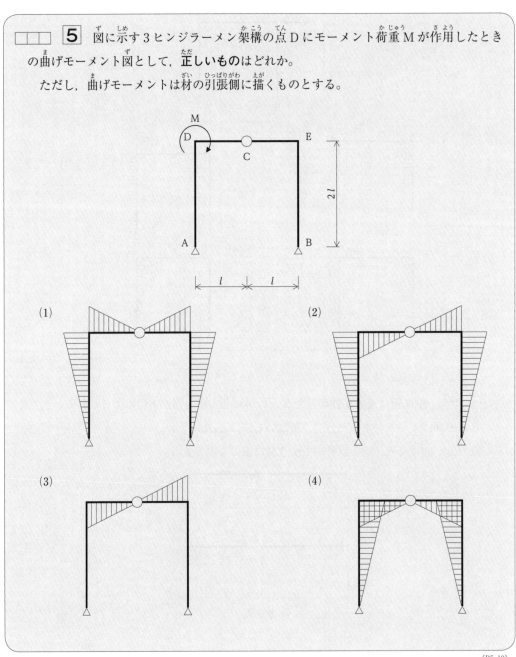

建築学

［解説］

3　A 点はローラー支点であり，水平反力が生じないので，A-B 間には曲げモーメントは生じない。B-C 間には 2P により曲げモーメントが生じる。したがって，(3)が正しい。

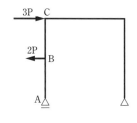

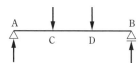

4　せん断力図から以下のことが言える。

A 点，B 点には，鉛直反力が生じている。C 点，D 点には，鉛直反力と反対向きで，同じ大きさの外力が加わっている。

以上から，右図のような反力と外力の状況が分かり，曲げモーメント図は，(3)が正しい。

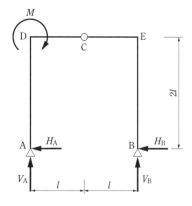

5　$\Sigma X = 0$ より　$H_A + H_B = 0$

$\Sigma Y = 0$ より　$V_A + V_B = 0$

$\Sigma M_A = 0$ より

　$M - V_B \times 2l = 0$

　$\therefore V_B = \dfrac{M}{2l}$　$V_A = -\dfrac{M}{2l}$

$M_C = 0$ より　$-V_B \times l + H_B \times 2l = 0$

$\therefore H_B = \dfrac{M}{4l}$,　$H_A = -\dfrac{M}{4l}$

したがって，(2)が正しい。

【正解】 **3** : (3),　**4** : (3),　**5** : (2)

1・3・3　断面の性質と応力度

□□□　**6**　図に示す鉄筋コンクリートの部材に，上下方向から19kNの荷重を断面に一様に作用させた場合，コンクリート部分の負担する軸力として，**正しいもの**はどれか。

ただし，鉄筋の断面積は$1,000\,\mathrm{mm}^2$，鉄筋のコンクリートに対するヤング係数比は10とする。

(1)　6kN

(2)　7kN

(3)　8kN

(4)　9kN

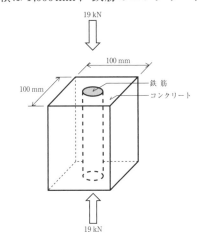

《H25-8》

［解説］

6　異種材料の組合せによる断面は，ヤング係数比により等価断面積を求め，同一材料による断面として，その断面積の割合で考える。

鉄筋の断面積をAs，コンクリートの断面積をAc，等価断面積をAeとする。まず，鉄筋の断面積についてヤング係数を比倍しコンクリート断面に換算すれば，設問の鉄筋コンクリートの部材のコンクリート等価断面積は以下となる。

$$Ae = 10 \times As + Ac$$

コンクリートの断面積Acは，　$Ac = 100 \times 100 - 1,000 = 9,000\ (\mathrm{mm}^2)$

よって，　$Ae = 10 \times 1,000 + 9,000 = 19,000\ (\mathrm{mm}^2)$

コンクリート部分が負担する軸力Ncは，

$$Nc = P \times (Ac / Ae) = 19 \times (9,000 / 19,000) = 9.0\ (\mathrm{kN})$$

よって，(4)が正しいものである。

建
築
学

表 1

断 面 形 状	断 面 積 $A\,(\mathrm{cm}^2)$	断面2次モーメント $Ix_0\,(\mathrm{cm}^4)$	断 面 係 数 $z=\dfrac{Ix_0}{y}\,(\mathrm{cm}^3)$	断面2次半径 $i=\sqrt{\dfrac{Ix_0}{A}}\,(\mathrm{cm})$
	bh	$\dfrac{1}{12}\,bh^3$	$\dfrac{1}{6}\,bh^2$	$\dfrac{1}{\sqrt{12}}\,h$
	$b(h_2-h_1)$	$\dfrac{1}{12}\,b(h_2{}^3-h_1{}^3)$	$\dfrac{1}{6\,h_2}\,b(h_2{}^3-h_1{}^3)$	$\sqrt{\dfrac{h_2{}^3-h_1{}^3}{12(h_2-h_1)}}$
	$\dfrac{1}{4}\,\pi D^2$	$\dfrac{1}{64}\,\pi D^4$	$\dfrac{1}{32}\,\pi D^3$	$\dfrac{D}{4}$
	$\dfrac{1}{4}\,\pi(D^2-d^2)$	$\dfrac{1}{64}\,\pi(D^4-d^4)$	$\dfrac{1}{32\,D}\,\pi(D^4-d^4)$	$\dfrac{1}{4}\,\sqrt{D^2+d^2}$
	bh	$\dfrac{1}{48}\,bh^3$	$\dfrac{1}{12}\,bh^2$	$\dfrac{1}{\sqrt{48}}\,h$

【正解】 6 :（4）

1・3・4　部材の変形

7 図に示す梁Aに集中荷重Pが作用したときのたわみ δ_1 と，梁Bに集中荷重 2Pが作用したときのたわみ δ_2 との比として，**正しいもの**はどれか。

ただし，梁の材料及び長さは同一で，梁幅はb，梁せいはd並びに2dとする。

(1) $\dfrac{\delta_1}{\delta_2} = 1$

(2) $\dfrac{\delta_1}{\delta_2} = 2$

(3) $\dfrac{\delta_1}{\delta_2} = 4$

(4) $\dfrac{\delta_1}{\delta_2} = 8$

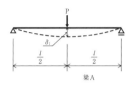
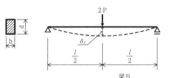

《H22-9》

8 図に示す材端条件を持つ長柱A，B及びCが中心圧縮力を受けるときの座屈長さの大小関係として，**正しいもの**はどれか。

ただし，柱の材質及び断面は同一とし，長さは等しいものとする。

(1) A＞B＞C

(2) A＞C＞B

(3) B＞A＞C

(4) C＞B＞A

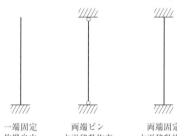

《H24-10》

（メ　モ）

表2 代表的なはりのたわみ量

荷　重　状　態	た　わ　み δ
	$\delta_C = \dfrac{Pl^3}{48EI}$
	$\delta_C = \dfrac{5wl^4}{384EI}$
	$\delta_B = \dfrac{Pl^3}{3EI}$
	$\delta_B = \dfrac{wl^4}{8EI}$
	$\delta_C = \dfrac{7Pl^3}{768EI}$
	$\delta_C = \dfrac{wl^4}{192EI}$
	$\delta_C = \dfrac{Pl^3}{192EI}$

E：ヤング係数，I：断面2次モーメント

[解説]

7 表2より

梁Aのたわみ量　$\delta_1 = \dfrac{Pl^3}{48EI_A}$

梁Bのたわみ量　$\delta_2 = \dfrac{2Pl^3}{48EI_B}$

長方形断面の断面2次モーメントIは，

$I = \dfrac{DB^3}{12}$

よって，$I_A = \dfrac{bd^3}{12}$　$I_B = \dfrac{b(2d)^3}{12} = \dfrac{2bd^3}{3}$

$\delta_1 : \delta_2 = \dfrac{Pl^3}{48E(bd^3/12)} : \dfrac{2Pl^3}{48E(2bd^3/3)}$

$\qquad = 4 : 1$

よって，(3)が正しい。

8 座屈長さは，材料のヤング係数，断面2次モーメント，材端条件による。長さが等しく，材質および断面が同一であれば，その座屈長さは材端条件の違いにより変わる。材端が固定されるほど座屈しにくくなり，座屈長さは短くなる。主な材端条件における座屈長さを表3に示すが，同表より座屈長さは，A：2l，B：l，C：0.5l。よって，(1)が正しい。

表3 座屈長さl_k（l：材長）

回転に対する条件	両端ピン(自由)	両端固定	1端ピン他端固定	1端ピン他端固定
座屈形				
l_k	l	0.5l	0.7l	2l

【正解】 **7**：(3)，**8**：(1)

建
築
学

▶ **必修基本問題** ◀ | 1・3 構 造 力 学

1 図に示す3ヒンジラーメン架構のDE間に等分布荷重 w が作用したとき，支点Aの水平反力 H_A 及び支点Bの水平反力 H_B の値として，**正しいもの**はどれか。

ただし，反力は右向きを「＋」，左向きを「−」とする。

(1)　$H_A = +9kN$

(2)　$H_A = -6kN$

(3)　$H_B = \ \ 0kN$

(4)　$H_B = -4kN$

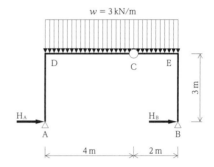

(R5-9)

2 図に示す3ヒンジラーメン架構のDE間に等変分布荷重が，AD間に集中荷重が同時に作用したとき，支点A及びBに生じる水平反力（H_A, H_B），鉛直反力（V_A, V_B）の値として，**正しいもの**はどれか。

ただし，反力は右向き及び上向きを「＋」，左向き及び下向きを「−」とする。

(1)　$H_A = +15kN$

(2)　$H_B = -60kN$

(3)　$V_A = +60kN$

(4)　$V_B = +120kN$

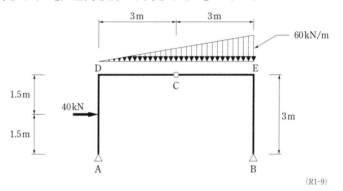

(R1-9)

3 図は，架構のC点に水平荷重Pが作用したときの柱の曲げモーメントを示したものである。このときにおける支点Bの垂直反力 V_B の値の大きさとして，**正しいもの**はどれか。

(1)　25kN

(2)　50kN

(3)　75kN

(4)　90kN

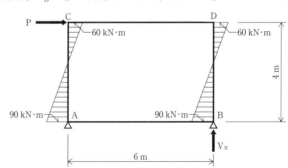

(H25-10)

建
築
学

$\boxed{1}$　$\Sigma X = 0$ より　　$H_A + H_B = 0$

$\Sigma Y = 0$ より　　$V_A + V_B - 3 \times 6 = 0$

$\Sigma M_A = 0$ より

$3 \times 6 \times 3 - V_B \times 6 = 0$

$\therefore V_B = 9\text{kN}$

$M_C = 0$ より

$3 \times 2 \times 1 - V_B \times 2 - H_B \times 3 = 0$

$\therefore H_B = -4\text{kN}$

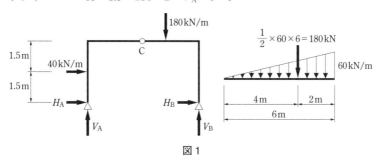

$\boxed{2}$　梁に作用する等変分布荷重を集中荷重に置きかえる（図1）。

$\Sigma X = 0$ より　　　　　　$H_A + H_B + 40 = 0$

$\Sigma Y = 0$ より　　　　　　$V_A + V_B - 180 = 0$

$\Sigma M_B = 0$ より　　　　　$40 + 1.5 - 180 \times 2 + V_A \times 6 = 0$

図 1

C 点より左側を切りとる（図2）。

等変分布荷重は同様に集中荷重に置きかえる。

$M_C = 0$ より

$V_A \times 3 - H_A \times 3 - 40 \times 1.5 - 45 \times 1 = 0$

$\therefore V_A = +50\text{kN}, \quad V_B = +130\text{kN}, \quad H_A = +15\text{kN},$

$H_B = -55\text{kN}$

よって，(1)が正しい。

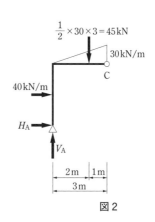

図 2

$\boxed{3}$　(2)　CD 間の梁のせん断力は $(60+60)/6 = 20\text{kN}$，AB 間の梁のせん断力は $(90+90)/6 = 30\text{kN}$

したがって，V_B は $20 + 30 = 50\text{kN}$ となる。

【正解】　$\boxed{1}$: (4)，　$\boxed{2}$: (1)，　$\boxed{3}$: (2)

必修基本問題 ◀ 1・3 構 造 力 学

4 図に示す架構に集中荷重が作用したときの曲げモーメント図として, **正しいもの**はどれか。
ただし, 曲げモーメントは, 材の引張り側に描くものとする。

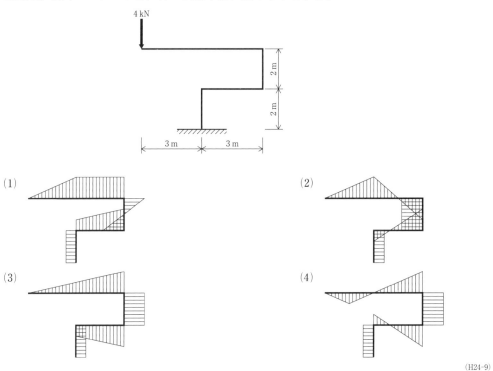

(H24-9)

5 図に示す梁の AB 間に等分布荷重 w が, 点 C に集中荷重 P が同時に作用したときの曲げモーメント図として, **正しいもの**はどれか。
ただし, 曲げモーメントは材の引張り側に描くものとする。

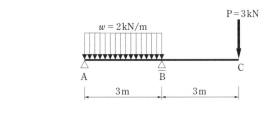

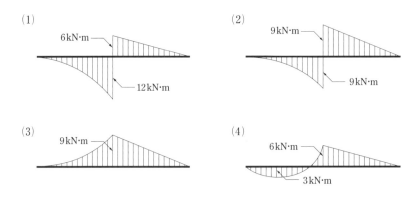

建
築
学

6 図に示す断面の X−X 軸に対する断面二次モーメントの値として，正しいものはどれか。

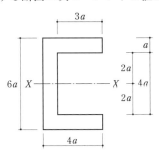

(1) $56a^3$

(2) $56a^4$

(3) $72a^3$

(4) $72a^4$

(R3-8)

正解とワンポイント解説

4 (3)　上辺は片持ち梁であるので，(3)のような曲げモーメント図になる。

5 等分布荷重を集中荷重に置きかえる（図1）。

$\Sigma M_B = 0$ より

$-V_A \times 3 - 6 \times 1.5 + 3 \times 3 = 0$　∴　$V_A = 0$（kN）

A 点から距離 x における曲げモーメント

$\Sigma Mx = 0$ より　$-2x \times \dfrac{x}{2} + M_x = 0$

$\therefore M_x = x^2$　$x = 0 \rightarrow M_A = 0$

$x = 3 \rightarrow M_B = 9$（図1）

C 点から距離 x における曲げモーメント

$\Sigma Mx = 0$ より　$-M_x + 3(\text{kN}) \times x = 0$

$\therefore Mx = 3x$　$x = 0 \rightarrow M_C = 0$

$x = 3 \rightarrow M_B = 9$（図2）

よって，(3)が正しい。

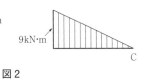

図1

図2

6 (4)　$4a \times 6a$ の長方形断面の断面2次モーメントからハッチ部分の断面2次モーメントを差し引けばよい。

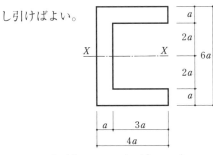

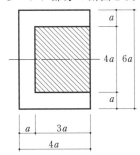

$$Ix = \frac{4a \times (6a)^3}{12} - \frac{3a \times (4a)^3}{12} = \frac{a^4}{12}(864 - 192) = 56a^4$$

【正解】　4 ：(3)，　5 ：(3)，　6 ：(2)

▶ **必修基本問題** ◀ 　1・3 構 造 力 学

7 図に示す A 断面, B 断面の図心軸 X 回りに, 同じ大きさの曲げモーメントを作用させた場合, A 断面に生ずる縁応力度 σA_X と B 断面に生ずる縁応力度 σB_X との比 $\sigma A_X : \sigma B_X$ として, **正しいもの**はどれか。

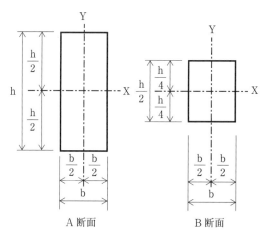

A 断面　　　　　　　B 断面

(1)　1：2

(2)　1：4

(3)　2：1

(4)　4：1

(H20-10)

8 図に示す長方形断面部材の図心軸 (X 軸) に対する許容曲げモーメントの値として, **正しいもの**はどれか。

ただし, 許容曲げ応力度 f_b は $9.46 \mathrm{N/mm^2}$ とする。

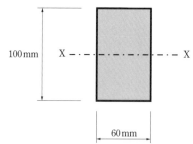

100mm　X ―・―　　　・― X

60mm

(1)　$9.46 \times 10^5 \mathrm{N \cdot mm}$

(2)　$5.68 \times 10^5 \mathrm{N \cdot mm}$

(3)　$4.73 \times 10^5 \mathrm{N \cdot mm}$

(4)　$2.84 \times 10^5 \mathrm{N \cdot mm}$

(R1-8)

7 ⑵　縁応力度は$\sigma=\dfrac{M}{Z}$となるので，断面係数に反比例する。

$Z=\dfrac{BD^2}{6}$であるので

$$Z_A=\dfrac{bh^2}{6}\qquad Z_B=\dfrac{b\left(\frac{h}{2}\right)^2}{6}=\dfrac{bh^2}{24}$$

$$\therefore \sigma_A:\sigma_B=\dfrac{1}{Z_A}:\dfrac{1}{Z_B}=6:24=1:4$$

となる。

8 許容曲げモーメントM_Aは，

$M_A=Z\times f_b$　で求めることができる。

$$M_A=\dfrac{60\times100^2}{6}\times9.46=9.46\times10^5\mathrm{N\cdot mm}$$

【正解】 7 : ⑵， 8 : ⑴

建
築
学

1・4　建　築　材　料

[最近出題された問題]

1・4・1　セメント・コンクリート

□□□　**1**　セメントに関する記述として，**最も不適当なもの**はどれか。

(1)　ポルトランドセメントは，セメントクリンカーに凝結時間調整用のせっこうを加え，粉砕してつくられる。

(2)　セメントは，時間の経過とともに水和反応が進行し，強度が発現していく水硬性材料である。

(3)　セメント粒子の細かさは，比表面積（ブレーン値）で示され，その値が小さいほど，凝結や強度発現は早くなる。

(4)　セメントの貯蔵期間が長いと，空気中の水分や二酸化炭素を吸収し，風化による品質劣化を起こしやすい。

《H24-11》

□□□　**2**　コンクリート材料の特性に関する記述として，**最も不適当なもの**はどれか。

(1)　減水材は，コンクリートの耐凍害性を向上させることができる。

(2)　流動化剤は，工事現場で添加することで，レディーミクストコンクリートの流動性を増すことができる。

(3)　早強ポルトランドセメントを用いたコンクリートは，普通ポルトランドセメントを用いた場合より硬化初期の水和発熱量が大きく，冬期の工事に適している。

(4)　高炉セメントB種を用いたコンクリートは，普通ポルトランドセメントを用いた場合より耐海水性や化学抵抗性が大きく，地下構造物に適している。

《R5-11》

□□□　**3**　コンクリートに関する記述として，**最も不適当なもの**はどれか。

(1)　コンクリートにAE剤を混入すると，凍結融解作用に対する抵抗性が改善される。

(2)　コンクリートのポアソン比は0.2程度である。

(3)　空気量が1%増加すると，コンクリートの圧縮強度は4〜6%低下する。

(4)　コンクリートのヤング係数は，単位容積質量が大きくなるほど，小さくなる。

《H26-11》

[解説]

1　(3)　**比表面積（ブレーン値）**は1gセメント中の全粒子の表面積の和で，粒子の細かさを示す

値。比表面積が大きいセメントは，粉末が微細で強度発現が早いので，早期強度が高い。

(4) セメントの貯蔵期間が長いと空気中の水分や二酸化炭素を吸収し，風化が進行して品質が低下するので，貯蔵設備は，防湿的でセメントの風化を防止できる構造・機能を有するものでなければならない。貯蔵中に少しでも固まったセメントは用いてはならない。長期間貯蔵したセメントは，これを用いる前に試験して品質を確かめなければならない。

表1　コンクリートの耐久性を確保するための規定等

単 位 水 量	原則として105kg/m³以下
単位セメント量	最小値は270kg/m³
水セメント比	表2による
空 気 量	AE剤またはAE減水剤を用いるコンクリートの空気量は，4.5%
塩 化 物 量	塩化物イオン量として0.30kg/m³以下を原則とする。
アルカリ骨材反応	総アルカリ量を酸化ナトリウム換算で，3.0kg/m³以下
調合強度の補正	調合強度を定めるにあたり，気温による補正を行う。(表3)
耐久設計基準強度	一般：18N/mm² 標準：24N/mm² 長期：30N/mm²
ス ラ ン プ	品質基準強度 33N/mm²以上：21cm以下 33N/mm²未満：18cm以下

2

(1) 減水剤は，コンクリートの単位水量を減らすことができるので，コンクリートが緻密化するが，耐凍害性は向上しない。よって，最も不適当である。

(3) 早強ポルトランドセメントは，粉末が普通ポルトランドより細かく，比表面積が大きい。水和熱が大きく，早期に強度が発現するので，工期の短縮，寒冷期の使用に適する。

(4) 高炉セメントは，ポルトランドセメントに高炉スラグの微粉末を混合したセメントで，高炉スラグの分量により，A種・B種・C種の3種類がある。耐海水性や化学抵抗性が大きい。

3

(1) **AE剤**はコンクリート中に無数の独立した微細気泡を連行させ，ワーカビリティの改善，単位水量の低減，凍結融解作用に対する抵抗性の改善等の効果がある。

(3) **空気量**が1%増加すると，圧縮強度は4～6%低下する。一般的なコンクリートの空気量は4～5%とする。

(4) コンクリートのヤング係数は，コンクリートの単位容積質量が大きくなるほど，また，設計基準強度が大きくなるほど大きくなる。よって，最も不適当である。

【正解】 **1**：(3)，**2**：(1)，**3**：(4)

表2　水セメント比の最大値

セメントの種類	水セメント比の最大値(%)
ポルトランドセメント（低熱以外），高炉セメントA種，シリカセメントA種，フライアッシュセメントA種	65
低熱ポルトランドセメント，高炉セメントB種，シリカセメントB種，フライアッシュセメントB種	60

表3　コンクリート強度の気温と補正値 T の標準値

セメントの種類	コンクリート打込みから28日までの期間の予想平均気温の範囲（℃）		
早強ポルトランドセメント	15以上	5以上15未満	2以上5未満
普通ポルトランドセメント	16以上	8以上16未満	3以上8未満
フライアッシュセメントB種	16以上	10以上16未満	5以上10未満
高炉セメントB種	17以上	13以上17未満	10以上13未満
コンクリート強度の気温による補正値 T(N/mm²)	0	3	6

建
築
学

1・4・2　金　属　材　料

□□□　**4**　金属材料に関する一般的な記述として，**最も不適当なもの**はどれか。

(1)　黄銅（真ちゅう）は，銅と亜鉛の合金であり，亜鉛が 30～40％のものである。

(2)　鉛は，鋼材に比べ熱伝導率が低く，線膨張係数は大きい。

(3)　ステンレス鋼の SUS430 は，SUS304 に比べ磁性が弱い。

(4)　アルミニウムは，鋼材に比べ密度及びヤング係数が約 $\frac{1}{3}$ である。

《R3-11》

□□□　**5**　鋼材に関する記述として，**最も不適当なもの**はどれか。

(1)　銅を添加すると，耐候性が向上する。

(2)　炭素量が増加すると，引張強さと伸びが増加する。

(3)　クロムを添加すると，耐食性が向上する。

(4)　モリブデンを添加すると，高温時の強度低下が少なくなる。

《H25-11》

□□□　**6**　鋼材に関する一般的な記述として，**最も不適当なもの**はどれか。

(1)　ある特定の温度以上まで加熱した後，急冷する焼入れ処理により，鋼は硬くなり，強度が増加する。

(2)　鋼は，炭素量が多くなると，引張強さは増加し，靱性は低下する。

(3)　SN490B や SN490C は，炭素当量等の上限を規定して溶接性を改善した鋼材である。

(4)　低降伏点鋼は，モリブデン等の元素を添加することで，強度を低くし延性を高めた鋼材である。

《R4-11》

［解説］

4　(3)　ステンレス鋼は，耐食性を向上させるために，クロムを含有した合金鋼である。SUS430 は，一般的なステンレス鋼 SUS304 に比べ磁性がある。よって，最も不適当である。

(4)　アルミニウムは，展性・延性に富み，軽量（比重 2.7，鋼の約 1/3）であるが比強度が大きく，ヤング係数は約 70 kN/mm^2（鋼の約 1/3）である。また，線膨張係数は鋼の約 2 倍である。アルミニウムはイオン化傾向が高い材料であるが，建具等の建材として使われる際には，陽極酸化皮膜処理をして耐食性・耐摩耗性を向上させている。

5　(1)　銅やクロム，ニッケル，リン等を添加すると，耐候性が向上する。

(2)　炭素量が増加すると，硬くなり，伸びは低下する。また，引張強さは図1(b)に示すとおり，炭素量が少ない間は増加するが，多くなると低下していく。よって，(2)は不適当である。

(4)　モリブデンを添加すると，高温時の強度低下が少なくなる（6(3)参照）。

表4　純鉄および鋼の性質

種　類	比　重	融　点 (0℃)	比　熱 (J/kg・N) (0〜100℃)	熱 伝 導 率 (W/m・K)	熱膨張係数 (20〜100℃)	電 気 抵 抗 (Ω/cm³, 常温)
純　鉄	7.87	1535	465	72	10.2×10^{-6}	9.84×10^{-6}
鋼 (C：0.03〜1.7%)	7.79〜7.87	1425〜1530	427〜452	36〜60	10.4×10^{-6} $\sim 11.5 \times 10^{-6}$	10×10^{-6} $\sim 18 \times 10^{-6}$

建築学

6 (3)　SN（Steel New-structure）鋼はSM鋼をベースとして鉄骨建築に求められている強度・伸びなどの特性が強化された鋼材であり，A種は溶接しない補助部材用，B種は主要構造部材または溶接する部材用として，C種はさらに板厚方向特性が必要な部材用となっている。

(4)　低降状点鋼は，添加元素を極力低減した純鉄に近い鋼で，強度が低く延性が高い鋼材である。制震構造等で用いられる。よって，最も不適当である。

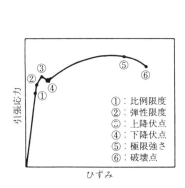

①：比例限度
②：弾性限度
③：上降伏点
④：下降伏点
⑤：極限強さ
⑥：破壊点

(a)　引張応力とひずみの関係

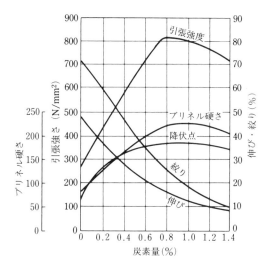

(b)　機械的性質と炭素量の関係

図1　鋼材の機械的性質

【正解】　4：(3)，5：(2)，6：(4)

1・4・3　石　　　材

7 石材に関する一般的な記述として，**最も不適当な**ものはどれか。
(1) 花崗岩は，結晶質で硬く耐摩耗性や耐久性に優れ，壁，床，階段等に多く用いられる。
(2) 大理石は，酸には弱いが，緻密であり磨くと光沢が出るため，主に内装用として用いられる。
(3) 粘板岩（スレート）は，吸水率が小さく耐久性に優れ，層状に剥がれる性質があり，屋根材や床材として用いられる。
(4) 石灰岩は，柔らかく曲げ強度は低いが，耐水性や耐酸性に優れ，主に外装用として用いられる。

《R5-13》

8 石材に関する一般的な記述として，**最も不適当な**ものはどれか。
(1) 花崗岩は，耐摩耗性，耐久性に優れるが，耐火性に劣る。
(2) 安山岩は，光沢があり美観性に優れるが，耐久性，耐火性に劣る。
(3) 砂岩は，耐火性に優れるが，吸水率の高いものは耐凍害性に劣る。
(4) 凝灰岩は，加工性に優れるが，強度，耐久性に劣る。

《R3-12》

［解説］

7　おもな石材の種類，特性は，表5のとおりである。また，図2に石材の耐火強度の例を示す。
(4) 石灰岩は，加工しやすいが耐水性に劣る。よって(4)は不適当である。

8 (2) 安山岩は，耐久性，耐火性に優れるが，光沢は得られない。よって，最も不適当である。

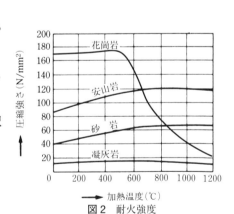

図2　耐火強度

【正解】 **7**：(4)，**8**：(2)

建
築
学

表5　石 材 の 種 類

区分	岩　　種	石　材　名	特　　性	用　　途
火成岩	花　崗　岩	稲田石・北木みかげ・万成石・あじ石・本みかげ	圧縮強さ・耐久性大，吸水性小，耐火性小，質かたく，大材が得やすい，磨くと光沢が出る	構造用，装飾用
	石英せん緑岩	折壁みかげ（黒みかげ）	大材は得にくい	装飾用
	はんれい岩		色調不鮮明，質きわめてかたい	黒大理石の代用
	安　山　岩	鉄平石・小松石	耐久・耐火性大，吸水性小，色調不鮮明，光沢は得られない	間知石・割り石
	石英粗面岩	杭火石・天城軽石	硬質，加工性小	防熱・防音材・軽量コンクリート骨材
水成岩	凝　灰　岩	大谷石・竜山石	軟質軽量，加工性・耐火性・吸水性大，風化しやすい	木造基礎・石がき・倉庫建築・室内装飾
	砂　　　岩	日の出石・多胡石・立棒石	耐火性・吸水性・摩耗性大，光沢なし	基礎・石がき
	粘　板　岩	雄勝スレート	へき解性，吸水性小，質ち密，色調黒	スレート屋根材
	石　灰　岩		耐水性に劣り，柔かく曲げ強度が低い	コンクリート骨材・セメント原料・石灰原料
変成岩	大　理　石	寒水石・あられ大理石・オニックス・トラバーチン・さらさ	質ち密，吸水性小，耐火性小，光沢あり，酸・雨水に弱い	室内装飾用
	蛇　紋　岩	蛇紋石・鳩糞石・凍石	大材は得にくい	化粧用

建
築
学

1・4・4　ガラス・塗料

☐☐☐ **9** 普通板ガラスの性質に関する次の記述のうち，**不適当なもの**はどれか。

(1)　圧縮強度は，引張強度より大きい。

(2)　比重は，約2.5である。

(3)　反射率は，光がガラス面に直角に入射した場合が最も大きい。

(4)　力学的には，フックの法則に従う弾性体である。

《基本》

☐☐☐ **10** 建築用板ガラスに関する記述として，**最も不適当なもの**はどれか。

(1)　フロート板ガラスは，溶融した金属の上に浮かべて製板する透明，かつ，平滑なガラスである。

(2)　複層ガラスは，複数枚の板ガラスの間に間隙を設け，大気圧に近い圧力の乾燥気体を満たし，その周辺を密閉したもので，断熱効果のあるガラスである。

(3)　熱線吸収板ガラスは，板ガラスの表面に金属皮膜を形成したもので，冷房負荷の軽減の効果が高いガラスである。

(4)　倍強度ガラスは，フロート板ガラスを軟化点まで加熱後，両表面から空気を吹き付けて冷却加工するなどにより，強度を約2倍に高めたガラスである。

《R4-13》

☐☐☐ **11** 屋内で使用する塗料に関する記述として，**最も不適当なもの**はどれか。

(1)　アクリル樹脂系非水分散形塗料は，モルタル面に適しているが，せっこうボード面には適していない。

(2)　クリヤラッカーは，木部に適しているが，コンクリート面には適していない。

(3)　つや有合成樹脂エマルションペイントは，鉄鋼面に適しているが，モルタル面には適していない。

(4)　2液形ポリウレタンワニスは，木部に適しているが，ALCパネル面には適していない。

《R5-15》

［解説］

9　一般に建築用板ガラスとして使用されるのは**ソーダガラス**で，以下の性質がある。

① 比重：2.5　② ヤング係数：$7.5 \times 10^4 \, \mathrm{N/mm^2}$

③ 強度　圧縮強度：約 $900 \, \mathrm{N/mm^2}$，引張強度：約 $50 \, \mathrm{N/mm^2}$，
曲げ強度：$50 \sim 80 \, \mathrm{N/mm^2}$

④ 透過性：表面状態・透明度により異なるが，入射角 0（ガラス面に直角）で 90%（すなわち反射率は最も小さい）。赤外線は透過するが，紫外線は通さない。よって，(3)が最も不適当である。

⑤ 力学的にはフックの法則に従う弾性体である。

10　(1) フロート板ガラスは，溶融した金属の上に浮かべて製板する透明かつ平滑なガラスである。

(2) 複層ガラスは，複数枚の板ガラスの間に間隙を設け，大気圧に近い圧力の乾燥気体を満たし，その周辺を密閉したもので，断熱効果のあるガラスである。

(3) 熱線吸収板ガラスは，板ガラスの組成中に微量の鉄・ニッケル・コバルトなどの金属成分を加えて着色したもので，太陽放射熱を多く吸収し，冷房負荷を軽減することができる。よって，最も不適当である。

(4) 倍強度ガラスは，フロート板ガラスを軟化点まで加熱後，両表面から空気を吹き付けて冷却加工するなどにより，強度を約2倍に高めたガラスである。

11　(1) アクリル樹脂系非分散形塗料は，溶剤の蒸発とともに，分散された粒子が結合し，塗膜を形成する。コンクリート面，モルタル面の塗装に適している。せっこうボードには適していない。

(3) つや有合成樹脂エマルションペイントは，コンクリート面，モルタル面，プラスター面，せっこうボード面，その他のボード面，ならびに屋内の木部，鉄鋼面の塗装に適している。よって，最も不適当である。

【正解】9：(3)，10：(3)，11：(3)

1・4・5　防 水 材 料

☐☐☐ **12** 塗膜防水材料に関する記述として，**最も不適当なもの**はどれか。

(1) 屋根用ウレタンゴム系防水材は，引張強さ，伸び率，抗張積などの特性によって，高伸長形（旧1類）と高強度形に区分される。

(2) 1成分形のウレタンゴム系防水材は，乾燥硬化によりゴム弾性のある塗膜を形成する。

(3) 2成分形のウレタンゴム系防水材は，施工直前に主剤，硬化剤の2成分に，必要によって硬化促進剤，充填材などを混合して使用する。

(4) 塗付けタイプゴムアスファルト系防水材は，ゴムアスファルトエマルションだけで乾燥造膜するものと，硬化剤を用いて反応硬化させるものがある。

《H24-14》

☐☐☐ **13** アスファルト防水材料に関する記述として，**最も不適当なもの**はどれか。

(1) エマルションタイプのアスファルトプライマーは，アスファルトを水中に乳化分散させたものである。

(2) 砂付ストレッチルーフィング800の数値800は，製品の抗張積の呼びを表している。

(3) 防水工事用アスファルトは，フラースぜい化点の温度が低いものほど低温特性のよいアスファルトである。

(4) アスファルトルーフィング1500の数値1500は，製品の単位面積当たりのアスファルト含浸量を表している。

《R3-14》

☐☐☐ **14** 建築用シーリング材に関する記述として，**最も不適当なもの**はどれか。

(1) 弾性シーリング材とは，目地のムーブメントによって生じた応力がひずみにほぼ比例するシーリング材である。

(2) 塑性シーリング材とは，目地のムーブメントによって生じた応力がムーブメントの速度にほぼ比例し，ムーブメントが停止すると素早く緩和するシーリング材である。

(3) 1成分形高モジュラス形シリコーン系シーリング材は，耐熱性，耐寒性に優れ，防かび剤を添加したものは，浴槽や洗面化粧台などの水まわりの目地に用いられる。

(4) 2成分形ポリウレタン系シーリング材は，耐熱性，耐候性に優れ，金属パネルや金属笠木などの目地に用いられる。

《H30-14》

［解説］

12 (2) ウレタンゴム系防水材は，ポリイソシアネート，ポリオール，架橋剤を主な原料とする
ウレタンゴムに充てん材などを配合した防水材である。ウレタンゴム系防水層は，露出仕
上げで屋上の用途（歩行用，運動用など）に対応できるという特徴があるが，施工におい
ては，下地の精度や施工時の天候などに厳しい要求条件がある。

1成分形のウレタンゴム系防水材は，空気中の水分が反応して塗膜を形成するものであ
り，ゴム弾性のある塗膜とはならない。よって，最も不適当である。

13 (4) アスファルトルーフィング1500の数値1500は，単位面積質量（g/m²）を表している。
よって，最も不適当である。

14 (4) ポリウレタン系シーリング材は，耐熱性・耐候性は劣るが，非汚染性（ノンブリード）
に優れている。よって，最も不適当である。

【正解】 12 : (2), 13 : (4), 14 : (4)

1・4・6 内 装 材 料

15 内装材料に関する記述として，**最も不適当なもの**はどれか。

(1) 構造用せっこうボードは，芯材のせっこうに無機質繊維等を混入したうえ，くぎ側面
抵抗を強化したものである。

(2) ロックウール化粧吸音板は，ロックウールのウールを主材料として，結合材及び混和
材を用いて成形し，表面化粧加工したものである。

(3) けい酸カルシウム板は，石灰質原料，けい酸質原料，石綿以外の繊維，混和材料を原
料として，成形したものである。

(4) 強化せっこうボードは，両面のボード用原紙と芯材のせっこうに防水処理を施したも
のである。

《R2-15》

16 内装材料に関する記述として，**最も不適当なもの**はどれか。

(1) 構造用せっこうボードは，強化せっこうボードの性能を満たしたうえ，くぎ側面抵抗
を強化したもので，耐力壁用の面材などに使用される。

(2) ロックウール化粧吸音板は，ロックウールのウールを主材料として，結合材及び混和
材を用いて成形し，表面化粧加工したものである。

(3) ゴム床タイルは，天然ゴムや合成ゴムを主原料とした床タイルで，独自の歩行感を有
し，耐油性に優れている。

(4) コルク床タイルは，天然コルク外皮を主原料として，必要に応じてウレタン樹脂等で
加工した床タイルである。

《H28-15》

17　内装材料に関する記述として，**最も不適当なもの**はどれか。

(1)　コンポジションビニル床タイルは，単層ビニル床タイルよりバインダー量を多くした床タイルである。

(2)　複層ビニル床タイルは，耐水性，耐薬品性，耐磨耗性に優れているが，熱による伸縮性が大きい。

(3)　パーティクルボードは，日本工業規格（JIS）で定められたホルムアルデヒド放散量による区分がある。

(4)　普通合板は，日本農林規格（JAS）で定められた接着の程度による区分がある。

《H30-15》

[解説]

15　(4)　強化せっこうボードは，芯材にガラス繊維を混入して，火災時のひび割れや破損に対応させたものである。よって，最も不適当である。

16　(3)　ゴム床タイルは，天然ゴム，合成ゴム等を主原料とした弾性質の床タイルである。耐油性に劣る。よって，最も不適当である。

17　(1)　ビニル床タイルは，コンポジションビニル床タイル，単層ビニル床タイル，複層ビニル床タイルに区分される。コンポジションビニル床タイルも単層構成であるが，バインダーの含有率30％未満のものをコンポジションビニル床タイルと呼ぶ。よって，(1)は不適当である。

【正解】　**15**：(4)，**16**：(3)，**17**：(1)

1・4・7　左 官 材 料

18　左官材料に関する記述として，**最も不適当なもの**はどれか。

(1)　しっくいは，消石灰を主たる結合材料とした気硬性を有する材料である。

(2)　せっこうプラスターは，水硬性であり，主に多湿で通気不良の場所の仕上げで使用される。

(3)　セルフレベリング材は，せっこう組成物やセメント組成物に骨材や流動化剤等を添加した材料である。

(4)　ドロマイトプラスターは，保水性が良いため，こて塗りがしやすく作業性に優れる。

《R4-12》

□□□ **19**　左官材料に関する記述として，**最も不適当なもの**はどれか。

(1)　せっこうプラスターは，水硬性であり，多湿で通気不良の場所で使用できる。

(2)　ドロマイトプラスターは，それ自体に粘性があるためのりを必要としない。

(3)　セメントモルタルの混和材として消石灰を用いると，こて伸びがよく，平滑な面が得られる。

(4)　しっくい用ののりには，海藻，海藻の加工品，メチルセルロース等がある。

《R2-12》

［解説］

18　(2)　せっこうプラスターは，主成分である焼せっこうが水和反応を起こし，余剰水が発散して硬化する塗り壁材料である。乾燥が困難な場所や乾湿の繰返しを受ける部位では硬化不良になりやすい。よって最も不適当である。

(3)　セルフレベリング材には，結合材の種類によってせっこう系とセメント系があり，結合材のほかに，高流動化剤，硬化遅延剤が混合されている。

(4)　ドロマイトプラスターは，粘性が高いため，のりを必要としない。しっくいより施工が簡単で経済的であるが，乾燥収縮が大きい。

19　(1)　**18**の(2)解説参照。

(4)　しっくい用ののり剤には，大別して，海草のりと化学のりがある。化学のりとは，メチルセルロースなどの水溶性樹脂を用いた水溶性高分子である。

【正解】**18**：(2)，**19**：(1)

▶ **必修基本問題** ◀　**1・4 建 築 材 料**

1 セメントに関する記述として，**最も不適当なもの**はどれか。

(1)　中庸熱ポルトランドセメントは，水和熱の発生を少なくするようにつくられたセメントである。

(2)　早強ポルトランドセメントは，セメント粒子の細かさを示す比表面積（ブレーン値）を小さくして，早期強度を高めたセメントである。

(3)　高炉セメントB種を用いたコンクリートは，普通ポルトランドセメントを用いたものに比べ，化学的な作用や海水に対する耐久性が高い。

(4)　フライアッシュセメントB種は，普通ポルトランドセメントに比べて，水和熱が小さく，マスコンクリートに適している。

(H22-10)

2 コンクリートに関する記述として，**最も不適当なもの**はどれか。

(1)　単位水量の小さいコンクリートほど，乾燥収縮が小さくなる。

(2)　コンクリートにAE剤を混入すると，凍結融解作用に対する抵抗性が改善される。

(3)　空気量が1%増加すると，コンクリートの圧縮強度は4〜6%低下する。

(4)　コンクリートのヤング係数は，圧縮強度が大きくなるほど，小さくなる。

(H23-10)

3 鋼材に関する記述として，**最も不適当なもの**はどれか。

(1)　引張応力とひずみは，下降伏点まで比例関係にある。

(2)　炭素の含有量の増加とともに伸びが減少する。

(3)　ヤング係数は，コンクリートの約10倍である。

(4)　構造用鋼材には，主として軟鋼が用いられる。

(H22-11)

4 鋼材に関する記述として，**最も不適当なもの**はどれか。

(1)　SN490BやSN490Cは，炭素当量の上限を規定して溶接性を改善した鋼材である。

(2)　TMCP鋼は，熱加工制御により製造された，高じん性で溶接性に優れた鋼材である。

(3)　FR鋼は，モリブデン等の元素を添加することで耐火性を高めた鋼材である。

(4)　SS材は，添加元素を極力低減した純鉄に近い鋼で，強度を低くし，延性を高めた鋼材である。

(H28-12)

5 建築に用いられる金属材料に関する記述として，**最も不適当なもの**はどれか。

(1) ステンレス鋼は，ニッケルやクロムを含み，炭素量が少ないものほど耐食性が良い。

(2) 銅は，熱や電気の伝導率が高く，湿気中では緑青を生じ耐食性が増す。

(3) 鉛は，X線遮断効果が大きく，酸その他の薬液に対する抵抗性や耐アルカリ性にも優れている。

(4) チタンは，鋼材に比べ密度が小さく，耐食性に優れている。

(R5-12)

6 石材に関する一般的な記述として，**最も不適当なもの**はどれか。

(1) 花こう岩は，耐摩耗性，耐久性に優れるが，耐火性に劣る。

(2) 大理石は，ち密であり，磨くと光沢が出るが，耐酸性，耐火性に劣る。

(3) 石灰岩は，耐水性に優れるが，柔らかく，曲げ強度は低い。

(4) 砂岩は，耐火性に優れるが，吸水率の高いものは耐凍害性に劣る。

(R1-12)

7 ガラスに関する記述として，**最も不適当なもの**はどれか。

(1) 型板ガラスは，ロールアウト方式により，ロールに彫刻された型模様をガラス面に熱間転写して製造された，片面に型模様のある板ガラスである。

(2) Low-E複層ガラスは，中空層側のガラス面に特殊金属をコーティングしたもので，日射制御機能と高い断熱性を兼ね備えたガラスである。

(3) 強化ガラスは，板ガラスを熱処理してガラス表面付近に強い圧縮応力層を形成したもので，耐衝撃強度が高いガラスである。

(4) 熱線反射ガラスは，日射熱の遮蔽を主目的とし，ガラスの両面に熱線反射性の薄膜を形成したガラスである。

(H30-13)

8 日本産業規格（JIS）に規定する防水材料に関する記述として，**不適当なもの**はどれか。

(1) 2成分形のウレタンゴム系防水材は，施工直前に主剤，硬化剤の2成分に，必要によって硬化促進剤や充填剤等を混合して使用する。

(2) 防水工事用アスファルトは，フラースぜい化点の温度が低いものほど低温特性のよいアスファルトである。

(3) ストレッチルーフィング1000の数値1000は，製品の抗張積（引張強さと最大荷重時の伸び率との積）を表している。

(4) 改質アスファルトルーフィングシートは，温度特性によりⅠ類とⅡ類に区分され，低温時の耐折り曲げ性がよいものはⅠ類である。

(R5-14)

9 塗料に関する記述として，**最も不適当なもの**はどれか。

(1) 合成樹脂エマルションペイントは，モルタル面に適しているが，金属面には適していない。

(2) つや有合成樹脂エマルションペイントは，屋内の鉄鋼面に適しているが，モルタル面には適していない。

(3) アクリル樹脂系非水分散形塗料は，モルタル面に適しているが，せっこうボード面には適していない。

(4) 合成樹脂調合ペイントは，木部に適しているが，モルタル面には適していない。

(R1-15)

10 日本産業規格（JIS）のドアセットに規定されている性能項目に関する記述として，**不適当なもの**はどれか。

(1) スライディングドアセットでは，「鉛直荷重強さ」が規定されている。

(2) スライディングドアセットでは，「耐風圧性」が規定されている。

(3) スイングドアセットでは，「耐衝撃性」が規定されている。

(4) スイングドアセットでは，「開閉力」が規定されている。

(R3-13)

正解とワンポイント解説

1 (2) 早強ポルトランドセメントは，粉末が普通ポルトランドより細かく，比表面積が大きい。水和熱が大きく，早期に強度が発現するので，工期の短縮，寒冷期の使用に適する。

2 (4) コンクリートのヤング係数は，圧縮強度が大きくなるほど大きくなる。

3 (1) 引張応力とひずみは，比例限度までは比例関係にあるが，下降伏点に達するときは比例関係にない。

4 (4) SS（Steel Standard）材は，一般構造用圧延鋼材のことである。添加元素を極力低減した純鉄に近い鋼は，低降状点鋼のことである。

5 (3) 鉛は，塩酸，硫酸などの酸にはほとんど侵されないが，水酸化カルシウム，水酸化ナトリウムなどのアルカリには侵される。

6 (3) 石灰岩は加工がしやすいが，耐水性に劣る。

7 (4) 熱線反射ガラスは，日射熱の遮蔽を主目的とし，ガラスの片側の表面に金属酸化膜を形成したガラスである。

8 (4) 改質アスファルトルーフィングシートは，温度特性によりⅠ類とⅡ類に区分され，低温時の耐折り曲げ性が良いのはⅡ類である。

9 (2) つや有合成樹脂エマルションペイントは，コンクリート面，モルタル面，プラスター面，せっこうボード面，その他のボード面，ならびに屋内の木部，鉄鋼面の塗装に適している。

10 (1) ドアセットに規定されている性能項目のうち，「ねじり強さ」「鉛直荷重強さ」「耐衝撃性」「面内変形追随性」は，スイングには適用されるが，スライディングには適用しない。

【正解】 1 : (2), 2 : (4), 3 : (1), 4 : (4), 5 : (3), 6 : (3), 7 : (4), 8 : (4), 9 : (2), 10 : (1)

第2章 共　　通

共
通

2·1　外 構 工 事

[最近出題された問題]

2·1·1　植 栽 工 事

□□□ **1** 植栽工事における移植に関する記述として，**最も不適当なもの**はどれか。

(1) 根巻きに際しては，鉢土のくずれを防止するため，鉢の表面を縄などで十分に締め付ける。

(2) 移植後の樹木の幹からの水分の蒸散防止，幹焼け防止と防寒等のために幹巻きを行う。

(3) 根回しに際しては，できるだけ細根を残すように掘り下げる。

(4) 移植後の樹木の枯れを防止するため，掘取りの前に枝抜きや摘葉を行ってはならない。

《H28-16》

□□□ **2** 植栽工事に関する記述として，**最も不適当なもの**はどれか。

(1) 法面の芝張りは，目地張りとし，縦目地が通るように張り付ける。

(2) 樹木の掘取りにより根鉢側面に現れた根は，鉢に沿って鋭利な刃物で切断する。

(3) 根巻きを行う場合は，樹木の根元直径の3〜5倍程度の鉢土を付ける。

(4) 断根式根回しは，モッコク，サザンカなどの比較的浅根性又は非直根性の樹種に用いる。

《H21-17》

□□□ **3** 植栽に関する記述として，**最も不適当なもの**はどれか。

(1) 幹周は，樹木の幹の周長をいい，根鉢の上端より0.5mの位置を測定する。

(2) 樹高は，樹木の樹冠の頂端から根鉢の上端までの垂直高をいう。

(3) 幹巻きは，移植後の樹木の幹から水分の蒸散防止と幹焼け防止，防寒のために行う。

(4) 枝張りは，樹木の四方面に伸長した枝の幅をいい，測定方向により長短がある場合は，最長と最短の平均値とする。

《H20-17》

□□□ **4** 植栽に関する記述として，**最も不適当なもの**はどれか。

(1) 枝張りは，樹木の四方面に伸長した枝の幅をいい，測定方向により長短がある場合は，最短の幅とする。

(2) 支柱は，風による樹木の倒れや傾きを防止するとともに，根部の活着を助けるために取り付ける。

(3) 樹木の移植において，根巻き等で大きく根を減らす場合，吸水量と蒸散量とのバランスをとるために枝抜き剪定を行う。

(4) 樹木の植付けは，現場搬入後，仮植えや保護養生してから植え付けるよりも，速やかに行うほうがよい。

《R5-16》

［解説］

1 (2) 幹巻きは，移栽後の樹木の幹からの水分の蒸散防止と幹焼け防止，防寒，害虫からの防護のため行う。

(4) 樹種に応じて，密生枝や枯枝を切り取って移植する。よって，最も不適当である。

2 (1) 法面の芝張りは，法面を流下する雨水に浸食されないように，芝の目地は，縦目地を通さないよう，芝目地をずらして張り付ける。よって，最も不適当である。

(2) 樹木の掘取りにより根鉢側面に現れた根は，鉢に沿って鋭利な刃物で切断し，鉢内の根への影響を防止する。

(3) 根巻きを行う場合，樹木の根元直径の3〜5倍程度の鉢土を付ける。

(4) 移植に必要な根回しの方法は，大木には溝堀式が，中・小木には断根式が用いられる。断根式は側根を切断して発根を促す方法であり，溝堀式は根の表皮を剥割をする方法である。モッコクやサザンカなど浅根性の小木は断根式根回しとする。

3 (1) **幹周**は，樹木の幹の周長をいい，根鉢の上端である根元から1.2 mの位置の周長を測定する。よって，最も不適当である。

(2) 樹高は樹冠頂から根鉢の上端の根元まで垂直高さをいう。

(4) 枝張りは，樹木の四方面に伸長した枝の幅をいい，通常，最長径と最小径の平均値とする。

4 (1) 3(4)の解説参照。よって，最も不適当である。

【正解】 1：(4)，2：(1)，3：(1)，4：(1)

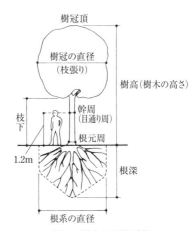

図1　樹木の規格呼称

2・1・2　舗 装 工 事

☐☐☐ **5** 舗装に関する記述として，**最も不適当なもの**はどれか。

(1) 舗装用のストレートアスファルトは，一般地域では主として針入度60〜80の種類の
ものが使用される。

(2) 遮断層は，路床が軟弱な場合，軟弱な路床土が路盤用材料と混ざることを防止するた
め，路盤の下に設ける砂等の層である。

(3) CBRは，砕石などの粒状路盤材料の強さを表し，修正CBRは，路床や路盤の支持力
を表すものである。

(4) 排水性アスファルト舗装は，透水性のある表層の下に不透水層を設けて，雨水が不透
水層上を流下して速やかに排水され，路盤以下に浸透しない構造としたものである。

《H21-16》

☐☐☐ **6** アスファルト舗装に関する記述として，**最も不適当なもの**はどれか。

(1) プライムコートは，路盤の仕上がり面を保護し，その上のアスファルト混合物層との
接着性を向上させる。

(2) 粒度調整砕石は，所要の粒度範囲に入るように調整された砕石で，路盤の支持力を向
上させる。

(3) フィラーは，アスファルトと一体となって，混合物の安定性，耐久性を向上させる。

(4) シールコートは，路床の仕上がり面を保護し，その上の路盤との接着性を向上させる。

《H27-16》

☐☐☐ **7** 構内アスファルト舗装に関する記述として，**最も不適当なもの**はどれか。

(1) 設計CBRは，路床の支持力を表す指標であり，修正CBRは，路盤材料の品質を
表す指標である。

(2) 盛土をして路床とする場合は，一層の仕上り厚さ300mm程度ごとに締め固めながら，
所定の高さに仕上げる。

(3) アスファルト混合物の締固め作業は，一般に継目転圧，初転圧，二次転圧，仕上げ
転圧の順に行う。

(4) 初転圧は，ヘアクラックの生じない限りできるだけ高い温度とし，その転圧温度は，
一般に110〜140℃の間で行う。

《R4-16》

［解説］

5 (1) ストレートアスファルトのコンシステンシーは，針入度で表し，針入度は 60〜80 のものは一般地域に用いられ，重交通道路では 40〜60，積雪寒冷地域では 80〜100 を用いる。

(2) **遮断層**は，アスファルト舗装に用いないが，コンクリート舗装等では，路床の上面に 15cm〜30cm の敷き砂をして，軟弱な路床土が路盤用材料と混ざることを防止する目的で施工する。

(3) **CBR 値**は，路床や粒状路盤の貫入抵抗力（強さ）から支持力を判断するものであり，修正 CBR は路床材料や路盤材料の強さを示すものである。よって，最も不適当である。

(4) 排水性舗装は，表層部に透水性アスファルト混合物を，下層部に不透水層を設け，雨水が不透水層上を流下し路盤に水が浸透しない構造をしている。

6 (1) **プライムコート**は，粒状材料などの防水性を高め，その上に施工するアスファルト混合物層とのなじみをよくするために散布する歴青材料である。

(2) 粒度調整砕石は，道路用砕石の一つで，破砕後，ふるい分けして，一定のサイズにした砕石。他に，単粒度砕石，クラッシュランがある。

(3) アスファルト混合物は，フィラー（石粉），細骨材，粗骨材およびアスファルトを混合したもので，フィラーは骨材間の空隙をアスファルトとともに埋め，混合物の安定性，耐久性を与える。

(4) **シールコート**は，路床の継ぎ目に流し込まれるもので，アスファルト表層の劣化防止と耐水性を向上させるために行うものである。よって，最も不適当である。

7 (1) 設計 CBR は，路床の支持力を表す指標であり，修正 CBR は，路盤材料の品質を表す指標である（**5**(3)参照）。

(2) 盛土をして路床とする場合は，一層の仕上り厚さ 200mm 以下として締め固めながら，所定の高さに仕上げる。よって，最も不適当である。

(3) アスファルト混合物の締固め作業は，一般に継目転圧，初転圧，二次転圧，仕上げ転圧の順に行う。

(4) 初転圧は，ヘアクラックの生じない限りできるだけ高い温度とし，その転圧温度は，一般に 110〜140℃の間で行う。

【正解】**5**：(3)，**6**：(4)，**7**：(2)

（メモ）

2・1・3　屋外排水設備

---

8 屋外排水設備に関する記述として，**最も不適当なもの**はどれか。

(1) 排水管を給水管と平行にして埋設する場合は，原則として両配管の間隔を 500 mm 以上とし，排水管は給水管の下方に埋設する。

(2) 遠心力鉄筋コンクリート管の排水管は，一般に，埋設は下流部より上流部に向けて行い，勾配は $\frac{1}{100}$ 以上とする。

(3) 管きょの排水方向や管径が変化する箇所及び管きょの合流箇所には，ます又はマンホールを設ける。

(4) 雨水用排水ます及びマンホールの底部には，排水管等に泥が詰まらないように深さ 50 mm 以上の泥だめを設ける。

《H24-16》

---

9 屋外排水設備に関する記述として，**最も不適当なもの**はどれか。

(1) 構内舗装道路下の排水管には，遠心力鉄筋コンクリート管の外圧管を使用した。

(2) 浸透トレンチの施工において，掘削後は浸透面を締め固め，砕石等の充填材を投入した。

(3) 埋設排水管路の直線部の桝は，埋設管の内径の 120 倍以内ごとに設けた。

(4) 断合流式下水道に放流するため，雨水系統と汚水系統が合流する合流桝をトラップ桝とした。

《H22-16》

［解説］

8 (1)　排水管と給水管を並行して埋設する場合，原則として両配管の間隔を 500 mm 以上とし，排水管は給水管の下方に埋設する。

(2)　排水管の使用材料は，硬質塩化ビニル管，鉄筋コンクリート管，陶管が使用される。一般に，埋設は下流部より上流部に向けて行い，勾配は 1/100 以上とする。

(3)　ますまたはマンホールは，排水管の起点，終点，会合点，屈曲点，および管種，管径または勾配の変化する箇所に設ける。

(4)　雨水用排水ますおよびマンホールの底部には，排水管に泥が詰まらないように，深さ 150 mm 以上の泥だめを設ける。

9 (2)　浸透トレンチの施工において，浸透面（掘削面）を締め固めないものとし，掘削後は，直ちに敷設を行う。

(3)　ますまたはマンホールは，その延長が，管径の 120 倍を超えない範囲内に設ける。

【正解】 **8** : (4)，**9** : (2)

2・2　建築設備

[最近出題された問題]

2・2・1　電気設備

☐☐☐ **1** 電気設備に関する記述として，**最も不適当な**ものはどれか。

(1) 合成樹脂製可とう電線管のうち PF 管は，自己消火性があり，屋内隠ぺい配管に用いることができる。

(2) 電圧の種別で低圧とは，直流にあっては 600 V 以下，交流にあっては 750 V 以下のものをいう。

(3) 低圧屋内配線のための金属管は，規定値未満の厚さのものをコンクリートに埋め込んではならない。

(4) 低圧屋内配線の使用電圧が 300 V を超える場合における金属製の電線接続箱には，接地工事を施さなければならない。

《R5-17》

☐☐☐ **2** 電気設備に関する記述として，**最も不適当な**ものはどれか。

(1) 電圧の種別における低圧とは，交流の場合 600 V 以下のものをいう。

(2) 電圧の種別における高圧とは，直流の場合 750 V を超え，7,000 V までのものをいう。

(3) 大型の動力機器が多数使用される場合の配電方式には，単相2線式 100 V が多く用いられる。

(4) 特別高圧受電を行うような大規模なビルなどの配電方式には，三相4線式 240 V/415 V が多く用いられる。

《R3-17》

☐☐☐ **3** 電気設備に関する記述として，**最も不適当な**ものはどれか。

(1) ビニル電線（IV）は，地中電線路に用いることができる。

(2) 低圧屋内配線のための金属管は，規定値未満の厚さのものをコンクリートに埋め込んではならない。

(3) 合成樹脂製可とう電線管のうち PF 管は，自己消火性があり，屋内隠ぺい配管に用いることができる。

(4) 合成樹脂管内，金属管内及び金属製可とう電線管内では，電線に接続点を設けてはならない。

《R1-17》

［解説］

1 (1)　合成樹脂製可とう電線管にはPF管（Plastic Flexible conduit）とCD管（Combined Duct）がある。PF管は，自己消火性（耐燃製）があり，隠ぺい配管に用いることが出来る。CD管は，非耐燃性で自己消火性がなく，コンクリート埋設部分に用いられる。

(2)　電圧の種別で低圧は，直流の場合750 V以下である。よって最も不適当である。なお，問題2の(1)，(2)を参照のこと。

(3)　低圧屋内配線に使用する金属管の厚さは，コンクリートに埋め込むものは1.2 mm以上，コンクリート以外のものは1.0 mm以上とする。

(4)　接地は，電気設備等を大地と電気的に接続するもので，目的によって取るべき接地抵抗が電気設備技術基準で規定されている。目的としては，感電事故等を防止するための保安用接地，電気設備や機器の安定した動作を確保するための機能用接地や雷から建物・人・電気・電子機器を保護するための雷保護用接地がある。保安用接地は，使用する電力線によりA種，B種，C種とD種があり，それぞれに対して接地抵抗値の上限が定められている。300 Vを超える低圧電気機器器具の場合は，C種であり，金属製の電線接続箱には，接地工事を行う。

2 (1)　電圧の種別として交流の場合は，一般に低圧，高圧，特別高圧の3種類がある。低圧は600 V以下，高圧は600 Vを越え7,000 V以下，特別高圧は7,000 Vを超える場合をいう。

(2)　直流電圧の場合は，低圧は750 V以下，高圧は750 Vを越え7,000 V以下，特別高圧は，7,000 Vを超える場合をいう。

(3)　電圧を高くすると，同電力に対し電流が少なくてすみ，電線を細くすることができるためコスト上のメリットがあるが，安全上の観点から一般のコンセント類は100 Vが採用されている。配電方式としては，一般住宅や小規模の店舗などの場合「100 V単相2線式方式」，一般の事務所ではそれらに比べ消費電力も多いため，経済性を考慮し「単相3線式100・200 V方式」，さらに大規模建物の場合は消費電力が増えるため「三相3線式，三相4線式方式」が採用されることが多い。よって，最も不適当である。

(4)　特別高圧受電方式では，配線を細くできる三相4線式240 V/415 Vが用いられている。

3 (1)　ビニル電線（IV）は，正式には600 Vビニル絶縁電線（IV）（JIS C 3307）であり，屋内配線，電気機器用配線に使用されるが，碍子引きするか，電線管内に納めなければならず，地中電線路に用いることはできない。よって，最も不適当である。

(2)，(3)，(4)　設問のとおりである。

【正解】 1：(2)，2：(3)，3：(1)

---

4 照明設備に関する記述として，**最も不適当なもの**はどれか。

(1) ハロゲン電球は，光色や演色性が良く，店舗などのスポット照明に用いられる。

(2) Hf蛍光ランプは，高効率，長寿命でちらつきが少なく，事務所などの照明に用いられる。

(3) 低圧ナトリウムランプは，演色性に優れ，高天井のホールなどの照明に用いられる。

(4) 高圧水銀ランプは，長寿命であり，屋外の競技場，公園，庭園などの照明に用いられる。

《H22-17》

2・2・2 避雷設備

5 避雷設備に関する記述として，**最も不適当なもの**はどれか。

(1) 受雷部は，保護しようとする建築物の種類，重要度等に対応した4段階の保護レベルに応じて配置する。

(2) 避雷設備は，建築物の高さが20mを超える部分を雷撃から保護するように設けなければならない。

(3) 危険物を貯蔵する倉庫は，危険物の貯蔵量や建築物の高さにかかわらず，避雷設備を設けなければならない。

(4) 鉄骨造の鉄骨躯体は，構造体利用の引下げ導線の構成部材として利用することができる。

《R4-17》

6 避雷設備に関する記述として，**最も不適当なもの**はどれか。

(1) 高さが15mを超える建築物には，原則として，避雷設備を設けなければならない。

(2) 指定数量の10倍以上の危険物を貯蔵する倉庫には，高さにかかわらず，原則として，避雷設備を設けなければならない。

(3) 受雷部システムの配置は，保護しようとする建築物の種類，重要度等に応じた保護レベルの要求事項に適合しなければならない。

(4) 鉄骨造の鉄骨躯体は，構造体利用の引下げ導線の構成部材として利用することができる。

《R2-17》

7 避雷設備に関する記述として，**最も不適当なもの**はどれか。

(1) 高さが20mを超える建築物には，原則として，有効に避雷設備を設けなければならない。

(2) 危険物を貯蔵する倉庫には，危険物の貯蔵量や建物の高さにかかわらず，避雷設備を設けなければならない。

(3) 受雷部は，保護しようとする建築物の種類，重要度等に対応した4段階の保護レベルに応じて配置する。

(4) 鉄筋コンクリート造の鉄筋は，構造体利用の引下げ導線の構成部材として利用することができる。

《H30-17》

［解説］

4 (1) **ハロゲン電球**は　光色や演色性がよく，<u>店舗などの人ホット照明に用いられる。</u>

(2) **Hf 蛍光ランプ**は，高周波点灯専用形蛍光ランプのことで，高効率，長寿命で，ちらつきが少なく，<u>事務所などの照明に用いられる。</u>

(3) **低圧ナトリウムランプ**は，演色性は皆無に近く一般用途照明には不適当なことから，<u>非常照明のほか，道路やトンネルの照明に用いられる。</u>高天井のホールなどの照明に用いられるのは，高圧水銀ランプやメタルハライドランプである。よって，最も不適当である。

(4) **高圧水銀ランプ**は長寿命であり，<u>屋外の競技場，公園，庭園などの照明に使用される。</u>

5 (1) 避雷設備の保護レベルは，レベルⅠ～Ⅳの4段階があり，保護効率や受雷部の配置について規定されている。保護レベルは，建築物の種類・重要度などから建築主または設計者が選択する。

(2) 建築基準法第33条から，「高さ20mを超える建築物には，有効に避雷設備を設けなければならない。」と規定されている。

(3) 指定数量の10倍以上の危険物を貯蔵する倉庫には，高さにかかわらず，原則として避雷設備を設ける。よって，最も不適当である。

(4) 鉄骨造の鉄骨躯体や鉄筋コンクリート造の鉄筋は，構造体利用の引き下げ導線の構成部材として利用することができる。

6 (1) 建築基準法第33条に，「<u>高さ20mをこえる建築物には，有効に避雷設備を設けなければならない。ただし，周囲の状況によって安全上支障がない場合においては，この限りでない。</u>」と既定されている。よって，最も不適当である。

(2) 危険物の規制に関する政令第10条第1項第十四号に，「<u>指定数量の10倍以上の危険物貯蔵倉庫には，総理府令で定める避雷設備を設けること。ただし，周囲の状況によって安全上支障がない場合においては，この限りでない。</u>」と既定されている。

(3), (4) 設問のとおりである。

7 (1) 設問のとおりである。建築基準法において高さ20mを超える建築物には原則として，有効に避雷設備を設けなければならない。

(2) 「危険物の規制に関する政令」において，危険物を貯蔵する倉庫の場合の避雷設備の設置は指定数量の倍数が10以上の場合とされている。よって，最も不適当である。

(3) 受雷部システムは，突針，水平導体，架空地線，メッシュ導体および構造体利用受電部を単独または組合わせ，4段階の保護レベルに応じて配置する。

(4) 日本工業規格 JIS A4201，建築物等の避雷設備（避雷針）より，「鉄骨鉄筋コンクリート造の場合では鉄骨，鉄筋コンクリート造の場合においては2条以上の主鉄筋をもって引下げ導線に代わりに使用してもよい」。

【正解】 4：(3)， 5：(3)， 6：(1)， 7：(2)

2・2・3　給排水衛生設備

8　給排水設備に関する記述として，**最も不適当なもの**はどれか。

(1)　高置水槽方式は，一度受水槽に貯留した水をポンプで建物高所の高置水槽に揚水し，高置水槽からは重力によって各所に給水する方式である。

(2)　圧力水槽方式は，受水槽の水をポンプで圧力水槽に送水し，圧力水槽内の空気を加圧して，その圧力によって各所に給水する方式である。

(3)　屋内の自然流下式横走り排水管の最小勾配は，管径が 100 mm の場合，$\frac{1}{100}$ とする。

(4)　排水槽の底の勾配は，吸い込みピットに向かって $\frac{1}{100}$ とする。

《R5-18》

9　給水設備の給水方式に関する記述として，**最も不適当なもの**はどれか。

(1)　高置水槽方式は，一度受水槽に貯留した水をポンプで建物高所の高置水槽に揚水し，高置水槽からは重力によって各所に給水する方式である。

(2)　圧力水槽方式は，受水槽の水をポンプで圧力水槽に送水し，圧力水槽内の空気を加圧して，その圧力によって各所に給水する方式である。

(3)　ポンプ直送方式は，水道本管から分岐した水道引込み管にポンプを直結し，各所に給水する方式である。

(4)　水道直結直圧方式は，水道本管から分岐した水道引込み管より直接各所に給水する方式である。

《R3-18》

10　給排水設備に関する記述として，**最も不適当なもの**はどれか。

(1)　エアチャンバーは，給水管内に生ずるウォーターハンマーの水撃圧を吸収するためのものである。

(2)　通気管は，サイホン作用によるトラップの封水切れを防止するためのものである。

(3)　排水トラップの封水深は，阻集器を兼ねるものを除き，5～10 cm とする。

(4)　給水タンクの内部の保守点検を行うために設ける円形マンホールの最小内法直径は，45 cm とする。

《H29-18》

[解説]

8　(1)　高置水槽方式は，図1で示すように受水槽，揚水ポンプと高置水槽で構成し，一度受水槽に水を貯留し，揚水ポンプで高置水槽まで揚水し，高置水槽から重力で各所に給水する方式である。

(2)　圧力水槽方式は，図2に示すように，受水槽，給水ポンプと圧力水槽で構成し，受水槽の水を給水ポンプで圧力水槽に送水し，圧力水槽内の空気を加圧し，その圧力で各所に給水する方方式である。

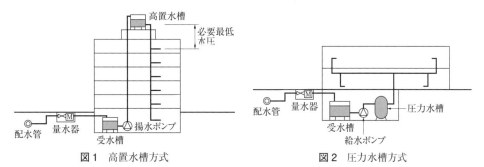

図1　高置水槽方式　　　　　　　　　　図2　圧力水槽方式

(3)　屋内排水管の最小勾配は，排水流速を 0.6 m/s 以上確保する目的で配管径ごとに勾配が定められていて，管径が 100 mm の場合，勾配は 1/100 である。

(4)　排水槽の底の勾配は，図3に示すように，排水ポンプを設置する吸込みピットに向かって 1/15 以上～1/10 以下の勾配を設ける。

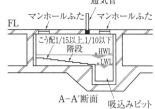

図3　排水槽

9　(3)　ポンプ直送方式は，受水槽の水をポンプで加圧して送水する方式である。ポンプは，送水量に応じて回転数を変えることができるインバータ制御が用いられている。設問は直結増圧方式についての記述である。よって，最も不適当である。

10　(1)　**エアチャンバーは**，図4に示すような構造で，給水管内に生ずるウォータハンマーによる水撃圧によってチャンバー内の空気を圧縮して水激圧を吸収するためのものである。

(3)　昭和50年建設省告示第1597号第2第三号ホにおいて，設問のように規定されている。

(4)　昭和50年建設省告示第1597号第1第二号イ(4)（ろ）において，「（**給水タンクに設けるマンホールは，**）直径60cm 以上の円が内接することができるものとすること」の旨が規定されている。よって，最も不適当である。

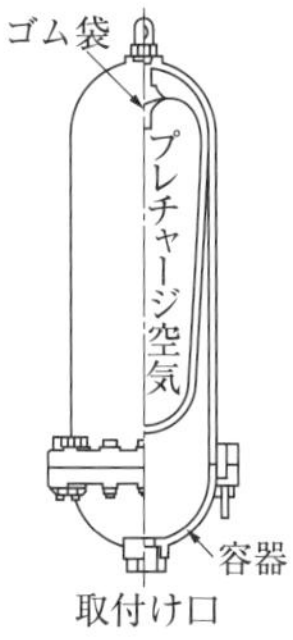

図4　エアチャンバー

【正解】 8 : (4)，9 : (3)，10 : (4)

2・2・4　消火設備

□□□ **11** 消火設備に関する記述として，**最も不適当なもの**はどれか。

(1) 屋内消火栓設備は，建物の内部に設置し，人がノズルを手に持ち，火点に向けてノズルより注水を行い，冷却作用により消火するものである。

(2) 閉鎖型ヘッドを用いる湿式スプリンクラー消火設備は，火災による煙を感知したスプリンクラーヘッドが自動的に開き，散水して消火するものである。

(3) 不活性ガス消火設備は，二酸化炭素等の消火剤を放出することにより，酸素濃度の希釈作用や気化するときの熱吸収による冷却作用により消火するものである。

(4) 水噴霧消火設備は，噴霧ヘッドから微細な霧状の水を噴霧することにより，冷却作用と窒息作用により消火するものである。

《R4-19》

□□□ **12** 消火設備に関する記述として，**最も不適当なもの**はどれか。

(1) 屋内消火栓設備は，建物の内部に設置し，人がノズルを手に持ち，火点に向けてノズルより注水を行い，冷却効果により消火するものである。

(2) 閉鎖型ヘッドのスプリンクラー消火設備は，火災による煙を感知したスプリンクラーヘッドが自動的に開き，散水して消火するものである。

(3) 泡消火設備は，特に低引火点の油類による火災の消火に適し，主として泡による窒息作用により消火するものである。

(4) 連結散水設備は，散水ヘッドを消火活動が困難な場所に設置し，地上階の連結送水口を通じて消防車から送水して消火するものである。

《R2-19》

□□□ **13** 消火設備に関する記述として，**最も不適当なもの**はどれか。

(1) 不活性ガス消火設備は，二酸化炭素などによる冷却効果，窒息効果により消火するもので，博物館の収蔵庫に適している。

(2) 粉末消火設備は，粉末消火剤による負触媒効果，窒息効果により消火するもので，自動車車庫に適している。

(3) 泡消火設備は，泡状の消火剤による冷却効果，窒息効果により消火するもので，電気室に適している。

(4) 水噴霧消火設備は，微細な霧状の水による冷却効果，窒息効果により消火するもので，指定可燃物貯蔵所に適している。

《H30-19》

［解説］

11 (1)　**屋内消火栓設備**は，人が操作し，火点に水を注水することで冷却作用により消火する設備である。

(2)　**湿式スプリンクラー**は，火災による熱を感知してスプリンクラーヘッドが開き，自動散水する消火設備である。**感知温度**は一般使用は72℃，厨房などの熱の発生が多い場所には92℃で感知するヘッドが使用される。

(3)　電気室などの水系消火設備が採用できない火災では**不活性ガス消火設備**が使用される。**二酸化炭素消火設備**は不活性ガス消火設備の一種である。

(4)　**水噴霧消火設備**は，スプリンクラー設備と同様に，水を散水して消火する設備である。散水される水の粒はスプリンクラーより細かく，火災時の熱によって急激に蒸発するときに熱を奪う**冷却効果**と燃焼面を蒸気で覆うことで酸素を遮断する**窒息効果**によって消火する。

12 (1)　設問のとおりである。

(2)　閉鎖型ヘッドのスプリンクラー消火設備は，火災による<u>熱を感知したスプリンクラーヘッドが自動的に開き</u>，散水して消火するものである。よって，最も不適当である。

(3), (4)　設問のとおりである。

13 (1)　不活性ガス消火は，冷却効果と窒息効果により消火を行う。

(2)　粉末消火設備は，ボンベに蓄圧された窒素ガス，又は二酸化炭素で，噴射ヘッドやノズルから粉末消火剤を放出するもので，抑圧効果，窒息効果などにより消火する。自動車車庫などに設置される。なお，消火剤が凍結しないため寒冷地に適している。

(3)　泡消火設備は燃焼面を泡で覆い，酸素を遮断する窒息効果と冷却効果により消火する設備で，駐車場，自動車修理工場，飛行機格納庫などに採用される。水を用いているため，電気室の消火には適さない。よって，最も不適当である。

(4)　水噴霧消火設備は，水を霧状の微粒子にして噴霧し，冷却効果，窒息効果により消火を行う。

【正解】 **11**：(2)，**12**：(2)，**13**：(3)

2・2・5　空調設備

□□□ **14** 空気調和設備に関する記述として，**最も不適当な**ものはどれか。

(1) 空気調和機は，一般にエアフィルタ，空気冷却器，空気加熱器，加湿器，送風機等で構成される装置である。

(2) 冷却塔は，温度上昇した冷却水を，空気と直接接触させて気化熱により冷却する装置である。

(3) 二重ダクト方式は，2系統のダクトで送られた温風と冷風を，混合ユニットにより熱負荷に応じて混合量を調整して吹き出す方式である。

(4) 単一ダクト方式におけるCAV方式は，負荷変動に対して風量を変える方式である。

《R4-18》

□□□ **15** 空気調和設備に関する記述として，**最も不適当な**ものはどれか。

(1) ファンコイルユニット方式における2管式は，冷水管及び温水管をそれぞれ設置し，各ユニットや系統ごとに選択，制御して冷暖房を行う方式である。

(2) パッケージユニット方式は，小容量の熱源機器を内蔵するパッケージ型空調機を，各空調区域や各室に設置して空調を行う方式である。

(3) 定風量単一ダクト方式は，還気と外気を空調機内で温度，湿度，清浄度を総合的に調整した後，ダクトにより各室に一定の風量で送風する方式である。

(4) 二重ダクト方式は，2系統のダクトで送られた温風と冷風を，混合ユニットにより熱負荷に応じて混合量を調整して吹き出す方式である。

《R2-18》

□□□ **16** 空気調和設備に関する記述として，**最も不適当な**ものはどれか。

(1) パッケージユニット方式は，小容量の熱源機器を建物内に多数分散配置する方式であり，セントラルシステムに比較して保守管理に手間を要する方式である。

(2) ファンコイルユニット方式における4管式は，2管式と比較してゾーンごとの冷暖房同時運転が可能で，室内環境の制御性に優れている方式である。

(3) 二重ダクト方式は，2系統のダクトで送風された温風と冷風を，混合ユニットにより熱負荷に応じて混合量を調整して吹き出す方式である。

(4) 単一ダクト方式におけるCAV方式は，負荷変動に対して風量を変える方式である。

《H30-18》

［解説］

14 (1) **空気調和機**（空調機）は，一般に空気を浄化するエアフィルタ，空気を冷却・除湿する空気冷却器，空気を加熱する空気加熱器，加湿する加湿器と送風機で構成されている。

(2) **冷却塔**はクーリングタワーとも呼ばれ，冷凍機からの冷却水を空気と直接接触させ，気化熱により冷却する装置である。

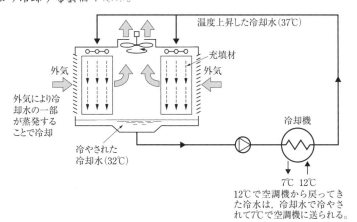

図5 冷却塔の仕組み

(3) 空気調和機で冷風と温風を作り，別々のダクトで吹き出し口近くまで供給し，部屋の熱負荷に合わせて両者を混合してから室内に吹き出す空調方式である。

(4) **CAV**方式は，Constant Air Volume の略で日本語では定風量制御装置という。風量を可変する方式 **VAV** は，Variable Air Volume の略で日本語では可変風量制御装置という。よって，最も不適当である。

15 (1) **ファンコイルユニット**方式における2管式は，冷水および温水兼用の冷温水管を設置する方式であり，冷水管および温水管をそれぞれ設置する方式は4管式である。よって，最も不適当である。

(2), (3), (4) 設問のとおりである。

16 (1) **パッケージユニット**方式は，設問のとおり小容量の熱源機器を分散配置する方式である。

(2) ファンコイルユニット方式における4管方式は，冷水と温水が常時供給されている方式で，年間をとおして部屋ごとに冷房と暖房を選択できる方式である。

(3) 設問のとおりである。二重ダクト方式は，温風と冷風の2系統のダクトが供給されていて混合ユニットで熱負荷に合わせて混合量を調整して吹出す方式である。

(4) 単一ダクト方式の CAV（Constant Air Volume）方式は定風量方式であるため，負荷変動に応じて風量を可変できない。よって，最も不適当である。

【正解】 14：(4)， 15：(1)， 16：(4)

2・2・6 昇　降　機

□□□ **17** 建築物に設けるエレベーターに関する記述として，**最も不適当な**ものはどれか。ただし，特殊な構造又は使用形態のものは除くものとする。

(1) 乗用エレベーターには，停電時に床面で1ルクス以上の照度を確保することができる照明装置を設ける。

(2) 乗用エレベーターには，1人当たりの体重を65kgとして計算した最大定員を明示した標識を掲示する。

(3) 火災時管制運転は，火災発生時にエレベーターを最寄階に停止させる機能である。

(4) 群管理方式は，エレベーターを複数台まとめた群としての運転操作方式で，交通需要の変動に応じて効率的な運転管理を行うことができる。

《R5-19》

□□□ **18** 建築物に設ける昇降設備に関する記述として，**最も不適当な**ものはどれか。ただし，特殊な構造及び使用形態のものを除くものとする。

(1) 乗用エレベーターには，1人当たりの体重を65kgとして計算した最大定員を明示した標識を掲示する。

(2) 乗用エレベーターの昇降路の出入口の床先とかごの床先との水平距離は，4cm以下とする。

(3) エスカレーターの踏段と踏段の隙間は，原則として5mm以下とする。

(4) エスカレーターの勾配が8°を超え30°以下の踏段の定格速度は，毎分50mとする。

《R3-19》

□□□ **19** 建築物に設ける昇降設備に関する記述として，**最も不適当な**ものはどれか。ただし，特殊な構造及び使用形態のものを除くものとする。

(1) 乗用エレベーターの昇降路の出入口の床先とかごの床先との水平距離は，4cm以下とする。

(2) 群管理方式は，エレベーターを複数台まとめた群としての運転操作方式で，交通需要の変動に応じて効率的な運転管理を行うことができる。

(3) 火災時管制運転は，火災発生時にエレベーターを最寄階に停止させる機能である。

(4) 乗用エレベーターには，1人当たりの体重を65kgとして計算した最大定員を明示した標識を掲示する。

《R1-19》

[解説]

17　エレベーターには，乗用エレベーターと非常用エレベーターがある。本問題は，乗用エレベーターに関する問題である。

⑴ 乗用エレベーターでは，停電を検知すると停電灯が点灯する。床面は1ルクス以上の照度を確保する。また，停電時はバッテリに切り替わり自動的にエレベーターを最寄り階に着床し，扉が開き，一定時間後自動的に扉を閉める。

⑵ 建築基準法施行令129条の6の5項において，「1人当たりの体重を65 kgとして計算した最大定員を明示した標識を掲示すること」とされている。なお，ヨーロッパ（EN81-1/2）では，75 kg，米国（ASME A17.1）では，72.5 kgとしている。

⑶ 火災時管制運転の場合，火災に伴う停電によりかご内への閉じ込めが発生する可能性があるため，避難階への直行運転後は運転を休止する。なお，地震時管制運転では，地震感知器が揺れを感知すると，エレベーターは最寄り階に自動停止する。

⑷ エレベーターの群管理（Elevator Group Control）は，複数のエレベーターが同じ建物内で運用されている場合に，効率的なエレベーター運行を実現するための技術やシステム。このシステムは，エレベーターの待ち時間を最小限に抑え，移動時間を最適化する。

　通常，建物内には複数のエレベーターがあり，異なる階層への要求が同時に行われることがある。エレベーターの群管理システムは，待ち時間の最小化，移動時間の最適化，負荷の均等化，優先順位などの要素を考慮に入れてエレベーター運行を最適化する。

18 ⑴ 設問のとおりである。17⑵の解説参照。

⑵ 設問のとおりである。建築基準法施行令129条の7の4項に「出入口の床先とかごの床先の水平距離は4cm以下」としている。

⑶ 設問のとおりである。「通常の使用状態において人又は物が挟まれ，又は障害物に衝突することがないようにしたエスカレーターの構造及びエスカレーターの勾配に応じた踏み段の定格速度を定める件」建設省告示1417号，第1項の2において「踏段と踏段の隙間は，5mm以下とすること。」とされている。

⑷ 同上告示第2項2において勾配の区分に応じた定格速度（毎分）は「勾配が8°を超え30°以下のもの　45m/分以下」とされている。よって，最も不適当である。

19 ⑴ 建築基準法施行令第129条の7第四号において，設問のように規定されている。

⑵ 設問のとおりである。

⑶ **火災時管制運転**は，防災設備との連動によって，火災発生時に自動的にエレベータを避難階（直接地上へ出られる階，通常は1階）に停止させる機能である。よって，最も不適当である。

⑷ 建築基準法施行令第129条の6第1項第五号において，用途及び積載量（kgで表した重量とする。以下同じ。）並びに乗用エレベータ及び寝台用エレベータにあっては**最大定員**（積載荷重を第129条の5第2項の表に定める数値とし，重力加速度を9.8 m/s^{2}とし，1人当たりの体重を65 kgとして計算した定員をいう。）を明示した標識をかご内の見やすい場所に掲示することと規定されている。

【正解】17：⑶，18：⑷，19：⑶

▶ **必修基本問題** ◀ 2・2 建 築 設 備

1 電気設備に関する記述として，**最も不適当なもの**はどれか。

(1) 特別高圧受電を行うような大規模なビルや工場などの電気供給方式には，三相4線式400V級が多く用いられる。

(2) 電圧の種別で低圧とは，直流にあっては600V以下，交流にあっては750V以下のものをいう。

(3) 低圧屋内配線のための金属管の厚さは，コンクリートに埋め込む場合，1.2mm未満としてはならない。

(4) 低圧屋内配線の使用電圧が300Vを超える場合における金属製の電線接続箱には，接地工事を施す。

(H29-17)

2 避雷設備に関する記述として，**最も不適当なもの**はどれか。

(1) 高さが20mを超える建築物には，原則として，有効に避雷設備を設けなければならない。

(2) 危険物を貯蔵する倉庫には，危険物の貯蔵量や建物の高さにかかわらず，避雷設備を設けなければならない。

(3) 受雷部は，保護しようとする建築物の種類，重要度等に対応した4段階の保護レベルに応じて配置する。

(4) 鉄筋コンクリート造の鉄筋は，構造体利用の引下げ導線の構成部材として利用することができる。

(H30-17)

3 電気設備の低圧配線に関する記述として，**最も不適当なもの**はどれか。

(1) ライティングダクトは，壁や天井などを貫通して設置してはならない。

(2) 合成樹脂製可とう電線管（PF管）は，自己消火性がなく，屋内隠ぺい配管に用いてはならない。

(3) 地中電線路では，ビニル電線（IV）を使用してはならない。

(4) 合成樹脂管内，金属管内及び金属製可とう電線管内では，電線に接続点を設けてはならない。

(H28-17)

4 給水設備の給水方式に関する記述として，**最も不適当なもの**はどれか。

(1) 水道直結直圧方式は，水道本管から分岐した水道引込み管から直接各所に給水する方式である。

(2) 水道直結増圧方式は，水道本管から分岐した水道引込み管に増圧給水装置を直結し，各所に給水する方式である。

(3) 圧力水槽方式は，一度受水槽に貯留した水を，ポンプを介して直接各所に給水する方式である。

(4) 高置水槽方式は，一度受水槽に貯留した水をポンプで建物高所の高置水槽に揚水し，この水槽からは重力によって各所に給水する方式である。

(H27-18)

5 消火設備に関する記述として，**最も不適当なもの**はどれか。

(1) 屋内消火栓設備は，消火活動上必要な施設として消防隊専用に設けられるもので，在住者による消火は期待していない。

(2) 閉鎖型ヘッドのスプリンクラー消火設備は，スプリンクラーヘッドの放水口が火災時の熱により開放し，流水検知装置が作動して放水し消火する。

(3) 不活性ガス消火設備は，二酸化炭素などの消火剤を放出することにより，酸素濃度の希釈作用や気化するときの熱吸収による冷却作用により消火する。

(4) 連結送水管は，火災の際にポンプ車から送水口を通じて送水し，消防隊が放水口にホースを接続して消火活動を行うための設備である。

(H28-19)

6 空気調和設備に関する記述として，**最も不適当なもの**はどれか。

(1) 単一ダクト方式における CAV 方式は，インテリアゾーンやペリメータゾーンなど各ゾーンの負荷変動に応じて吹出し風量を変化させる方式である。

(2) 二重ダクト方式は，2系統のダクトで送風された温風と冷風を，混合ユニットにより熱負荷に応じて混合量を調整して吹き出す方式である。

(3) ファンコイルユニット方式の4管式配管は，2管式に比べてゾーンごとに冷暖房同時運転が可能で，室内環境の制御性に優れている。

(4) 空気調和機は，一般にエアフィルタ，空気冷却器，空気加熱器，加湿器及び送風機で構成される。

(H28-18)

共

通

7　建築物に設ける昇降設備に関する記述として，**最も不適当なもの**はどれか。

ただし，特殊な構造及び使用形態のものを除くものとする。

(1)　乗用エレベーターの昇降路の出入口の床先とかごの床先との水平距離は，4cm 以下とする。

(2)　エスカレーターの踏段の幅は1.1m 以下とし，踏段の両側に手すりを設ける。

(3)　勾配が8度を超え30度以下のエスカレーターの踏段の定格速度は，50m/ 分とする。

(4)　非常用エレベーターには，かごの戸を開いたままかごを昇降させることができる装置を設ける。

(H29-19)

正解とワンポイント解説

1　(2)　平成9年通商産業省令（電気設備技術基準を定める省令）において，電圧の種別が定められている。低圧では，直流は750V 以下，交流は600V 以下と定められている。

2　(2)　危険物の規制に関する政令第10条第1項第十四号に，「指定数量の10倍以上の危険物貯蔵倉庫には，総理府令で定める避雷設備を設けること。ただし，周囲の状況によって安全上支障がない場合においては，この限りではない。」と規定されている。

3　(1)　ライティングダクトは，照明器具やコンセントなどを接続できる溝形の配線器具のこと。取り付けられる照明器具などはダクトの自由な位置に配置することができる。ライティングダクトは，壁や天井などの造営材を貫通してはならない。

4　(3)　圧力水槽方式は，一度受水槽に貯留した水を，ポンプおよび圧力水槽を介して各所に給水する方式である。

5　(1)　屋内消火栓設備は，消防隊到着前に建築物内の在館者などが初期消火のために使用する設備である。消防隊専用ではない。

6　(1)　単一ダクトなど空調機から空気を送風する場合に，自動で風量を制御する装置としてCAV と VAV が用いられる。CAV は，定風量装置のことで，"Constant Air Volume" の略語である。CAV は常に一定量の吹出量を確保する場合に用いる。風量を変化することはできない。設問は VAV（Valuable Air Volume：変風量）方式の記述である。VAV は室温に応じて，例えば冷房時に室温が高い場合は冷風を増やす，温度が低くなりすぎたら冷風を少なくするなど，送風先の温度に応じて必要風量を送風することができる。

7　(3)　「通常の使用状態において人又は物が挟まれ，又は障害物に衝突することがないようにしたエスカレーターの構造及びエスカレーターの勾配に応じた踏み段の定格速度を定める件」建設省告示1417号告示第2項2において勾配の区分に応じた定格速度（毎分）は「勾配が8°を超え30°以下のもの　45m/ 分以下」とされている。定格速度50m/ 分は速すぎる。

【正解】　1：(2)，2：(2)，3：(1)，4：(3)，5：(1)，6：(1)，7：(3)

2・3 契 約 な ど

［最近出題された問題］

2・3・1 測 量

□□□ **1** 測量に関する記述として，**最も不適当な**ものはどれか。

(1) 間接水準測量は，傾斜角や斜距離などを読み取り，計算によって高低差を求める方法である。

(2) GNSS測量は，複数の人工衛星から受信機への電波信号の到達時間差を測定して位置を求める方法である。

(3) 平板測量は，アリダード，磁針箱などで測定した結果を，平板上で直接作図していく方法である。

(4) スタジア測量は，レベルと標尺によって2点間の距離を正確に測定する方法である。

《R3-16》

□□□ **2** 測量の種類と用語の次の組合せのうち，**不適当な**ものはどれか。

(1) 水準測量 —— 閉 合 比

(2) 三角測量 —— 基 線

(3) 平板測量 —— アリダード

(4) 多角測量 —— トラバース

《基本》

□□□ **3** 測量に関する記述として，**最も不適当な**ものはどれか。

(1) 平板測量は，アリダードと箱尺で測量した結果を，平板上で直接作図していく方法である。

(2) 公共測量における水準測量は，レベルを標尺間の中央に置き，往復観測とする。

(3) 距離測量は，巻尺，光波測距儀，GPS受信機などを用いて行う。

(4) 公共測量における水準点は，正確な高さの値が必要な工事での測量基準として用いられ，東京湾の平均海面を基準としている。

《H29-16》

共通

〔解説〕

1 (1) **水準測量**には，レベルと標尺を用いて直接2点間の高低差を測定する直接法と，鉛直角と水平距離とで計算により高低差を求める間接法がある。

(2) GNSS（Global Navigation Satellite System）は，人工衛星から受信機への電波信号の到達時間差を測定して，位置を求める方法である。GPSは，アメリカ合衆国が開発したシステムであり，GNSSの一つである。

(3) **平板測量**は，巻尺で測量した距離を，平板上でアリダードを用いて直接作図していく方法である。

(4) **スタジア測量**は，トランシットやセオドライト等の望遠鏡につけられたスタジア線を用いて，2点間の距離と高低差を間接的に測定する測量方法である。よって，最も不適当である。

2 (1) **水準測量**はレベルと標尺を用いて高低差を測定する測量法。**閉合比**はトラバース測量の測量結果の点検に用いられる。よって，(1)は不適当である。

(2) **三角測量**は，三角網を組み，基線の測定を行い，各三角形の角を測定していく測量法。

(3) **1**の(3)の解説参照。

(4) **多角測量**は，測点を折線状に結び，各点間の距離と，隣接する2辺の挟み角を測定し，各測点の位置を求める。**トラバース測量**ともいう。

3 (1) **1**の(3)の解説参照。よって，最も不適当である。

(2) 国土交通省告示「作業規程の準則」によると，直接水準測量において，観測は，簡易水準測量を除き，往復観測とし，視準距離は等しく，かつ，レベルはできる限り両標尺を結ぶ直線上に設置するものとなっている。

(3) 距離測量は，従来，巻尺，光波測距儀，トータルステーション等を用いて行っていたが，近年，GPS受信機（測量機）を用いて行うことも増えてきた。

(4) 日本の土地の標高は，東京湾平均海面を基準としており，日本水準原点（東京都千代田区永田町1-1-2）を定めている。原点数値は，東京湾平均海面上24.3900mである。

【正解】**1**:(4)，**2**:(1)，**3**:(1)

2・3・2 積　　　算

□□□ **4** 数量積算に関する記述として，「公共建築数量積算基準（国土交通省制定）」上，**誤っているもの**はどれか。

(1) 根切りの数量の算出では，杭の余長による根切り量の減少はないものとする。

(2) コンクリートの数量の算出では，鉄筋及び小口径管類によるコンクリートの欠除はないものとする。

(3) スタラップ（あばら筋）の長さの算出では，梁のコンクリート断面の設計寸法による周長にフック相当部分を加えた長さとする。

(4) 平場の防水層の数量の算出では，原則として躯体又は準躯体の設計寸法による面積とする。

《H26-20》

□□□ **5** 数量積算に関する記述として，「公共建築数量積算基準（国土交通省制定）」上，**誤っているもの**はどれか。

(1) 鉄骨鉄筋コンクリート造のコンクリートの数量は，コンクリート中の鉄骨と鉄筋の体積分を差し引いたものとする。

(2) フープ（帯筋）の長さは，柱のコンクリート断面の設計寸法による周長を鉄筋の長さとする。

(3) 鉄骨の溶接長さは，種類に区分し，溶接断面形状ごとに長さを求め，すみ肉溶接脚長 6mm に換算した延べ長さとする。

(4) 設備器具類による各部分の仕上げの欠除が，1か所当たり $0.5\mathrm{m}^2$ 以下の場合，その欠除は原則としてないものとする。

《H29-20》

□□□ **6** 数量積算に関する記述として，「公共建築数量積算基準（国土交通省制定）」上，**正しいもの**はどれか。

(1) 根切り又は埋戻しの土砂量は，地山数量に掘削による増加，締固めによる減少を見込んで算出する。

(2) 鉄筋コンクリート造のコンクリート数量は，鉄筋及び小口径管類によるコンクリートの欠除を見込んで算出する。

(3) 鉄骨鉄筋コンクリート造のコンクリート数量は，コンクリート中の鉄骨及び鉄筋の体積分を差し引いて算出する。

(4) 鉄筋の数量は，ガス圧接継手の加工による鉄筋の長さの変化はないものとして算出する。

《R2-20》

共
通

---

7 数量積算に関する次の記述のうち,「公共建築数量積算基準」(国土交通省制定) に照らして, **不適当なもの**はどれか。

(1) 山留めがある場合の根切の余幅は, 1.0 m を標準とする。

(2) 開口部の内法の見付け面積が1箇所当り 0.5 m² 以下の場合は, 原則として開口部によるコンクリートの欠除はないものとみなす。

(3) 1箇所当りの内法面積が 0.5 m² 以下の開口部による鉄筋の欠除は, 原則としてないものとみなす。

(4) 鉄骨材料の所要数量を求めるとき, 形鋼の場合, 設計数量に 10%の割増を標準とする。

《基 本》

[解説]

4 (2) 鉄筋および設備配管等の小口径管類によるコンクリートの欠除はしない。また, 開口部の内法の見付面積が1箇所当たり 0.5 m² 以下の場合には, 原則として型枠の欠除はしないが, 0.5 m² を超える場合には欠除があるものとする。

(3) 柱のフープや梁のスターラップ等の鉄筋は小径のため, フープは柱のコンクリート断面の, スタラップは梁のコンクリート断面の周長を鉄筋の長さとする。よって, (3)は誤っている。

5 (1) 鉄骨鉄筋コンクリート造では躯体体積から鉄骨の体積を差し引いてコンクリート体積を求める。この場合, 鉄骨の重量を鉄骨の比重 7.85 で除した値を鉄骨の体積とする。鉄筋の体積は差し引かない。よって, (1)は誤っている。

(3) 溶接は, 溶接の種類や溶接断面形状によりさまざまであるが, 積算基準では, すべてすみ肉溶接脚長 6 mm に換算した延べ長さとする。

(4) 衛生器具, 配管, 電気器具, 配線, 換気孔等の器具による各部分の仕上げの欠除については, その欠除が1箇所当たり 0.5 m² 以下の場合は, 欠除が原則としてないものとする。

6 (1) 根切り又は埋戻しの土砂量は, 地山数量に掘削による増加, 締固めによる減少は見込まない。

(2) **4**の(2)の解説参照。よって(2)は誤っている。

(3) **5**の(1)の解説参照。よって(3)は誤っている。

7 (1) 山留めがある場合の根切の余幅は, 1.0 m を標準としている。

(2), (3) 1箇所当たりの内法面積 0.5 m² 以下の開口部によるコンクリートおよび鉄筋の欠除はないものとみなす。

(4) 鉄骨材料の所用数量を求めるときには, 標準として, 設計数量に以下の割増をする。

　　形鋼, 鋼管, 平鋼：5%　　　鋼板 (切板)：3%　　　鉄筋, ボルト類：4%

よって, (4)は不適当である。

【正解】 **4**：(3), **5**：(1), **6**：(4), **7**：(4)

2・3・3　工事請負契約約款

---

8 請負契約に関する記述として，「公共工事標準請負契約約款」上，誤って
いるものはどれか。

(1) 発注者又は受注者は，工期内で請負契約締結の日から12月を経過した後に賃金水準
又は物価水準の変動により請負代金額が不適当となったと認めたときは，相手方に対
して請負代金額の変更を請求することができる。

(2) 受注者は，発注者が設計図書を変更したために請負代金額が $\frac{1}{2}$ 以上減少したと
きは，契約を解除することができる。

(3) 工期の変更については，発注者と受注者が協議して定める。ただし，あらかじめ定
めた期間内に協議が整わない場合には，発注者が定め，受注者に通知する。

(4) 発注者は，工事の完成を確認するために必要があると認められるときは，その理由
を受注者に通知して，工事目的物を最小限度破壊して検査することができる。

《R3-20》

---

9 請負契約に関する記述として，「公共工事標準請負契約約款」上，誤っている
ものはどれか。

(1) 受注者は，工事の施工に当たり，設計図書に示された施工条件と実際の工事現場が一
致しないことを発見したときは，その旨を直ちに監督員に通知し，その確認を請求しな
ければならない。

(2) 発注者は，受注者が契約図書に定める主任技術者若しくは監理技術者を設置しなかっ
たときは，契約を解除することができる。

(3) 工事の施工に伴い通常避けることができない騒音，振動，地盤沈下，地下水の断絶等
の理由により第三者に損害を及ぼしたときは，原則として，発注者がその損害を負担し
なければならない。

(4) 現場代理人は，契約の履行に関し，工事現場に原則として常駐し，その運営，取締り
を行うほか，請負代金額の変更及び契約の解除に係る権限を行使することができる。

《H30-20》

---

10 請負契約に関する記述として，「公共工事標準請負契約約款」上，正しいもの
はどれか。

(1) 設計図書とは，設計図及び仕様書をいい，現場説明書及び現場説明に対する質問回答
書は含まない。

(2) 検査の結果不合格と決定された工事材料は，受注者が所定の期日以内に工事現場外に
搬出しなければならない。

⑶　受注者は，発注者が設計図書を変更したために請負代金額が $\frac{1}{3}$ 以上減少したときは，契約を解除することができる。

⑷　発注者又は受注者は，工期内で請負契約締結の日から6月を経過した後に，賃金水準又は物価水準の変動により請負代金額が不適当となったと認めたときは，相手方に対して請負代金額の変更を請求することができる。

《R1-20》

〔解説〕

8　⑵　受注者は，発注者が設計図書を変更したため請負代金額が $\frac{2}{3}$ 以上減少したときは，契約を解除することができる。よって，⑵は誤っている。

9　⑷　現場代理人は，この契約の履行に関し，工事現場に常駐し，その運営，取締りを行うほか，請負代金の変更・請求・受領，この契約の解除に係わる権限を除き，この契約に基づく請負人の一切の権限を行使することができると規定されている。請負代金の変更等は，権限から除外されている。よって，⑷は誤っている。

10　⑴　設計図書とは，設計図・仕様書・現場説明書および質疑回答書をいう。よって，⑴は誤っている。

⑶　8の⑵の解説参照。

⑷　工期内で請負契約締結の日から12箇月を経過した後に，賃金水準または物価水準の変動で請負代金額が不適当となったと認めたときは，発注者に請負代金額の変更を請求することができる。よって，⑷は誤っている。

【正解】　8：⑵，　9：⑷，　10：⑵

第3章 建築施工

3·1　地 盤 調 査

[最近出題された問題]

1　地盤調査に関する記述として，**最も不適当なもの**はどれか。

(1) 孔内水平載荷試験は，地盤の強度及び変形特性を求めることができる。

(2) ハンドオーガーボーリングは，礫層で深度10m位まで調査することができる。

(3) 電気検層（比抵抗検層）は，ボーリング孔近傍の地層の変化を調査することができる。

(4) 常時微動測定は，地盤の卓越周期と増幅特性を推定することができる。

《H27-22》

2　土質試験に関する記述として，**最も不適当なもの**はどれか。

(1) 粒度試験により，細粒分含有率等の粒度特性を求めることができる。

(2) 液性限界試験及び塑性限界試験により，土の物理的性質の推定や塑性図を用いた土の分類をすることができる。

(3) 三軸圧縮試験により，粘性土のせん断強度を求めることができる。

(4) 圧密試験により，砂質土の沈下特性を求めることができる。

《R1-22》

3　地盤調査及び土質試験に関する記述として，**最も不適当なもの**はどれか。

(1) 孔内水平載荷試験により，地盤の強度及び変形特性を求めることができる。

(2) 一軸圧縮試験により，砂質土の強度と剛性を求めることができる。

(3) 原位置での透水試験は，地盤に人工的に水位差を発生させ，水位の回復状況により透水係数を求めるために行う。

(4) 圧密試験は，粘性土地盤の沈下特性を把握するために行う。

《H29-22》

4　地盤調査及び土質試験に関する記述として，**最も不適当なもの**はどれか。

(1) 常時微動測定により，地盤の卓越周期を推定することができる。

(2) 圧密試験により，砂質土の沈下特性を求めることができる。

(3) 電気検層（比抵抗検層）により，ボーリング孔近傍の地層の変化を調査することができる。

(4) 三軸圧縮試験により，粘性土のせん断強度を求めることができる。

《R3-22》

[解説]

1 (1) 孔内水平載荷試験は，ボーリング孔内に挿入したゴム製の円管に空気を送り，圧力変化と円管の変形から地盤の強度及び変形特性を求める（図1）。

(2) ハンドオーガーボーリングとは，文字通り人力によってオーガーを回転させるボーリングである。そのため数メートルまでの深さに適し，礫を含んだ硬い地盤には適さない。よって，最も不適当である。

(3) 電気検層（比抵抗検層）は，地下水面以深の軟弱地盤から岩盤までのすべてを対象に，ボーリング孔近傍の地層の変化を知ることができる。

(4) 常時微動測定により，地盤の卓越周期と増幅特性を推定できる。

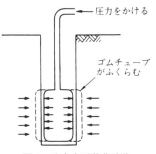

図1 孔内水平載荷試験

2 (1) 粒度試験は，土の粒子の大きさや，粒子の分布状態（粒度組成）を調べる試験である。

(4) 圧密試験は，粘性土に適した圧密沈下予測の試験方法である。

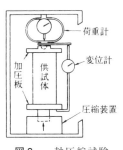

図2 一軸圧縮試験

3 (2) 一軸圧縮試験はコンクリートの圧縮強度試験と同じように，粘性土を円柱状に成形して行う圧縮試験で，せん断強度が求められる。よって，最も不適当である。

4 (2) 圧密試験は，粘性土の沈下特性を把握するために行う。

【正解】 1 : (2)，2 : (4)，3 : (2)，4 : (2)

建築施工

▶ 必修基本問題 ◀　3・1 地 盤 調 査

1　地盤調査に関する次の記述のうち，**適当でないもの**はどれか。

(1)　PS検層（弾性波速度検層）試験は，地盤の支持力を求めるために用いられる。

(2)　井戸による揚水試験は，地盤の透水性の調査に用いられる。

(3)　孔内水平載荷試験は，地盤の強度及び変形特性を求めるために用いられる。

(4)　固定ピストン式シンウォールサンプラーは，軟弱な粘性土の試料の採取に用いられる。

(基　本)

2　地盤調査及び載荷試験に関する次の記述のうち，**不適当なもの**はどれか。

(1)　平板載荷試験では，載荷板幅の5倍程度の深さまでの地盤の支持力特性が求められる。

(2)　標準貫入試験では，N値の測定と乱された試料が採取できる。

(3)　固定ピストン式シンウォールサンプラーでは，軟弱な粘性土の乱さない試料が採取できる。

(4)　平板載荷試験は，支持地盤に載荷して地耐力を直接求めるもので，比較的均質な地層の調査に適している。

(基　本)

3　地盤調査に関する次の記述のうち，**不適当なもの**はどれか。

(1)　固定ピストン式シンウォールサンプラーは，N値5以上の粘性土の試料の採取に適する。

(2)　標準貫入試験におけるドライブハンマーの打撃は，原則として15cmの予備打ち，30cmの本打ちを行う。

(3)　試掘による試料の採取は，原則としてブロックサンプリングとし，試料に変形や衝撃などを与えないように注意する。

(4)　地盤の液状化発生の可能性は，N値，粒径，地下水位などから判断する。

(基　本)

正解とワンポイント解説

主な地盤調査の種類と調査事項を表1に示す。

表1　主な地盤調査の種類と調査事項

調査法	機器または調査法の種類	適用土質	調査事項または用途
ボーリング	ロータリーボーリング	土と岩のあらゆる地層	地盤構成，サンプリング，標準貫入試験等に用いる
	試掘	土と岩のあらゆる地層	原位置での土の採取，原位置試験に用いる
	コアボーリング	岩盤	岩盤コアの連続サンプリング
サンプリング	固定ピストン式シンウォールサンプラー	軟弱な粘性土	軟弱な粘性土の乱さない試料採取
	ロタリー式二重管サンプラー	硬質な粘性土	乱さない試料採取
	原位置凍結サンプリング	砂，砂れき	乱さない試料採取

サウンディング	標準貫入試験	玉石を除くあらゆる土	N値，土の状態（内部摩擦角，粘着力，相対密度等）
	オランダ式二重管コーン貫入試験	玉石を除くあらゆる土	粘性土のせん断強度の測定砂れき層の支持能力の判定
	スウェーデン式サウンディング試験	玉石，れきを除くあらゆる土	標準貫入試験の補助法
	ベーン試験	軟弱な粘土，高有機質土	軟弱な粘性土のせん断強度の測定
載荷試験	平板載荷試験	すべての土	地耐力，変形係数，地盤係数
	孔内水平載荷試験	すべての土	地耐力，変形係数，地盤係数
物理探査	地表探査法	電気探査	土と岩のあらゆる地層	地下水の帯水層，基盤の深さ・風化状況の推定
		表面波探査	土と岩のあらゆる地層	地盤のS波速度の分布
	孔内探査法	常時微動測定	土と岩のあらゆる地層	地盤の卓越周期
		PS検層	土と岩のあらゆる地層	地盤のP波およびS波の速度分布
		電気検層	土と岩のあらゆる地層	地盤の比抵抗分布
		密度検層	土と岩のあらゆる地層	地盤の密度分布
		地下水検層	土と岩のあらゆる地層	地下水の流動速度，帯水層の位置
透水試験	室内透水試験	すべての土	透水係数
	現場透水試験	土と岩のあらゆる地層	透水係数
	揚水試験	砂，砂れき	透水係数貯留係数，湧水量，影響範囲，動水勾配

建築施工

1　(1)　PS検層とは，ボーリング孔内を利用して地盤のP波やS波の速度分布や伝播特性を求め，地盤の硬軟や動的な弾性定数を求める方法である。

2　(1)　平板載荷試験は，荷重と沈下量により，載荷面から載荷幅の1.5～2倍の深さまでの支持力が求められる。（図3）

3　(1)　サンプリングは，N値が0～4程度の軟らかい粘性土を乱さない試料として採取するものである。

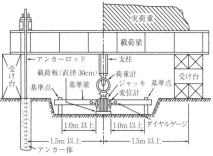

図3　平板載荷試験

【正解】　1：(1)，2：(1)，3：(1)

3·2　仮　設　工　事

[最近出題された問題]

---

1 乗入れ構台の計画に関する記述として，**最も不適当な**ものはどれか。

(1) 乗入れ構台の支柱と山留めの切梁支柱は，荷重に対する安全性を確認した上で兼用した。

(2) 道路から乗入れ構台までの乗込みスロープは，勾配を $\frac{1}{8}$ とした。

(3) 乗入れ構台の支柱の位置は，使用する施工機械や車両の配置によって決めた。

(4) 乗入れ構台の幅は，車両の通行を2車線とするため，7mとした。

《R4-21》

---

2 乗入れ構台及び荷受け構台の計画に関する記述として，**最も不適当な**ものはどれか。

(1) クラムシェルが作業する乗入れ構台の幅は，ダンプトラック通過時にクラムシェルが旋回して対応する計画とし，8mとした。

(2) 乗入れ構台の高さは，大引下端が床スラブ上端より30cm上になるようにした。

(3) 荷受け構台への積載荷重の偏りは，構台全スパンの60％にわたって荷重が分布するものとした。

(4) 荷受け構台の作業荷重は，自重と積載荷重の合計の5％とした。

《R3-21》

---

3 乗入れ構台の計画に関する記述として，**最も不適当な**ものはどれか。

(1) 乗入れ構台の支柱の位置は，基礎，柱，梁及び耐力壁を避け，5m間隔とした。

(2) 乗入れ構台の幅は，車の通行を2車線とするため，5mとした。

(3) 垂直ブレース及び水平つなぎの設置は，所定の深さまでの掘削ごとに行うこととした。

(4) 垂直ブレースの撤去は，支柱が貫通する部分の床開口部にパッキング材を設けて，支柱を拘束した後に行うこととした。

《R1-21》

---

4 乗入れ構台及び荷受け構台の計画に関する記述として，**最も不適当な**ものはどれか。

(1) 乗入れ構台の支柱の位置は，基礎，柱，梁及び耐力壁を避け，5m間隔とした。

(2) 乗入れ構台の高さは，大引下端が床スラブ上端より10cm上になるようにした。

(3)　荷受け構台の作業荷重は，自重と積載荷重の合計の10%とした。

(4)　荷受け構台への積載荷重の偏りは，構台の全スパンの60%にわたって荷重が分布するものとした。

《R6-21》

[解説]

1　(3)　構台の支柱の位置は，本設の基礎・柱・梁及び耐力壁を避けて配置する。また，同時に使用する施工機械や車両の配置を考慮する。下記に構台の構成と乗り入れ用スロープを示す。

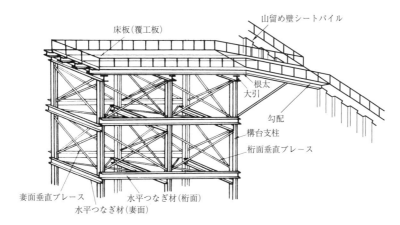

床板（覆工板）
山留め壁シートパイル
根太
大引
勾配
構台支柱
桁面垂直ブレース
妻面垂直ブレース
水平つなぎ材（桁面）
水平つなぎ材（妻面）

図1　構 台 の 構 成

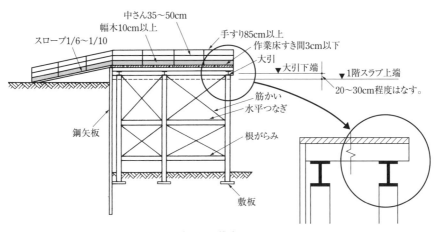

中さん35〜50cm
幅木10cm以上
スロープ1/6〜1/10
手すり85cm以上
作業床すき間3cm以下
大引
大引下端
1階スラブ上端
20〜30cm程度はなす。
筋かい
水平つなぎ
根がらみ
鋼矢板
敷板

図2　乗り入れ構台のスロープ

2　(4)　荷受構台の作業荷重は，自重と積載荷重の合計の10%とする。

3　(2)　構台では，車の通行だけでなく，揚重機のアウトリガー幅なども考慮するため，2車線で幅5mは狭い。なお，乗入れ構台の幅は，国道交通省の指針では4m〜10mとされている。実用上は6m〜8mが一般的である。

4　(2)　乗入れ構台の高さは，大引下端が床スラブ上端より20〜30cm程度上になるようにする。

【正解】　1：(3)，2：(4)，3：(2)，4：(2)

▶ 必修基本問題 ◀　3・2 仮 設 工 事

1　登り桟橋に関する次の記述のうち，「労働安全衛生法」上，**誤っているもの**はどれか。

  (1)　高さ 22m の登り桟橋に，地盤面からの高さ 8m と 16m の位置に踊場を設けた。

  (2)　勾配が 18° であったので，踏さんを設けた。

  (3)　墜落の危険がある箇所に，高さ 85cm の手すりと高さ 40cm の位置に中さんを設けた。

  (4)　こう配が 35° であったので，階段とした。

(基 本)

2　足場に関する次の記述のうち，「労働安全衛生法」上，**誤っているもの**はどれか。

  (1)　枠組足場の壁つなぎ間隔を，垂直方向で 6m，水平方向で 10m とした。

  (2)　枠組足場での壁つなぎの引張材と圧縮材の間隔を 1.0m とした。

  (3)　単管足場の建地の間隔を，桁行方向で 1.85m，梁間方向で 1.50m とした。

  (4)　単管足場の地上第一の布の高さを 2.0m とした。

(基 本)

3　乗入れ構台の計画に関する記述として，**最も不適当なもの**はどれか。

  (1)　構台の高さは，大引下端を 1 階スラブ上端より 30cm 上になるようにした。

  (2)　地震力を震度法により静的水平力として構造計算する場合，水平震度を 0.1 とした。

  (3)　構台に曲がりがある場合，車両の回転半径を検討し，コーナー部の所要寸法を考慮して構台の幅員を決定した。

  (4)　地下立上り部の躯体にブレースが当たるので，支柱が貫通する部分の床開口部にくさびを設けて支柱を拘束し，ブレースを撤去した。

(H27-21)

正解とワンポイント解説

1　(1)　登り桟橋には，高さ 7m 以内ごとに，長さが 1.8m の踊場を設ける。

  (2), (4)　勾配が 15° を超えるものは，踏桟等の滑り止めを設ける。勾配は 30° 以下とし，そ

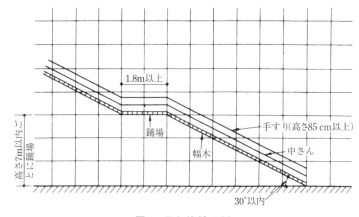

図3　登り桟橋の例

れを超える場合は階段とするか，または高さ 2m 未満のじょうぶな手掛を設ける。

(3)　墜落の危険のある箇所には，高さ 85cm 以上の手すりおよび中さん等（高さ 35cm 以上 50cm 以下のさん等）を設ける。

2 (1)　枠組足場の壁つなぎは，垂直方向で 9m 以下，水平方向で 8m 以下の間隔で設ける。

(2)　枠組足場・単管足場ともに，壁つなぎが引張材と圧縮材とで構成されている場合は，その間隔を 1m 以下とする。

(3)　単管足場の建地の間隔は，桁行方向で 1.85m 以下，梁間方向で 1.50m 以下とし，建地の高さが 31m を超える場合は，最高部から 31m を超える部分は 2 本組とする。

(4)　単管足場の地上第 1 の布の高さは 2.0m 以下とする。

表1　足場の安全基準

種　類 要　点	単 管 足 場	枠 組 足 場
建 地 の 間 隔	・桁行方向：1.85m 以下 ・梁間方向：1.50m 以下 ・建地の最高部から 31m を超える部分は 2 本組とする	高さ 20m を超える場合および重量物の積載を伴う作業をする場合は， ・主枠の高さ：2m 以下 ・主枠の間隔：1.85m 以下
地上第 1 の布の高さ	2.0m 以下	
建 地 脚 部 の 滑 動・沈 下 防 止 装 置	ベース金具，敷板，敷角	同　　　　左
継　　手　　部	付属金具で緊結	同　　　　左
接 続 部，交 差 部	付属金具で緊結	同　　　　左
補　　　　強	筋かいを入れる	同　　　　左
壁 つ な ぎ，控 え	・垂直方向：5m 以下 ・水平方向：5.5m 以下	（高さ 5m 未満は除く） ・垂直方向：9m 以下 ・水平方向：8m 以下
建地間の積載荷重（表示する）	3923N 以下（400kg 以下）	—
水　　平　　材	—	最上層および 5 層以内ごと
作　　業　　床	・幅：400mm 以上，すき間：30mm 以下 ・転位脱落防止のため 2 箇所以上緊結	
墜　落　防　止	高さ 85cm 以上の手すりに中さん等	

建築施工

3 (2)　地震力を震度法により静的水平力として構造計算する場合，一般的な地盤の場合には水平震度を 0.2 とする。

【正解】 1 ：(1)，　2 ：(1)，　3 ：(2)

3・3　土　工　事

[最近出題された問題]

---

1 山留め工事の管理に関する記述として，**最も不適当なもの**はどれか。

(1) 傾斜計を用いて山留め壁の変形を計測する場合には，山留め壁下端の変位量に注意する。

(2) 山留め壁周辺の地盤の沈下を計測するための基準点は，工事の影響を受けない付近の構造物に設置する。

(3) 山留め壁は，変形の管理基準値を定め，その計測値が管理基準値に近づいた場合の具体的な措置をあらかじめ計画する。

(4) 盤圧計は，切梁と火打材との交点付近を避け，切梁の中央部に設置する。

《R4-23》

---

2 地下水処理工法に関する記述として，**最も不適当なもの**はどれか。

(1) ディープウェル工法は，初期のほうが安定期よりも地下水の排水量が多い。

(2) ディープウェル工法は，透水性の低い粘性土地盤の地下水位を低下させる場合に用いられる。

(3) ウェルポイント工法は，透水性の高い粗砂層から低いシルト質細砂層までの地盤に用いられる。

(4) ウェルポイント工法は，気密保持が重要であり，パイプの接続箇所で漏気が発生しないようにする。

《R5-22》

---

3 土工事に関する記述として，**最も不適当なもの**はどれか。

(1) 根切り底面下に被圧帯水層があり，盤ぶくれの発生が予測されたため，ディープウェル工法で地下水位を低下させた。

(2) 法付けオープンカットの法面保護をモルタル吹付けで行うため，水抜き孔を設けた。

(3) 粘性土地盤を法付けオープンカット工法で掘削するため，円弧すべりに対する安定を検討した。

(4) ヒービングの発生が予測されたため，ウェルポイントで掘削場内外の地下水位を低下させた。

《R4-22》

建築施工

□□□ **4** 土工事に関する記述として，**最も不適当なもの**はどれか。

(1) ヒービングとは，軟弱な粘性土地盤を掘削する際に，山留め壁の背面土のまわり込みにより掘削底面の土が盛り上がる現象をいう。

(2) 盤ぶくれとは，掘削底面付近の砂地盤に上向きの水流が生じ，砂が持ち上げられ，掘削底面が破壊される現象をいう。

(3) クイックサンドとは，砂質土のように透水性の大きい地盤で，地下水の上向きの浸透力が砂の水中での有効重量より大きくなり，砂粒子が水中で浮遊する状態をいう。

(4) パイピングとは，水位差のある砂質地盤中にパイプ状の水みちができて，砂混じりの水が噴出する現象をいう。

《R2-22》

［解説］

1 (4) 盤圧計は，切梁と火打材との交点付近に設置する。

2 (2) ディープウェル工法は，透水性の高い地盤に鋼管などのケーシング等を埋め込み，揚水管の先に水中ポンプを接続したもので，周辺地盤の水位を低下させる。

3 (4) ヒービングとは，根切り底面が膨れ上がる現象をいう。対応は以下の通りである。

　　①剛性の高い山留め壁を使用

　　②根入れ長さを十分にとる。

　　③山留め外部の地盤をすきとり，土圧を軽減

　　④根切り底より下部の軟弱地盤を改良

　　⑤部分的に根切りを進め，終了したところからコンクリートを打設して，部分的に掘削を進める。

4 (2) 盤ぶくれとは，掘削底面が，掘削底面付近の粘性土などの不透水層に，上向きの被圧水圧によって破壊される現象をいう。

　下記に根切り工事で検討を要する3つの現象を示す（図1〜3）。

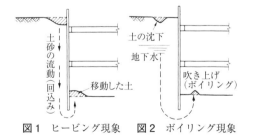

図1 ヒービング現象　図2 ボイリング現象

図3 被圧水による盤ぶくれ

山留め工法の種類と特徴を表1に示す。

表1　山留め工法の種類と特徴（JASS 3より）

分類			特徴	
支保工のないもの	自立山留め工法		山留め壁を根切り外周に自立させ，切梁等の支保工を用いず施工するので，障害物がなく，施工能率がよい。山留め壁頭部の変形が大きくなることがある。一般的には浅い掘削に限定される。	
	段逃げ山留め工法		自立山留め工法を複数の段階に設けたもの。土質により，段の高さに制限を受ける。支保工などの障害がないので，施工能率はよい。掘削土量および埋戻し土量が多い。	
山留め壁および支保工のあるもの	山留め壁の分類	親杭横矢板工法	鉛直に設置した親杭に，掘削の進行に伴って横矢板をかませ山留め壁としながら掘り進む方法で，止水性はない。比較的硬い地盤でも玉石層でも施工可能であるが，地盤条件が良く，地下水位の低い所では経済的にも有利である。打込み時の振動・騒音が問題になる。	
		鋼矢板工法	接続性のある仕口を有する鋼矢板をかみ合わせ連続して打ち込み，あるいは埋め込んで山留め壁とする方法で，止水性がよい。地盤によって打ち込めない場合がある。打込み時の振動・騒音が問題になる。	
		ソイルセメント柱列山留め壁	山留め壁として，セメントミルクを注入しつつ，その位置の土をかくはんしてソイルセメント壁を造成し，骨組にH鋼等を建て込んだもので，上記，2工法に比べて振動・騒音が少ない。壁の剛性も比較的大きくできる。止水性もかなりのものが期待できるうえ，場所打ち鉄筋コンクリート山留め壁より施工性もよく経済的である。	
		場所打ち鉄筋コンクリート山留め壁	地中に掘削したトレンチに鉄筋かごを入れコンクリートを打って造成した山留め壁で，親杭横矢板工法，鋼矢板工法に比べて振動・騒音の問題が少ない。壁の剛性は大きく，止水性はきわめてよい。	
	支保工の分類	水平切梁工法	側圧を水平に配置した圧縮材（切梁）で受ける最も自然な一般的工法で広く用いられる。支保工の存在が，他作業の能率にある程度影響を及ぼす。	
		アイランド工法	山留め壁に接して法面を残し，これによって土圧を支え，中央部をまず掘削して構造物を築造する。この構造物から斜め切ばりで山留め壁を支えながら周辺部を掘削し，その部分の構造物を築造するので工程が2重になる。水平切梁工法に比べて，切梁材と手間が節約できる。	
		逆打ち工法	山留め壁を設けたのち，本体構造の1階床を築造して，これで山留め壁を支え，下方へ掘り進み地下各階床，梁を支保工にして順次掘り下がってゆき，同時に地上部の躯体施工も進めてゆく工法。地階が深く広い場合にこの工法の効果が発揮される。構造体を地下工事の仮設に使用できる。	
		地盤アンカー工法	切梁のかわりに，地盤アンカーによって山留め壁にかかる側圧を支えながら掘削する工法。地盤アンカーの垂直分力が加わるので，山留め壁の支持力が大きい必要がある。切梁支柱がないため，施工能率はよい。	

【正解】 1：(4)，2：(2)，3：(4)，4：(2)

▶ 必修基本問題 ◀ **3・3 土 工 事**

1 ソイルセメント柱列山留め壁に関する記述として，**最も不適当なもの**はどれか。

(1) 山留め壁の構築部に残っている既存建物の基礎を貫通するためのロックオーガーの径は，ソイルセメント施工径より小さくする。

(2) ソイルセメントの硬化不良部分は，モルタル充填や背面地盤への薬液注入などの処置を行う。

(3) セメント系注入液と混合撹拌（かくはん）する原位置土が粗粒土になるほど，ソイルセメントの一軸圧縮強度が大きくなる。

(4) ソイルセメントの中に挿入する心材としては，Ｈ形鋼などが用いられる。

(H30-23)

2 ソイルセメント柱列山留め壁に関する記述として，**最も不適当なもの**はどれか。

(1) 多軸のオーガーで施工する場合，大径の玉石や礫が混在する地盤では，先行削孔併用方式を採用する。

(2) 掘削土が粘性土の場合，砂質土に比べて掘削撹拌（かくはん）速度を速くする。

(3) Ｈ形鋼や鋼矢板などの応力材は，付着した泥土を落とし，建込み用の定規を使用して建て込む。

(4) ソイルセメントの硬化不良部分は，モルタル充填や背面地盤への薬液注入などの処置を行う。

(R2-23)

3 山留め工事の管理に関する記述として，**最も不適当なもの**はどれか。

(1) 山留め壁周辺の地盤の沈下を計測するための基準点は，工事の影響を受けない付近の構造物に設けた。

(2) 水平切梁工法において，切梁に導入するプレロードは，設計切梁軸力の100％に相当する荷重とした。

(3) 山留め壁の頭部の変位を把握するために，トランシットやピアノ線を用いて計測した。

(4) Ｈ形鋼を用いた切梁の軸力を計測するためのひずみ計は，2台を対としてウェブ両面に設置した。

(H26-23)

4 土工事に関する記述として，**最も不適当なもの**はどれか。

(1) ボイリングとは，掘削底面付近の砂地盤に上向きの水流が生じ，砂が持ち上げられ，掘削底面が破壊される現象をいう。

(2) パイピングとは，粘性土中の弱い所が地下水流によって局部的に浸食されて孔や水みちが生じる現象をいう。

(3) ヒービングとは，軟弱な粘性土地盤を掘削する際に，山留め壁の背面土のまわり込みに

より掘削底面の土が盛り上がってくる現象をいう。

⑷　盤ぶくれとは，掘削底面やその直下に難透水層があり，その下にある被圧地下水により掘削底面が持ち上がる現象をいう。

(H28-22)

正解とワンポイント解説

1　⑴　H 鋼の建込みもあるため，ロックオーガーの径は，ソイルセメント施工径より大きい径とする。

2　⑵　掘削土が粘性土の場合，砂質土に比べて掘削攪拌(かくはん)速度を遅くする。

3　⑵　切梁にプレロード（事前に側圧に対抗する力を切梁に導入しておくこと。）を導入する場合，プレロード導入量は設計切梁軸力の 50 ％程度を目安とし，地盤条件，荷重条件，山留め壁の応力・変形，切梁軸力の計測結果等を総合的に検討し，適切なプレロード量を設定する。プレロードの導入に際しては，日射等の影響による温度応力も事前に検討し，安全性を確認しておくことが望ましい。プレロードの導入時には，軸力が平面的に均等に加わるように注意し，切梁交差部の締付ボルトは締め付けない状態で行う。

4　⑵　パイピングは，砂質土の中で周囲の水位差のために，局部的にパイプ状の水みちができる現象。

根切り工事で検討を要する 3 つの現象は，p97 の図 1～図 3 を参照の事。

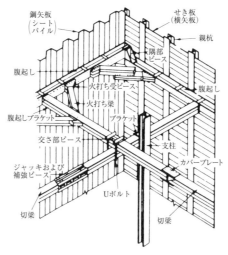

図 4　水平切梁工法

【正解】　1：⑴，　2：⑵，　3：⑵，　4：⑵

3·4　地 業 工 事

[最近出題された問題]

□□□ **1** 既製コンクリート杭の施工に関する記述として，**最も不適当な**ものはどれか。

(1) 砂質地盤における中掘り工法の場合，先掘り長さを杭径よりも大きくする。

(2) 現場溶接継手を設ける場合，原則としてアーク溶接とする。

(3) 現場溶接継手を設ける場合，許容できるルート間隔を 4mm 以下とする。

(4) PHC 杭の頭部を切断した場合，切断面から 350mm 程度まではプレストレスが減少しているため，補強を行う必要がある。

《R3-23》

□□□ **2** 場所打ちコンクリート杭地業に関する記述として，**最も不適当な**ものはどれか。

(1) コンクリートの打込みにおいて，トレミー管のコンクリート中への挿入長さが長すぎると，コンクリートの流出が悪くなるため，最長でも 9m 程度とした。

(2) アースドリル工法における鉄筋かごのスペーサーは，孔壁を損傷させないよう，平鋼を加工したものを用いた。

(3) オールケーシング工法における孔底処理は，孔内水がない場合やわずかな場合にはハンマーグラブにより掘りくずを除去した。

(4) リバース工法における孔内水位は，地下水位より 1m 程度高く保った。

《R4-24》

□□□ **3** 既製コンクリート杭の施工に関する記述として，**最も不適当な**ものはどれか。

(1) 荷降ろしのため杭を吊り上げる場合，安定するように杭の両端から杭長の $\frac{1}{10}$ の 2 点を支持して吊り上げる。

(2) 杭に現場溶接継手を設ける際には，原則として，アーク溶接とする。

(3) 継ぎ杭で，下杭の上に杭を建て込む際には，接合中に下杭が動くことがないように，保持装置に固定する。

(4) PHC 杭の頭部を切断した場合，切断面から 350mm 程度まではプレストレスが減少しているため，補強を行う必要がある。

《R5-23》

［解説］

1 (1)　中堀工法は，原則として杭先端より先堀りを行ってはならないが，実際は杭径程度の先堀りはやむを得ない。また，支持層が砂質土の場合は，先堀りにより支持層が乱れやすいので，先堀り長さは，杭径より小さくすることが求められる。

2 (4)　リバース工法における孔内水位は，地下水位より2m以上高くする。

3 (1)　杭を吊り上げる場合は，杭の一端を専用のワイヤーロープで60度以内の吊り角度で2点掛けにして吊り上げる。両端だと杭中央部が曲がるなど負荷による変形のおそれがある。

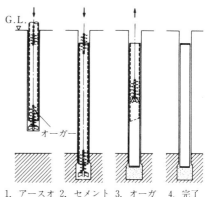

1. アースオーガー掘削（オーガーは杭内部）　2. セメントミルク注入　3. オーガー引抜　4. 完了

図1　中掘り工法

【正解】 1 : (1)， 2 : (4)， 3 : (1)

▶ 必修基本問題 ◀ 3・4 地 業 工 事

1 アースドリル工法による場所打ちコンクリート杭地業に関する記述として，**最も不適当なもの**はどれか。

(1)　掘削終了後，鉄筋かごを建て込む前に1次孔底処理を行い，有害なスライムが残留している場合には，コンクリートの打込み直前に2次孔底処理を行う。

(2)　安定液は，必要な造壁性があり，できるだけ高粘性，高比重のものを用いる。

(3)　掘削深さの確認は，検測器具を用いて孔底の2か所以上で検測する。

(4)　地下水がなく孔壁が自立する地盤では，安定液を使用しないことができる。

(H30-24)

2 既製コンクリート杭の施工に関する記述として，**最も不適当なもの**はどれか。

(1)　荷降ろしのため杭を吊り上げるときは，安定するよう杭の両端の2点を支持して吊り上げるようにする。

(2)　セメントミルク工法において，アースオーガーを引き上げる際には，負圧によって地盤を緩めないよう行う。

(3)　杭に現場溶接継手を設ける際には，原則としてアーク溶接とする。

(4)　セメントミルク工法において，アースオーガーは掘削時及び引上げ時とも正回転とする。

(H29-24)

3 場所打ちコンクリート杭の施工に関する記述として，**最も不適当なもの**はどれか。

(1) 鉄筋かごの主筋と帯筋は，原則として溶接により接合する。

(2) オールケーシング工法における孔底処理は，孔内水がない場合やわずかな場合にはハンマーグラブにより掘りくずを除去する。

(3) アースドリル工法の掘削深さの確認は，検測器具を用いて孔底の2箇所以上で検測する。

(4) リバース工法における2次スライム処理は，一般にトレミー管とサクションポンプを連結し，スライムを吸い上げる。

(H28-24)

4 既製コンクリート杭の施工に関する記述として，**最も不適当なもの**はどれか。

(1) セメントミルク工法において杭の自重だけでは埋設が困難な場合，杭の中空部に水を入れて重量を増し，安定させる。

(2) 中掘り工法では，砂質地盤の場合，先掘り長さを大きくする。

(3) 下杭が傾斜している場合，継手部分で修正して上杭を鉛直に建て込まない。

(4) 杭の施工精度として，傾斜は $\frac{1}{100}$ 以内，杭心ずれ量は杭径の $\frac{1}{4}$ かつ 100mm 以下を目標とする。

(H27-24)

5 既製コンクリート杭の施工に関する記述として，**最も不適当なもの**はどれか。

(1) 中掘り工法では，砂質地盤の場合，先掘り長さを杭径よりも大きくする。

(2) PHC 杭の頭部を切断した場合，切断面から 350mm 程度まではプレストレスが減少しているため，補強を行う必要がある。

(3) セメントミルク工法では，アースオーガーは掘削時及び引上げ時とも正回転とする。

(4) 杭の施工精度は，傾斜を $\frac{1}{100}$ 以内とし，杭心ずれ量は杭径の $\frac{1}{4}$，かつ，100mm 以下とする。

(R1-24)

6 場所打ちコンクリート杭地業に関する記述として，**最も不適当なもの**はどれか。

(1) リバース工法における2次孔底処理は，一般にトレミー管とサクションポンプを連結し，スライムを吸い上げて排出する。

(2) オールケーシング工法における孔底処理は，孔内水がない場合やわずかな場合にはハンマーグラブにより掘りくずを除去する。

(3) 杭頭部の余盛り高さは，孔内水がない場合は 50cm 以上，孔内水がある場合は 80〜100cm 程度とする。

(4) アースドリル工法における鉄筋かごのスペーサーは，D10 以上の鉄筋を用いる。

(R2-24)

1　(2)　安定液の粘性は，必要な造壁性及び比重の範囲で，できるだけ低粘性とする。ただし，繰り返し使用により小さくなるので，作液粘性は，粘性を高くするなどの考慮をする必要がある。

2　(1)　杭を吊り上げる場合は，杭の一端を専用のワイヤーロープで60度以内の吊り角度で2点掛けにして吊り上げる。両端だと杭中央部が曲がるなど負荷による変形のおそれがある。

　　(4)　オーガーは，掘削時および引上げ時とも正回転とする。オーガーに逆回転を加えると，オーガーに付着した土砂が落下するので，逆回転を行ってはならない。

3　(1)　鉄筋は熱を加えると強度低下の恐れがあるため，組み立ては一般的に結束線で行う。

　　(4)　リバース工法のスライム処理は，一般に，1次スライム処理では孔内水を循環させて比重を下げ，スライム沈積量を少なくする。2次スライム処理は，トレミー管とサクションポンプを連結し，スライムを吸い上げる。

4　(2)　砂質地盤の場合，先堀り長さは杭径より小さくする。

下記に既製コンクリート杭および場所打ちコンクリート杭の工法概要を示す。

図2

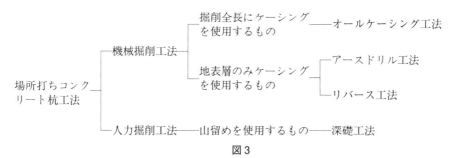

図3

5　(1)　4の(2)の解説参照。

6　(4)　アースドリル工法における鉄筋カゴのスペーサーは，D13以上の鉄筋を用いる。

【正解】　1：(2)，　2：(1)，　3：(1)，　4：(2)，　5：(1)，　6：(4)

3·5 鉄筋コンクリート工事

[最近出題された問題]

□□□ **1** 異形鉄筋の継手及び定着に関する記述として，**最も不適当な**ものはどれか。

(1) 梁の主筋を柱内に折曲げ定着とする場合，仕口面からの投影定着長さは，柱せいの$\frac{3}{4}$倍以上とする。

(2) D35以上の鉄筋には，原則として，重ね継手を用いない。

(3) 大梁主筋にSD390を用いる場合のフック付定着の長さは，同径のSD345を用いる場合と同じである。

(4) 腹筋に継手を設ける場合の継手長さは，150mm程度とする。

《R2-25》

□□□ **2** 鉄筋のガス圧接に関する記述として，**最も不適当な**ものはどれか。

ただし，鉄筋は，SD345のD29とする。

(1) 隣り合うガス圧接継手の位置は，300mm程度ずらした。

(2) 圧接部のふくらみの長さは，鉄筋径の1.1倍以上とした。

(3) 柱主筋のガス圧接継手位置は，梁上端から500mm以上，1,500mm以下，かつ，柱の内法高さの$\frac{3}{4}$以下とした。

(4) 鉄筋の中心軸の偏心量は，5mm以下とした。

《R4-25》

□□□ **3** 鉄筋のガス圧接に関する記述として，**最も不適当な**ものはどれか。

(1) SD345のD29を手動ガス圧接で接合するために必要となる資格は，日本産業規格（JIS）に基づく技量資格1種である。

(2) 径の異なる鉄筋のガス圧接部のふくらみの直径は，細い方の径の1.4倍以上とする。

(3) SD490の圧接に用いる加圧器は，上限圧及び下限圧を設定できる機能を有するものとする。

(4) 圧接継手において考慮する鉄筋の長さ方向の縮み量は，鉄筋径の1.0～1.5倍である。

《R3-24》

□□□ **4** 鉄筋の機械式継手に関する記述として，**最も不適当なもの**はどれか。

(1) トルク方式のねじ節継手とは，カップラーを用いて鉄筋を接合する工法で，ロックナットを締め付けることで鉄筋とカップラーとの間の緩みを解消する。

(2) グラウト方式のねじ節継手とは，カップラーを用いて鉄筋を接合する工法で，鉄筋とカップラーの節との空隙にグラウトを注入することで緩みを解消する。

(3) 充填継手とは，異形鉄筋の端部に鋼管（スリーブ）をかぶせた後，外側から加圧して鉄筋表面の節にスリーブを食い込ませて接合する工法である。

(4) 端部ねじ継手とは，端部をねじ加工した異形鉄筋，あるいは加工したねじ部を端部に圧接した異形鉄筋を使用し，雌ねじ加工されたカップラーを用いて接合する工法である。

《R5-24》

□□□ **5** 型枠支保工に関する記述として，**最も不適当なもの**はどれか。

(1) 支柱として用いるパイプサポートの高さが3.5mを超える場合，高さ2.5m以内ごとに水平つなぎを2方向に設けなければならない。

(2) 支柱として用いる鋼管枠は，最上層及び5層以内ごとに水平つなぎを設けなければならない。

(3) 支柱としてパイプサポートを用いる型枠支保工は，上端に作業荷重を含む鉛直荷重の $\frac{5}{100}$ に相当する水平荷重が作用しても安全な構造でなければならない。

(4) 支柱として鋼管枠を用いる型枠支保工は，上端に作業荷重を含む鉛直荷重の $\frac{2.5}{100}$ に相当する水平荷重が作用しても安全な構造でなければならない。

《R5-25》

［解説］

1 (3) フック付き定着の長さは，コンクリートの設計基準強度によって異なるが，SD345とSD390では，SD390が5d長い。

(4) 腹筋は組立用の鉄筋であり，応力の負担を期待していないので，その継手長さは，150mm程度でよい。

2 (1) 隣り合うガス圧接継手の位置は，400mm以上ずらす。

3 (1) 設問に必要となる資格は，JISに基づく技量資格2種である。

4 (3) 充填継手とは，内面に凹凸のついた比較的径の大きい鋼管（スリーブ）に異形鉄筋の端部を挿入した後，スリーブ内に高強度の無収縮モルタル等を充填して接合する工法である。

5 (1) 支柱として用いるパイプサポートの高さが3.5mを超える場合，高さ2m以内ごとに水平つなぎを2方向に設ける。

【正解】 1：(3)， 2：(1)， 3：(1)， 4：(3)， 5：(1)

□□□ **6** 型枠の設計に関する記述として，**最も不適当なもの**はどれか。

(1) 支保工以外の材料の許容応力度は，長期許容応力度と短期許容応力度の平均値とする。

(2) コンクリート型枠用合板の曲げヤング係数は，長さ方向スパン用と幅方向スパン用では異なる数値とする。

(3) パイプサポートを支保工とするスラブ型枠の場合，打込み時に支保工の上端に作用する水平荷重は，鉛直荷重の 5% とする。

(4) コンクリート打込み時の側圧に対するせき板の許容たわみ量は，5mm とする。

《R2-27》

□□□ **7** コンクリートの調合に関する記述として，**最も不適当なもの**はどれか。

(1) 普通コンクリートに再生骨材 H を用いる場合の水セメント比の最大値は，60% とする。

(2) コンクリートの調合強度を定める際に使用するコンクリートの圧縮強度の標準偏差は，コンクリート工場に実績がない場合，$1.5N/mm^2$ とする。

(3) 単位水量は，$185kg/m^3$ 以下とし，コンクリートの品質が得られる範囲内で，できるだけ小さくする。

(4) 高強度コンクリートに含まれる塩化物量は，塩化物イオン量として $0.30kg/m^3$ 以下とする。

《R4-26》

□□□ **8** コンクリートの運搬，打込み及び締固めに関する記述として，**最も不適当な**ものはどれか。

(1) コンクリートの圧送開始前に圧送するモルタルは，型枠内に打ち込まないが，富調合のものとした。

(2) 圧送するコンクリートの粗骨材の最大寸法が 20mm のため，呼び寸法 100A の輸送管を使用した。

(3) コンクリート棒形振動機の加振は，セメントペーストが浮き上がるまでとした。

(4) 外気温が 25℃ を超えていたため，練混ぜ開始から打込み終了までの時間を 120 分以内とした。

《R5-26》

［解説］

6 (4) コンクリート打込み時の側圧に対するせき板の許容たわみ量は，3mm 以下とする。

7 (2) 実績がない場合は，$2.5N/mm^2$ または調合管理強度の 0.1 倍の大きい方の値とする。

8 (4) 外気温が 25℃ を超えている場合，練混ぜ開始から打込み終了までの時間は 90 分以内とする。　　　　　【正解】 6 : (4)，7 : (2)，8 : (4)

建築施工

▶必修基本問題◀　3・5　鉄筋コンクリート工事

1　鉄筋の加工及び組立てに関する記述として，**最も不適当なもの**はどれか。

　ただし，d は異形鉄筋の呼び名の数値とする。

　⑴　D16 の鉄筋相互のあき寸法の最小値は，粗骨材の最大寸法が 20mm のため，25mm とした。

　⑵　一般スラブに使用する SD295A の鉄筋の末端部を 90°フックとするので，その余長を 6d とした。

　⑶　同一径の SD295A と SD345 の鉄筋を 135°に折り曲げる際，内法直径の最小値を同じ値とした。

　⑷　一般スラブに設ける一辺が 500mm 程度の開口部補強は，開口によって切断される鉄筋と同量の鉄筋で周囲を補強し，斜め補強筋を配した。

(H29-25)

2　鉄筋の機械式継手に関する記述として，**最も不適当なもの**はどれか。

　⑴　ねじ節継手とは，鉄筋表面の節がねじ状に熱間成形されたねじ節鉄筋を使用し，雌ねじ加工されたカップラーを用いて接合する工法である。

　⑵　充填継手とは，異形鉄筋の端部に鋼管（スリーブ）をかぶせた後，外側から加圧して鉄筋表面の節にスリーブを食い込ませて接合する工法である。

　⑶　端部ねじ継手とは，端部をねじ加工した異形鉄筋，あるいは加工したねじ部を端部に圧接した異形鉄筋を使用し，雌ねじ加工されたカップラーを用いて接合する工法である。

　⑷　併用継手とは，2種類の機械式継手を組み合わせることでそれぞれの長所を取り入れ，施工性を改良した工法である。

(R2-26)

3　異形鉄筋の継手及び定着に関する記述として，**最も不適当なもの**はどれか。

　ただし，d は異形鉄筋の呼び名の数値とする。

　⑴　梁の主筋を重ね継手とする場合，水平重ね，上下重ねのいずれでもよい。

　⑵　一般階における四辺固定スラブの下端筋の直線定着長さは，10d 以上，かつ，150mm 以上とする。

　⑶　梁の主筋を重ね継手とする場合，隣り合う鉄筋の継手中心位置は，重ね継手長さの 1.0 倍ずらす。

　⑷　柱頭及び柱脚のスパイラル筋の末端の定着は，1.5 巻以上の添巻きとする。

(H28-26)

4　鉄筋コンクリート構造の配筋に関する記述として，**最も不適当なもの**はどれか。

　⑴　径の異なる鉄筋を重ね継手とする場合，重ね継手長さは細い方の径により算定する。

　⑵　壁縦筋の配筋間隔が下階と異なる場合，重ね継手は鉄筋を折り曲げずにあき重ね継手と

することができる。

⑶　180°フック付き重ね継手とする場合，重ね継手の長さはフックの折曲げ開始点間の距離とする。

⑷　梁主筋を柱にフック付き定着とする場合，定着長さは鉄筋末端のフックを含めた長さとする。

(R1-25)

5　鉄筋のガス圧接に関する記述として，**最も不適当なもの**はどれか。

ただし，鉄筋の種類は SD 490 を除くものとする。

⑴　同一径の鉄筋の圧接部のふくらみの長さは，鉄筋径の 1.1 倍以上とする。

⑵　同一径の鉄筋の圧接部のふくらみの直径は，鉄筋径の 1.4 倍以上とする。

⑶　圧接端面の加工を圧接作業の当日より前に行う場合には，端面保護剤を使用する。

⑷　鉄筋の圧接部の加熱は，圧接端面が密着するまでは中性炎で行い，その後は還元炎で行う。

(R1-26)

正解とワンポイント解説

1　⑵　SD295A の鉄筋の末端部を 90°フックする場合，その余長は 8d 以上とする。

表 1　鉄筋の折曲げ形状・寸法（JASS 5）

図	折曲げ角度	鉄筋の種類	鉄筋の径による区分	鉄筋の折曲げ内法直径（D）
180° / 135° / 90°	180° 135° 90°	SR 235 SR 295 SD 295 A SD 295 B SD 345	16φ 以下 D16 以下	3d 以上
			19φ D19〜D41	4d 以上
		SD 390	D41 以下	5d 以上
	90°	SD 490	D25 以下	
			D29〜D41	6d 以上

キャップタイの配筋方法

［注］⑴　d は，丸鋼では径，異形鉄筋では呼び名に用いた数値とする。
　　　⑵　スパイラル筋の重ね継手部に 90°フックを用いる場合は，余長は 12d 以上とする。
　　　⑶　片持ちスラブ先端，壁筋の自由端側の先端で 90°フックまたは 180°フックを用いる場合は，余長は 4d とする。
　　　⑷　スラブ筋，壁筋には，溶接金網を除いて丸鋼を使用しない。
　　　⑸　折曲げ内法直径を上表の数値よりも小さくする場合，または，SD490 の鉄筋を 90°を超える曲げ角度で折曲げ加工する場合は，事前に鉄筋の曲げ試験を行い支障ないことを確認した上で，工事監理者の承認を得ること。

2　⑵　充填継手とは，内面に凹凸のついた比較的径の大きい鋼管（スリーブ）に異形鉄筋の端部を挿入した後，スリーブ内に高強度の無収縮モルタル等を充填して接合する工法である。

3　⑶　中心位置は，重ね継手長さの 0.5 倍あるいは 1.5 倍ずらす。

4　⑷　定着長さは，鉄筋末端のフックを含めない長さとする。

5　⑷　圧接の加熱初期には，還元炎によって接合面の酸化を防ぎ，突合せ接合面が閉じた後は，中性炎で加熱する。

【正解】　1：⑵，　2：⑵，　3：⑶，　4：⑷，　5：⑷

▶ **必修基本問題** ◀ **3・5 鉄筋コンクリート工事**

6 型枠支保工に関する記述として，**最も不適当なもの**はどれか。

(1) 支柱に使用する鋼材の許容曲げ応力の値は，その鋼材の降伏強さの値又は引張強さの値の $\frac{3}{4}$ の値のうち，いずれか小さい値とする。

(2) スラブ型枠の支保工に軽量型支保梁を使用する場合，支保梁の中間部を支柱で支持してはならない。

(3) 支柱に鋼管枠を使用する場合，水平つなぎを設ける位置は，最上層及び5層以内ごととする。

(4) 支柱に鋼管枠を使用する型枠支保工の構造計算を行う場合，作業荷重を含む鉛直荷重の $\frac{2.5}{100}$ に相当する水平荷重が作用するものとする。

(R1-27)

7 構造体コンクリートの調合に関する記述として，**最も不適当なもの**はどれか。

(1) アルカリシリカ反応性試験で無害でないものと判定された骨材であっても，コンクリート中のアルカリ総量を 3.0kg/m^3 以下とすれば使用することができる。

(2) コンクリートの単位セメント量の最小値は，一般に 250kg/m^3 とする。

(3) 細骨材率が大きくなると，所定のスランプを得るのに必要な単位セメント量及び単位水量は大きくなる。

(4) 水セメント比を小さくすると，コンクリート表面からの塩化物イオンの浸透に対する抵抗性を高めることができる。

(R2-28)

8 コンクリートの調合に関する記述として，**最も不適当なもの**はどれか。

(1) AE剤，AE減水剤又は高性能AE減水剤を用いる普通コンクリートについては，調合を定める場合の空気量を4.5%とする。

(2) 構造体強度補正値は，セメントの種類及びコンクリートの打込みから材齢28日までの期間の予想平均気温の範囲に応じて定める。

(3) コンクリートの調合管理強度は，品質基準強度に構造体強度補正値を加えたものである。

(4) 単位セメント量が過小のコンクリートは，水密性，耐久性が低下するが，ワーカビリティーはよくなる。

(R3-25)

9 コンクリートの養生に関する記述として，**最も不適当なもの**はどれか。

ただし，計画供用期間を指定する場合の級は標準とする。

(1) 連続的に散水を行って水分を供給する方法による湿潤養生は，コンクリートの凝結が終了した後に行う。

(2) 普通ポルトランドセメントを用いたコンクリートの打込後5日間は，乾燥，振動等によって凝結及び硬化が妨げられないように養生する。

(3) 湿潤養生の期間は，早強ポルトランドセメントを用いたコンクリートの場合は，普通ポルトランドセメントを用いた場合より短くすることができる。

(4) 普通ポルトランドセメントを用いた厚さ 18cm 以上のコンクリート部材においては，コンクリートの圧縮強度が 5N/mm^2 以上に達したことを確認すれば，以降の湿潤養生を打ち切ることができる。

(H30-29)

10 コンクリートの運搬及び打込みに関する記述として，**最も不適当なもの**はどれか。

(1) 高性能 AE 減水剤を用いた高強度コンクリートの練混ぜから打込み終了までの時間は，原則として，120 分を限度とする。

(2) 普通コンクリートを圧送する場合，輸送管の呼び寸法は，粗骨材の最大寸法の 2 倍とする。

(3) コンクリート棒形振動機の加振は，セメントペーストが浮き上がるまでとする。

(4) 打継ぎ面への打込みは，レイタンスを高圧水洗により取り除き，健全なコンクリートを露出させてから行うものとする。

(R2-29)

11 コンクリートの運搬及び打込みに関する記述として，**最も不適当なもの**はどれか。

(1) 暑中コンクリートの荷卸し時のコンクリート温度は，40℃以下とした。

(2) コンクリートの圧送負荷の算定に用いるベント管の水平換算長さは，ベント管の実長の 3 倍とした。

(3) コンクリート内部振動機（棒形振動機）による締固めにおいて，加振時間を 1 箇所当たり 10 秒程度とした。

(4) 外気温が 25℃を超えていたため，練混ぜ開始から打込み終了までの時間を 90 分以内とした。

(R1-29)

正解とワンポイント解説

6 (1) 鋼材の許容曲げ応力の値は，その鋼材の降伏強さの値又は，引張強さの 3/4 の値のうち，いずれか小さい値の 2/3 の値以下とする。

7 (2) コンクリートの単位セメント量の最小値は，270kg/m^3 とする。

8 (4) 単位セメント量の最小値は，一般に 270kg/m^3 以下であり，過少の場合，ワーカビリティは悪くなる。

9 (4) コンクリートの圧縮強度が，計画共用期間の級が短期及び標準の場合は，10N/mm^2 以上を確認すれば，打ち切ることができる。

10 (2) 粗骨材の最大寸法によって，輸送管の呼び寸法が異なる。粗骨材の最大寸法が 20 または 25mm は 100A 以上，40mm は 125A 以上となる。

11 (1) 原則として，35℃以下となるようにする。

【正解】 6：(1)，7：(2)，8：(4)，9：(4)，10：(2)，11：(1)

3·6 特殊コンクリート工事

[最近出題された問題]

1 押出成形セメント板工事に関する記述として，**最も不適当なもの**はどれか。

(1) 横張り工法において，パネル積上げ枚数2〜3枚ごとに自重受け金物を取り付けた。

(2) パネルの割付けにおいて，使用するパネルの最小幅は350mmとした。

(3) 幅600mmのパネルへの欠込みは，欠込み幅を300mm以下とした。

(4) 縦張り工法のパネルは，層間変形に対してロッキングにより追従するため，縦目地を15mm，横目地を8mmとした。

《H29-44》

2 外壁の押出成形セメント板張りに関する記述として，**最も不適当なもの**はどれか。

(1) パネルの割付けにおいて，使用するパネルの最小幅は300mmとした。

(2) パネル取付け金物（Zクリップ）は，下地鋼材に30mmのかかりしろを確保して取り付けた。

(3) 横張り工法のパネルは，積上げ枚数5枚ごとに構造体に固定した自重受け金物で受けた。

(4) 縦張り工法のパネルは，層間変形に対してロッキングにより追従するため，縦目地を8mm，横目地を15mmとした。

《R2-44》

3 ALCパネル工事に関する記述として，**最も不適当なもの**はどれか。

(1) 外壁パネルと間仕切パネルの取合い部には，幅が10〜20mmの伸縮目地を設けた。

(2) 外壁の縦壁ロッキング構法の横目地は伸縮目地とし，目地幅は15mmとした。

(3) 外壁の縦壁ロッキング構法では，パネル重量をパネル下部の両端に位置する自重受け金物により支持した。

(4) 間仕切壁のフットプレート構法において，パネル上部の取付けは，面内方向に可動となるように取り付けた。

《H28-44》

4 ALCパネル工事に関する記述として，**最も不適当なもの**はどれか。

(1) 床版敷設筋構法において，床パネルへの設備配管等の孔あけ加工は1枚当たり1か所とし，主筋の位置を避け，直径100mmの大きさとした。

(2) 横壁アンカー構法において，地震時等における躯体の変形に追従できるよう，ALC

パネル積上げ段数3段ごとに自重受け金物を設けた。
(3)　縦壁フットプレート構法において，ALC取付け用間仕切チャンネルをデッキプレート下面の溝方向に取り付ける場合，下地として平鋼をデッキプレート下面にアンカーを用いて取り付けた。
(4)　床版敷設筋構法において，建物周辺部，隅角部等で目地鉄筋により床パネルの固定ができない箇所は，ボルトと角座金を用いて取り付けた。

《R5-38》

□□□　**5**　ALCパネル工事に関する記述として，**最も不適当なもの**はどれか。
(1)　パネルの取扱い時に欠けが生じたが，構造耐力上は支障がなかったため，製造業者が指定する補修モルタルで補修して使用した。
(2)　外壁パネルと間仕切パネルの取合い部には，幅が10〜20mmの伸縮目地を設けた。
(3)　外壁の縦壁ロッキング構法の横目地は伸縮目地とし，目地幅は15mmとした。
(4)　耐火性能が要求される伸縮目地には，モルタルを充填した。

《R3-39》

□□□　**6**　外壁の押出成形セメント板（ECP）張りに関する記述として，**最も不適当なもの**はどれか。
(1)　縦張り工法のパネルは，層間変形に対してロッキングにより追従するため，縦目地を15mm，横目地を8mmとした。
(2)　二次的な漏水対策として，室内側にはガスケット，パネル張り最下部には水抜きパイプを設置した。
(3)　幅600mmのパネルへの欠込みは，欠込み幅を300mm以下とした。
(4)　横張り工法のパネル取付け金物（Zクリップ）は，パネルがスライドできるようにし，パネル左右の下地鋼材に堅固に取り付けた。

《R4-39》

[解説]
1 (4)　縦張り工法の場合，目地は8mm以上であるが縦目地より横目地の幅を大きくとる。
2 (3)　横貼り工法のパネルは，積上げ枚数2〜3枚ごとに自重金物で受ける。
3 (3)　縦壁ロッキング構法では，パネル重量はALCパネル下部短辺小口の幅中央で，受け金物により支持する。
4 (1)　孔あけ加工は，1枚当たり1か所とし，主筋の位置を避けて直径50mmまでとする。
5 (4)　耐火性能が要求される目地は，耐火目地充填材（ロックウール等）をはさみこんで，シーリングを行う。
6 (1)　縦目地を8mm，横目地を15mmとする。

【正解】 1：(4)，2：(3)，3：(3)，4：(1)，5：(4)，6：(1)

■▶ 必修基本問題 ◀　3・6　特殊コンクリート工事

1　ALC パネル工事に関する記述として，**最も不適当なもの**はどれか。

(1)　横壁ボルト止め構法では，パネル積上げ段数 5 段以内ごとに受け金物を設けた。

(2)　床パネルの孔あけ加工は，1 枚当たり 1 箇所とし，主筋の位置を避け，パネル短辺幅の $\frac{1}{6}$ の大きさとした。

(3)　パネルの取扱い時に欠けが生じたが，構造耐力上は支障がなかったので，製造業者が指定する補修モルタルで補修して使用した。

(4)　床パネルで集中荷重が作用する部分は，その直下にパネル受け梁を設け，パネルは梁上で分割して割り付けされていることを確認した。

(H26-44)

2　ALC パネル工事に関する次の記述のうち，**不適当なもの**はどれか。

(1)　屋根パネルは，表裏を正しく置き，長辺は突合せ，短辺は 20mm 程度の目地をとり，敷き並べた。

(2)　間仕切壁の出隅・入隅部の縦目地で，耐火性能が要求される部分にロックウール保温板を用いた。

(3)　主要支点間距離が 3m の床パネル両端のかかり代は，30mm とした。

(4)　外壁パネルの横使い工法において，パネル積上げ段数 5 段ごとに目地調整用受け金物を設けた。

(H20 類題)

3　ALC パネル工事の間仕切壁フットプレート構法に関する記述として，**最も不適当なもの**はどれか。

(1)　パネルは，パネル上部の間仕切チャンネルへのかかりしろを 20mm 確保して取り付けた。

(2)　パネルは，パネル上部と間仕切チャンネルの溝底との間に 20mm のすき間を設けて取り付けた。

(3)　出隅・入隅のパネル取合い部には，20mm の伸縮目地を設けた。

(4)　耐火性能が要求される伸縮目地には，モルタルを充填した。

(H24-44)

正解とワンポイント解説

1 (2)　外壁, 屋根および床パネルは原則として,「溝掘り」および「孔あけ」を行ってはならない。「孔あけ」を行う場合は, パネル1枚あたり1箇所とし, 主筋の位置を避けて50mm以下の大きさとする。

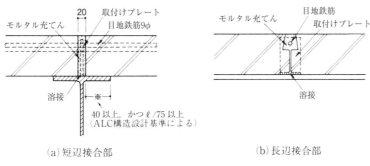

（a）短辺接合部　　　　　　　　　　（b）長辺接合部

図1　屋根・床パネル取付け例（単位：mm）

2 ALCパネル工事における留意事項は, 以下のとおりである。

① 保管　　パネルの仮置き最大積上げ高さは2m以下とする。

② 床および屋根パネル　　長辺を突き付け, 短辺は20mm程度の目地をとる。かかり寸法は, 主要支点間距離の1/75以上かつ40mm以上とする。

③ 外壁横形パネル　　長辺を突き付け, 短辺小口相互の接合部などは10mm程度の目地をとる。かかり寸法は, 標準として30mm以上とする。横目地調整用受け金物は, パネル積上げ段数5段以下ごとに設ける。

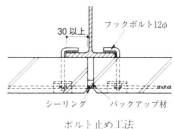

ボルト止め工法

図2　外壁横形パネル取付け例
（単位：mm）

④ 外壁縦形パネル　　挿入筋による取付けの場合, 縦目地空洞部に500mmの挿入長さを保って目地鉄筋を通し, パネル頂部から充填用モルタルを充填する。

よって,（3)が不適当である。

3 (4)　目地部分にはロックウールなどの耐火目地を挟み込む。

【正解】 1 ：(2), 2 ：(3), 3 ：(4)

建築施工

3·7　鉄 骨 工 事

[最近出題された問題]

1 鉄骨の工作に関する記述として，**最も不適当なもの**はどれか。
(1)　高力ボルト用の孔あけ加工は，板厚が13mmの場合，せん断孔あけとすることができる。
(2)　490N/mm² 級以上の高張力鋼にけがきをする場合，孔あけにより除去される箇所であれば，ポンチによりけがきを行ってもよい。
(3)　工事現場で使用する鋼製巻尺は，JISの1級品とし，巻尺に表記された張力で鉄骨製作工場の基準巻尺とテープ合わせを行う。
(4)　厚さ6mmの鋼板に外側曲げ半径が厚さの10倍以上となる曲げ加工を行う場合，加工後の機械的性質等が加工前の機械的性質等と同等以上であることを確かめなくてもよい。

《H27-30》

2 鉄骨の加工及び組立てに関する記述として，**最も不適当なもの**はどれか。
(1)　鉄骨鉄筋コンクリート造の最上部柱頭のトッププレートに，コンクリートの充填性を考慮して，空気孔を設けた。
(2)　高力ボルト接合の摩擦面は，ショットブラストにて処理し，表面あらさは30μmRz以上を確保した。
(3)　冷間成形角形鋼管の角部は，大きな冷間塑性加工を受けているので，その部分への組立て溶接を避けた。
(4)　半自動溶接を行う箇所の組立て溶接の最小ビード長さは，板厚が12mmだったので，40mmとした。

《H29-30》

3 鉄骨工事の溶接に関する記述として，**最も不適当なもの**はどれか。
(1)　現場溶接において，風速が5m/sであったため，ガスシールドアーク半自動溶接の防風処置を行わなかった。
(2)　490N/mm² 級の鋼材の組立て溶接を被覆アーク溶接で行うため，低水素系溶接棒を使用した。
(3)　溶接部の表面割れは，割れの範囲を確認したうえで，その両端から50mm以上溶接部をはつり取り，補修溶接した。
(4)　完全溶込み溶接の突合せ継手における余盛りの高さが3mmであったため，グラインダー仕上げを行わなかった。

《R1-30》

4 鉄骨の溶接に関する記述として，**最も不適当なもの**はどれか。

(1) 溶接部の表面割れは，割れの範囲を確認したうえで，その両端から50mm以上溶接部を斫り取り，補修溶接した。

(2) 完全溶込み溶接の突合せ継手における余盛りの高さが3mmであったため，グラインダ仕上げを行わなかった。

(3) 一般に自動溶接と呼ばれているサブマージアーク溶接を行うに当たり，溶接中の状況判断とその対応はオペレータが行った。

(4) 溶接作業場所の気温が−5℃を下回っていたため，溶接部より100mmの範囲の母材部分を加熱して作業を行った。

《R3-27》

5 高力ボルト接合に関する記述として，**最も不適当なもの**はどれか。

(1) 締付け後の高力ボルトの余長は，ねじ1山から6山までの範囲であることを確認した。

(2) ねじの呼びがM22のトルシア形高力ボルトの長さは，締付け長さに35mmを加えた値を標準とした。

(3) 高力ボルトの接合部で肌すきが1mmを超えたため，フィラープレートを入れた。

(4) ナット回転法による締付け完了後の検査は，1次締付け後の本締めによるナット回転量が120°±45°の範囲にあるものを合格とした。

《R4-27》

6 鉄骨の建方に関する記述として，**最も不適当なもの**はどれか。

(1) 架構の倒壊防止用に使用するワイヤロープは，建入れ直し用に兼用してもよい。

(2) スパンの寸法誤差が工場寸法検査で計測された各部材の寸法誤差の累積値以内となるよう，建入れ直し前にスパン調整を行う。

(3) 建方に先立って施工するベースモルタルは，養生期間を3日間以上とする。

(4) 梁のフランジを溶接接合，ウェブをボルトの配列が1列の高力ボルト接合とする混用接合の仮ボルトは，ボルト1群に対して$\frac{1}{3}$程度，かつ，2本以上締め付ける。

《R5-27》

□□□ **7** 大空間鉄骨架構の建方に関する記述として，**最も不適当なもの**はどれか。

(1) リフトアップ工法は，地組みした所定の大きさのブロックをクレーン等で吊り上げて架構を構築する工法である。

(2) 総足場工法は，必要な高さまで足場を組み立てて，作業用の構台を全域にわたり設置し，架構を構築する工法である。

(3) 移動構台工法は，移動構台上で所定の部分の屋根鉄骨を組み立てた後，構台を移動させ，順次架構を構築する工法である。

(4) スライド工法は，作業構台上で所定の部分の屋根鉄骨を組み立てた後，そのユニットを所定位置まで順次滑動横引きしていき，最終的に架構全体を構築する工法である。

《R4-28》

□□□ **8** 大断面集成材を用いた木造建築物に関する記述として，**最も不適当なもの**はどれか。

(1) 梁材の曲がりの許容誤差は，長さの $\dfrac{1}{1,000}$ とした。

(2) 集成材にあけるドリフトピンの下孔径は，ドリフトピンの公称軸径に2mmを加えたものとした。

(3) 集成材にあける標準的なボルト孔の心ずれは，許容誤差を±2mmとした。

(4) 接合金物にあけるボルト孔の大きさは，ねじの呼びがM16未満の場合は公称軸径に1mmを，M16以上の場合は1.5mmを加えたものとした。

《R5-28》

[解説]

1 (1) 孔あけ加工は，ドリルあけを原則とする。ただし普通ボルト，アンカーボルト，鉄筋貫通孔で板厚が13mm以下の場合は，せん断孔あけができる。

2 (2) 摩擦面の処理はショットブラストによる表面粗さは50 μmRz以上とする。

3 (1) ガスシールドアーク溶接は，風速2m/s以上の場合，防風処置を行う。

4 (4) 気温が−5℃を下回った場合は，溶接を行ってはならない。

5 (4) 1次締付け後の本締めによるナット回転量が，120°±30の範囲を合格とする。

6 (4) 混用接合の仮ボルトは，ボルト1群に対して1/2程度，かつ，2本以上である。この接合は，高力ボルトを締付けた後に溶接を行う。

7 (1) リフトアップ工法は，地上又は構台上で組み立てた屋根架構を，先行して構築した構造体を支えとして，ジャッキ等により引き上げていく工法である。

8 (2) ドリフトピン接合では，集成材に孔あけ加工を施すが，この先孔は，ドリフトピンの径よりも若干小さな径とし，そこへドリフトピンを打ち込む。

【正解】 1：(1)，2：(2)，3：(1)，4：(4)，5：(4)，6：(4)，7：(1)，8：(2)

1 高力ボルト接合に関する記述として，**最も不適当なもの**はどれか。

(1) 締付け後の高力ボルトの余長は，ねじ1山から6山までの範囲であることを確認した。

(2) ねじの呼びがM22の高力ボルトの1次締付けトルク値は，150N・mとした。

(3) ねじの呼びがM20のトルシア形高力ボルトの長さは，締付け長さに20mmを加えた値を標準とした。

(4) 高力ボルトの接合部で肌すきが1mmを超えたので，フィラープレートを入れた。

(R2-30)

2 鉄骨の溶接に関する記述として，**最も不適当なもの**はどれか。

(1) 完全溶込み溶接で両面から溶接する場合，裏側の初層を溶接する前に，裏はつりを行う。

(2) 溶接割れを防止するため，溶接部及びその周辺を予熱することにより，溶接部の冷却速度を遅くする。

(3) 溶接を自動溶接とする場合，エンドタブの長さは，手溶接より短くできる。

(4) 柱梁接合部に取り付けるエンドタブは，本溶接によって再溶融される場合，開先内の母材に組立て溶接してもよい。

(H27-31)

3 鉄骨の建方に関する記述として，**最も不適当なもの**はどれか。

(1) スパン間の計測寸法が正規より小さい場合は，ワイヤによる建入れ直しの前に，梁の接合部のクリアランスへのくさびの打込み等により押し広げてスパンを調整する。

(2) 柱の溶接継手のエレクションピースに使用する仮ボルトは，普通ボルトを使用して全数締め付ける。

(3) 梁のフランジを溶接接合，ウェブを高力ボルト接合とする工事現場での混用接合は，原則として高力ボルトを先に締め付け，その後溶接を行う。

(4) 建方時の予期しない外力に備えて，1日の建方終了ごとに所定の補強ワイヤを張る。

(R1-31)

4 木質軸組構法に関する記述として，**最も不適当なもの**はどれか。

(1) 1階及び2階の上下同位置に構造用面材の耐力壁を設けるため，胴差部において，構造用面材相互間に，6mmのあきを設けた。

(2) 接合に用いるラグスクリューは，先孔にスパナを用いて回しながら締め付けた。

(3) 接合金物のボルトの締付けは，座金が木材へ軽くめり込む程度とし，工事中，木材の乾燥収縮により緩んだナットは締め直した。

(4) 集成材にあけるボルト孔の間隔は，許容誤差を±5mmとした。

(R4-29)

建築施工

5 木質軸組構法に関する記述として，**最も不適当なもの**はどれか。

(1) 1階及び2階の上下同位置に構造用面材の耐力壁を設けるため，胴差し部において，構造用面材相互間に，6mm のあきを設けた。

(2) 接合に用いるラグスクリューの締付けは，先孔をあけ，スパナを用いて回しながら行った。

(3) 接合金物のボルトの締付けは，座金が木材へ軽くめり込む程度とし，工事中，木材の乾燥収縮により緩んだナットは締め直した。

(4) 接合金物のボルトの孔あけは，ねじの呼びにかかわらず公称軸径に 1.5mm を加えたものとした。

(R2-32)

正解とワンポイント解説

1 (3)　M20 のトルシア形高力ボルトの長さは，締付け長さに 30mm を加えた値を標準とする。

表1　締付け長さに加える長さ

ボルトの呼び径	締付け長さに加える長さ（mm）	
	JIS の高力ボルト	トルシア形高力ボルト
M 12	25	—
M 16	30	25
M 20	35	30
M 22	40	35
M 24	45	40

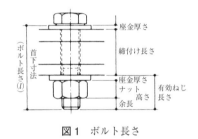

図1　ボルト長さ

2 (3)　溶接を自動溶接とする場合は，エンドタブの長さは，手溶接より長くする。

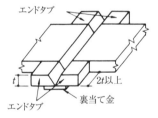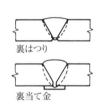

図2　突合せ溶接のエンドタブと裏当て金

3 (2)　柱の溶接継手のエレクションピースに使用する仮ボルトは，高力ボルトとする。

4 (4)　集成材にあけるボルト孔の間隔は，許容誤差を ±2mm とする。

5 (4)　接合金物のボルトの孔あけは，ねじの公称軸径が M16 未満は 1mm，M16 以上は 1.5mm を加えたものとする。

【正解】 1：(3)， 2：(3)， 3：(2)， 4：(4)， 5：(4)

3·8 耐震改修工事

[最近出題された問題]

1 鉄筋コンクリート造の耐震改修工事における現場打ち鉄筋コンクリート耐震壁の増設工事に関する記述として,**最も不適当な**ものはどれか。

(1) 増設壁上部と既存梁下との間に注入するグラウド材の練上り時の温度は,練り混ぜる水の温度を管理し,10〜35℃の範囲とする。

(2) あと施工アンカー工事において,接着系アンカーを既存梁下端に上向きで施工する場合,くさび等を打ってアンカー筋の脱落防止の処置を行う。

(3) コンクリートポンプ等の圧送力を利用するコンクリート圧入工法は,既存梁下との間に隙間が生じやすいため,採用しない。

(4) 増設壁との打継ぎ面となる既存柱や既存梁に施す目荒しの面積の合計は,電動ピック等を用いて,打継ぎ面の15〜30%程度となるようにする。

《R5-30》

2 鉄筋コンクリート造の耐震改修工事における柱補強工事に関する記述として,**最も不適当な**ものはどれか。

ただし,d は異形鉄筋の呼び名の数値又は鉄筋径とする。

(1) 溶接閉鎖フープ巻き工法において,フープ筋の継手は,溶接長さが片側 10 d 以上のフレア溶接とした。

(2) 溶接金網巻き工法において,溶接金網に対するかぶり厚さ確保のため,溶接金網は型枠建込み用のセパレーターに結束して固定した。

(3) 角形の鋼板巻き工法において,角部の鋼板の曲げ加工は,内法半径を板厚の2倍とした。

(4) 連続繊維補強工法で炭素繊維シートを用いたシート工法において,シートの水平方向の重ね継手位置は柱の各面に分散させ,重ね長さは 200 mm 以上とした。

《H26-33》

3 鉄筋コンクリート造の耐震改修工事に関する記述として,**最も不適当な**ものはどれか。

(1) 枠付き鉄骨ブレースの設置工事において,現場で鉄骨ブレース架構を組み立てるので,継手はすべて高力ボルト接合とした。

(2) 柱と接する既存の袖壁部分に完全スリットを設ける工事において,袖壁の切欠きは,袖壁厚の $\frac{2}{3}$ の深さまでとした。

(3) 既存構造体にあと施工アンカーが多数埋め込まれる増設壁部分に用いる割裂補強筋に

は，はしご筋を用いることとした。

(4)　増設壁コンクリート打設後に行う既存梁下と増設壁上部とのすき間に圧入するグラウト材の充填は，空気抜きからグラウト材が出ることで確認した。

《H25-33》

□□□　**4**　鉄筋コンクリート造の耐震改修工事における，柱への溶接閉鎖フープを用いた巻き立て補強に関する記述として，**最も不適当なもの**はどれか。

(1)　フープ筋のコーナー部の折曲げ内法直径は，フープ筋の呼び名に用いた数値の2倍とした。

(2)　壁付きの柱は，壁に穴をあけて閉鎖型にフープ筋を配置し補強した。

(3)　フープ筋の継手は片側フレア溶接とし，溶接長さはフープ筋の呼び名に用いた数値の10倍とした。

(4)　柱の外周部は，コンクリートの巻き立て部分の厚さを100mmとした。

《H29-33》

［解説］

1　(3)　高流動化コンクリートなどを圧送することで採用は可能である。

2　(1)　フープ筋の継手は，溶接長さが片側10d以上のフレア溶接とする。

　(2)　溶接金網は，型枠建込み用のセパレーターに結束して，かぶり厚さを確保する。

　(3)　角形鋼板を用いる柱の鋼板巻き工法においては，角部の鋼板の曲げ加工は，内法半径を鋼板の板厚の3倍以上とする。よって，最も不適当である。

3　(2)　耐震スリットには完全スリットと部分スリットとがある。完全スリットは，既存コンクリートの柱と柱に接する袖壁等の部分とを完全に縁を切るものであり，袖壁等の厚さ分を切欠き隙間を設ける。よって，最も不適当である。

4　(1)　コーナー部の折曲げ内法直径は，フープ筋の呼び名に用いた数値の3倍以上とする。

【正解】　1：(3)，2：(3)，3：(2)，4：(1)

▶ **必修基本問題** ◀　3・8　耐震改修工事

1　鉄筋コンクリート造の耐震改修工事に関する記述として，**最も不適当なもの**はどれか。

(1)　鉄筋コンクリート壁の増設工事において，既存梁下と増設壁上部とのすき間のグラウト材の注入は，予定した部分を中断することなく1回で行った。

(2)　鉄筋コンクリート壁の増設工事において，注入するグラウト材の練上り時の温度は，練り混ぜる水の温度を管理し，10～35℃の範囲となるようにした。

(3)　柱の溶接金網巻き工法において，溶接金網は分割して建て込み，金網相互の接合は重ね継手とした。

(4) 柱の連続繊維補強工法において，躯体表面を平滑にするための下地処理を行い，隅角部は直角のままとした。

(H24-33)

2 鉄筋コンクリート造の耐震改修工事における柱補強工事に関する記述として，**最も不適当なもの**はどれか。

(1) 溶接金網巻き工法において，溶接金網に対するかぶり厚さ確保のため，溶接金網は型枠建込み用のセパレーターに結束して固定した。

(2) 溶接閉鎖フープ巻き工法において，フープ筋の継手は，溶接長さが片側 10d（d はフープ筋の径又は呼び名に用いた数値）以上のフレア溶接とした。

(3) 鋼板巻き工法において，コ形に加工した2つの鋼板を□形に一体化する際，接合部の溶接は部分溶込み溶接とした。

(4) 連続繊維補強工法のシート工法において，シートの切り出し長さは，柱の周長にラップ長さを加えた寸法とした。

(H23-33)

3 鉄筋コンクリート造の耐震改修工事における現場打ち鉄筋コンクリート耐震壁の増設工事に関する記述として，**最も不適当なもの**はどれか。

(1) 壁上部と既存梁下との間に注入するグラウト材の練上り時の温度は，練り混ぜる水の温度を管理し，10〜35℃の範囲とする。

(2) 打継ぎ面となる範囲の既存構造体コンクリート面は，すべて目荒しを行う。

(3) 既存壁に増打ち壁を設ける工事において，シヤーコネクターを型枠固定用のセパレーターとして兼用してもよい。

(4) コンクリートポンプ等の圧送力を利用するコンクリート圧入工法は，既存の梁下との間にすき間が生じやすいので採用できない。

(H27-33)

正解とワンポイント解説

1 (4) 柱の連続繊維柱補強工法では，下地のコンクリート柱の隅角部が直角であると連続繊維シートを巻き付けた際にシートを損傷させる懸念がある。そのため，隅角部の角は落とす。

2 (3) 2つの鋼板を□形に一体化する際は，接合部を突付け溶接とする。

3 (4) 高流動化コンクリートなどを圧送することで採用は可能である。

【正解】 1 : (4)，2 : (3)，3 : (4)

3·9　防　水　工　事

[最近出題された問題]

□□□ **1** 防水工事に関する記述として，**最も不適当なもの**はどれか。

(1) アスファルト防水密着工法における平場部のルーフィングの張付けに先立ち，入隅は幅300mm程度のストレッチルーフィングを増張りした。

(2) 改質アスファルトシート防水トーチ工法における平場部の改質アスファルトシートの重ね幅は，縦横とも100mm以上とした。

(3) アスファルト防水における立上り部のアスファルトルーフィング類は，平場部のアスファルトルーフィングを張り付けた後，150mm以上張り重ねた。

(4) 改質アスファルトシート防水絶縁工法におけるALCパネル目地の短辺接合部は，幅50mm程度のストレッチルーフィングを張り付けた。

《R5-31》

□□□ **2** 合成高分子系ルーフィングシート防水に関する記述として，**最も不適当なもの**はどれか。

(1) 加硫ゴム系シート防水の接着工法において，平場部の接合部のシートの重ね幅は100mm以上とし，立上り部と平場部との重ね幅は150mm以上とした。

(2) 加硫ゴム系シート防水の接着工法において，出隅角の処理は，シートの張付け前に加硫ゴム系シートで増張りを行った。

(3) 塩化ビニル樹脂系シート防水の接着工法において，下地がALCパネルのため，プライマーを塗布した。

(4) エチレン酢酸ビニル樹脂系シート防水の密着工法において，接合部のシートの重ね幅は，幅方向，長手方向とも100mm以上とした。

《R4-31》

□□□ **3** ウレタンゴム系塗膜防水に関する記述として，**最も不適当なもの**はどれか。

(1) 絶縁工法において，立上り部の補強布は，平場部の通気緩衝シートの上に100mm張り掛けて防水材を塗布した。

(2) 平場部の防水材の総使用量は，硬化物密度が1.0Mg/m^3だったため，3.0kg/m^2とした。

(3) コンクリートの打継ぎ箇所は，U字形に斫り，シーリング材を充填した上，幅100mmの補強布を用いて補強塗りを行った。

(4) 絶縁工法において，防水層の下地からの水蒸気を排出するための脱気装置は，200m^2に1箇所の割合で設置した。

《R3-31》

□□□ **4**　シーリング工事に関する記述として，**最も不適当なものはどれか。**

(1)　外壁 ALC パネル張りに取り付けるアルミニウム製建具の周囲の目地シーリングは，3 面接着とした。

(2)　先打ちしたポリウレタン系シーリング材に，ポリサルファイド系シーリング材を打ち継いだ。

(3)　シーリング材の打継ぎ箇所は，目地の交差部及びコーナー部を避け，そぎ継ぎとした。

(4)　コンクリートの水平打継ぎ目地のシーリングは，2 成分形変成シリコーン系シーリング材を用いた。

《R4-32》

□□□ **5**　改質アスファルトシート防水トーチ工法に関する記述として，**最も不適当なものはどれか。**

(1)　ALC パネル下地のプライマーは，使用量を 0.4 kg/m² とし，2 回に分けて塗布した。

(2)　コンクリート下地の入隅に，角度 45 度の成形キャント材を使用した。

(3)　絶縁工法による ALC パネル下地の短辺接合部は，あらかじめ幅 50 mm の絶縁用テープを張り付けた。

(4)　密着工法による平場部の張付けにおいて，シートの 3 枚重ね部は，中間の改質アスファルトシート端部を斜めにカットした。

《R1-34》

［解説］

1　(4)　ALC パネル目地の短辺接合部は，幅 300 mm 程度の増張用ストレッチルーフィングを張る。

2　(2)　加硫ゴム系シート防水の出隅角の処理は，非加硫系ゴムシートで増張りする。

3　(4)　脱気装置は 50〜100 m² に 1 箇所の割合とする。

4　(1)　シーリング目地は，目地底を接着させない 2 面接着として用いることが原則である。これは，震動などにより目地に動きが生じた場合にも，目地切れをおこさないためである。このため，ボンドブレーカーやバックアップ材を使用し，3 面接着を防止する。

5　(2)　コンクリート下地の入隅は，通りよく直角とする。

【正解】 **1**：(4)， **2**：(2)， **3**：(4)， **4**：(1)， **5**：(2)

1 合成高分子系ルーフィングシート防水に関する記述として，**最も不適当なもの**はどれか。

(1) 塩化ビニル樹脂系シート防水において，シート相互の接合にクロロプレンゴム系の接着剤を用いた。

(2) 塩化ビニル樹脂系シート防水において，接合部のシートの重ね幅は，幅方向，長手方向とも 40mm 以上とした。

(3) 加硫ゴム系シート防水接着工法において，防水層立上り端部の処理は，テープ状シール材を張り付けた後にルーフィングシートを張り付け，末端部は押さえ金物で固定し，不定形シール材を充填した。

(4) 加硫ゴム系シート防水接着工法において，平場の接合部のシートの重ね幅は 100mm 以上とし，立上りと平場との重ね幅は 150mm 以上とした。

(R2-34)

2 アスファルト防水の密着工法に関する記述として，**最も不適当なもの**はどれか。

(1) 低煙・低臭タイプのアスファルトの溶融温度の上限は，300℃とする。

(2) コンクリートスラブの打継ぎ部は，絶縁用テープを張り付けた後，幅 300mm 程度のストレッチルーフィングを増張りする。

(3) 平場部のルーフィングの張付けに先立ち，入隅は幅 300mm 程度のストレッチルーフィングを増張りする。

(4) 平場部のアスファルトルーフィング類の重ね幅は，縦横とも 100mm 程度とする。

(H29-34)

3 合成高分子系ルーフィングシート防水工事に関する記述として，**最も不適当なもの**はどれか。

(1) ALC 屋根パネル面に塩化ビニル樹脂系ルーフィングシートを接着工法で施工するので，ALC パネル面にプライマーを塗布した。

(2) エポキシ樹脂系接着剤を用いて平場に塩化ビニル樹脂系ルーフィングシートを張り付けるので，下地面のみに接着剤を塗布した。

(3) 加硫ゴム系ルーフィングシートの接合部は，重ね部を熱融着し，接合端部を液状シール材でシールした。

(4) 軽歩行が可能となるように，加硫ゴム系ルーフィングシート防水層の上にケイ砂を混入した厚塗り塗料を塗布した。

(H25-34)

4 塗膜防水に関する記述として，**最も不適当なもの**はどれか。

(1) ゴムアスファルト系防水材の室内平場部の総使用量は，固形分60%のものを使用するため，4.5kg/m² とした。

(2) ウレタンゴム系絶縁工法において，通気緩衝シートの相互の重ね幅は，50mm とした。

(3) ゴムアスファルト系吹付工法において，防水材の塗継ぎの重ね幅は，100mm とした。

(4) ウレタンゴム系防水材の立上り部の総使用量は，硬化物密度1.0Mg/m³ のものを使用するため，2.0kg/m² とした。

(R1-35)

5 シーリング工事に関する記述として，**最も不適当なもの**はどれか。

(1) ALC など表面強度が小さい被着体に，低モジュラスのシーリング材を用いた。

(2) ボンドブレーカーは，シリコーン系シーリング材を充填するため，シリコーンコーティングされたテープを用いた。

(3) 先打ちしたポリサルファイド系シーリング材の硬化後に，変成シリコーン系シーリング材を打ち継いだ。

(4) プライマーの塗布及びシーリング材の充填時に，被着体が5℃以下になるおそれが生じたため，作業を中止した。

(R2-35)

正解とワンポイント解説

1 (1) 塩ビ樹脂系のシートにはトルエン等の溶剤が入っているクロロプレンゴム系の接着剤は適さない。合成ゴム系等を使用する。

2 (1) 在来のアスファルトの溶融温度は約270℃，低煙・低臭タイプで約240℃である。

3 (3) 加硫ゴム系ルーフィングシートの接合部は，接着剤を用いて重ね，端部処理する。重ね部を熱融着し，接合端部を液状シール材でシールするのは塩化ビニル樹脂系ルーフィングシート張りの場合である。

4 (2) 通気緩衝シートは，相互に突き付けとする。

5 (2) ボンドブレーカーは，目地が浅い場合に3面接着を回避する目的で目地底に設けるテープ状（材質が紙，布，シリコーン）の材料である。シリコーン系シーリングの場合は，ポリエチレンテープなど，シリコーンと接着しないものを採用する。

【正解】 1 : (1)，2 : (1)，3 : (3)，4 : (2)，5 : (2)

シーリング材施工の留意点

シーリング材の施工性や硬化速度等は，温度や湿度に影響される。一般的には，気温が15〜25℃，湿度が80%未満で晴天・無風状態が望ましい。被着体が5℃を下回ったり，50℃以上になるおそれがある場合や，湿度が85%以上の場合は施工を中止する。同様に降雨時や降雨が予想される場合も施工を中止し，さらに目地部やその周辺の水濡れを防ぐ処理を行うことが望ましい。

また，シーリング材施工においては，必ずプライマーの塗布が必要である。プライマーは，被着体に適したものを選定する。

3·10 石工事

[最近出題された問題]

□□□ **1** 乾式工法による外壁の張り石工事に関する記述として，**最も不適当なもの**はどれか。

(1) 厚さ 30mm，大きさ 500mm 角の石材のだぼ孔の端あき寸法は，60mm とした。

(2) ロッキング方式において，ファスナーの通しだぼは，径 4mm のものを使用した。

(3) 下地のコンクリート面の精度を考慮し，調整範囲が ±10mm のファスナーを使用した。

(4) 石材間の目地は，幅を 10mm としてシーリング材を充填した。

《R5-32》

□□□ **2** 乾式工法による外壁の張り石工事に関する記述として，**最も不適当なもの**はどれか。

(1) 厚さ 30mm，大きさ 500mm 角の石材のだぼ穴のはしあき寸法は，60mm とした。

(2) 下地面の寸法精度は，±10mm 以内となるようにした。

(3) だぼ穴からはみ出ただぼ穴補填材は，硬化前に除去した。

(4) ファスナーは，ステンレス鋼材の SUS 304 を使用した。

《H23-36》

□□□ **3** 乾式工法による外壁張り石工事に関する記述として，**最も不適当なもの**はどれか。

(1) 石材は，最大寸法を幅 1,000mm，高さ 800mm とし，重量を 70kg 以下とした。

(2) 厚さ 30mm，大きさ 500mm 角の石材のだぼ孔の端あき寸法は，120mm とした。

(3) 厚さが 30mm の石材のだぼ孔は，石材の裏面から 15mm の位置とし，孔径を 4mm とした。

(4) 下地のコンクリート面の寸法精度は，±10mm 以内となるようにした。

《H29-36》

□□□ **4** 外壁張り石工事に関する記述として，**最も不適当なもの**はどれか。

(1) 湿式工法において，石厚 40mm の花こう岩の取付け用引金物は，径 4.0mm のものを使用した。

(2) 乾式工法のロッキング方式において，ファスナーの通しだぼは，径 4.0mm のものを使用した。

(3) 湿式工法において，流し筋工法の埋込みアンカーは，設置位置を 450mm の間隔とし，縦筋を通り良く設置した。

(4) 乾式工法において，コンクリート躯体の表面の精度を ±10mm とし，石材の裏面から躯体の表面までの取付け代(しろ)は，40mm とした。

《R1-36》

[解説]

1 (1) 乾式工法による外壁の張り石工事において，だぼ孔の端あき寸法は，石材の上端横目地合端に 2 箇所，両端部より石材幅の 1/4 程度の位置（125mm）に設ける。

2 (1) 1の(1)の解説参照。

(2) 外壁乾式工法では，下地面の寸法精度は，±10mm 以内とする。

(3) だぼ穴からはみ出ただぼ穴充填材は，そのままだとルーズホールをふさいでしまうため，硬化前に除去する。

(4) 外壁乾式工法で使用するファスナーは，ステンレス（SUS 304）製とする。

3 (3) 厚さが 30mm の石材のだぼ孔の孔径は，3.2mm である。

4 (4) 取付け代(しろ)は，70mm から 90mm を標準とする。

【正解】 1 : (1)，2 : (1)，3 : (3)，4 : (4)

必修基本問題 ◀ 3·10 石 工 事

1 乾式工法による外壁張り石工事に関する記述として，**不適当なもの**はどれか。

(1) 厚さが 30mm の石材のだぼ穴中央位置は，石材の裏面から 15mm とした。

(2) 石材の最大寸法は，幅 1,000mm，高さ 800mm とし，面積で 0.8m^2 以下とした。

(3) ダブルファスナー形式の場合の取付け代として，石材裏面と躯体コンクリート面の間隔を 50mm とした。

(4) スライド方式のファスナーに設けるだぼ用の穴は，外壁の面内方向のルーズホールとした。

(H21-36)

2 張り石工事に関する次の記述のうち，**不適当なもの**はどれか。

(1) あと施工アンカーを用い，下地鉄筋の縦筋を省略した。

(2) 大理石は風化しやすいので，外壁の雨掛かり部には使用しなかった。

(3) 引き金物の留付けの仮固定には，せっこうや塩化カルシウムを含む急結剤を使用した。

(4) 裏込めモルタルの充填は，横目地より 40mm 程度下がった位置で止めた。

(基 本)

[1] (1) 乾式工法の場合の石材厚さは有効厚さ30mm以上とし,だぼ穴は板厚の中央とする。

(2) 石材の最大寸法は,幅1,200mm,高さ800mmとし,面積で1m²以下とする (JASS9)。

(3) ダブルファスナー形式の場合,石材の裏面と躯体面の間隔は,70〜90mmとする。

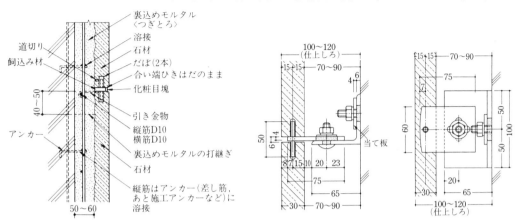

図1　湿式工法による一般壁張り　　図2　乾式工法(ダブルファスナー)の例

[2] (1) 下地は,径9mmのアンカーを縦横400mm程度にコンクリートに打ち込み,これに縦筋・横筋を400mm間隔(屋内では600mm間隔)に取り付ける。アンカーをあと施工アンカーとする場合は,横目地位置に精度よく施工し,これに直接横筋を溶接すれば,縦筋を省略してよい。

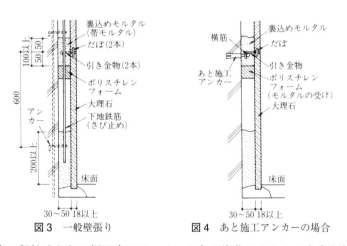

図3　一般壁張り　　図4　あと施工アンカーの場合

(3) 引き金物の留付けなどの仮固定には,せっこうや塩化カルシウムを含む急結剤を使用してはならない。急結性を要する場合は超速硬性セメントを用いる。

【正解】 [1]:(3), [2]:(3)

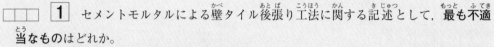

3·11　タ イ ル 工 事

［最近出題された問題］

□□□ **1** セメントモルタルによる壁タイル後張り工法に関する記述として，**最も不適当なもの**はどれか。

(1)　密着張りの張付けモルタルは2度塗りとし，タイルは，上から下に1段置きに数段張り付けた後，それらの間のタイルを張った。

(2)　モザイクタイル張りの張付けモルタルは2度塗りとし，1層目はこて圧をかけて塗り付けた。

(3)　改良積上げ張りの張付けモルタルは，下地モルタル面に塗り厚4mmで塗り付けた。

(4)　改良圧着張りの下地面への張付けモルタルは2度塗りとし，その合計の塗り厚を5mmとした。

《R4-33》

□□□ **2** セメントモルタルによる外壁タイル密着張り工法に関する記述として，**最も不適当なもの**はどれか。

(1)　張付けは，目地割に基づき水糸を引き通し，下部から上部へ順次連続して張り付ける。

(2)　下地面への張付けモルタルの塗付けは，2度塗りとし，その合計の塗り厚は5～8mmとする。

(3)　小口タイルの張付けは，振動工具による衝撃位置をタイルの両端と中間の3箇所とする。

(4)　目地の深さは，タイル厚の $\frac{1}{2}$ 以下となるようにする。

《H28-36》

□□□ **3** セメントモルタルによる壁タイル後張り工法に関する記述として，**最も不適当なもの**はどれか。

(1)　外壁タイル張り面の伸縮調整目地の位置は，縦目地を3m内外に割り付け，横目地を各階ごとの打継ぎ目地に合わせた。

(2)　マスク張りでは，張付けモルタルを塗り付けたタイルは，塗り付けてから20分を限度に張り付けた。

(3)　改良圧着張りの化粧目地詰めは，タイル張付け後24時間経過したのちとした。

(4)　モザイクタイル張りの張付けモルタルは2層に分けて塗り付けるものとし，1層目はこて圧をかけて塗り付けた。

《H30-36》

［解説］

1 (3)　改良積上げ張りの張付けモルタルは，下地に塗りつけるのではなく，タイルの裏面に張付けモルタルを平らに乗せて張り付ける。

2 (1)　タイル密着張り工法は，下地の張付けモルタルに振動機で密着させる工法であるが，必ずしも下部から張る必要はない。下部から上部へ順次連続して張り付けるのは積み上げ張り法である。

　　なお，接着力試験についての概要は，以下のとおりである。

①　試験方法は，接着力試験機による引張接着強度の測定による。

②　試験体

　(i)　目地部分をコンクリート面まで切断して周囲と絶縁したものとし，材齢は，強度が出たと思われるときとする。

　(ii)　試験体の個数は，100 m² およびその端数につき 1 個以上，かつ全体で 3 個以上とする。

③　接着力試験結果の判定は，引張接着強度が 0.4 N/mm² 以上の場合を合格とする。

3 (1)　タイル張り面の伸縮調整目地は，垂直方向（縦目地）は 3～4 m 程度に，水平方向（横目地）は各階ごと打継ぎ目地の位置に設ける。

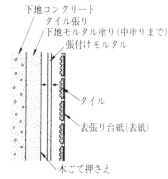

図1　モザイクタイル張り

(2)　マスク張りにおける張付けモルタルの塗置き時間は，改良積上げ張りと同様，5 分以内とする。よって，最も不適当である。

(4)　モザイクタイル張りの張付けモルタルは，2 層に分け，1 層目はこて圧をかけて塗り付ける。その後のたたき押えは，全面にわたって十分に行う必要があり，タイル目地に盛り上がった張付けモルタルの水分によって紙張りの目地部分が濡れてくることを見て判断する。

【正解】　**1**：(3)，**2**：(1)，**3**：(2)

▶ **必修基本問題** ◀ ┃ 3・11　タ イ ル 工 事 ┃

1 図に示す壁タイル張り工法において，⟨イ⟩〜⟨ハ⟩の工法の名称の組合せのうち，**適当なものは次**のうちどれか。

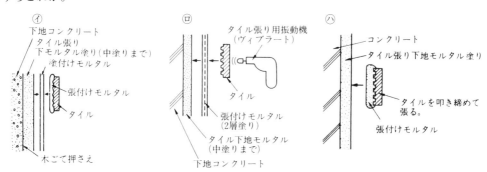

	⟨イ⟩	⟨ロ⟩	⟨ハ⟩
(1)	改良圧着張り	密着張り	改良積上げ張り
(2)	密着張り	改良圧着張り	接着剤張り
(3)	密着張り	改良圧着張り	改良積上げ張り
(4)	改良圧着張り	密着張り	接着剤張り

（基　本）

2 セメントモルタルによる壁タイル後張り工法に関する記述として，**最も不適当なもの**はどれか。

　(1)　モザイクタイル張りの張付けモルタルは，2度塗りとし，総塗厚を3mm程度とした。

　(2)　マスク張りの張付けモルタルは，ユニットタイル裏面に厚さ4mmのマスク板をあて，金ごてで塗り付けた。

　(3)　改良積上げ張りの張付けモルタルは，下地モルタル面に塗厚4mm程度で塗り付けた。

　(4)　密着張りの化粧目地詰めは，タイル張付け後，24時間以上経過したのち，張付けモルタルの硬化を見計らって行った。

（R2-36）

━━━━━━━━━━━ 正解とワンポイント解説 ━━━━━━━━━━━

［解説］

1 壁タイル張りの主な工法とその要領は，以下のとおりである。

　① **密着張り（ヴィブラート工法）**　下地コンクリートへモルタル中塗りまでを木ごてで平らに仕上げた上に，張付けモルタルを下地とし，これに張付けタイル用振動機（ヴィブラート）を用いて特殊衝撃を加えて仕上げる工法。

　(a)　張付けモルタルは2層に分けて塗り，1回の塗付け面積の限度は2m² 程度とする。

(b)　張付けモルタルの練混ぜ量は1回の塗付け量とし，30分以上経過したものを使用してはならない。塗置き時間は20分程度までが望ましい。

② **改良積上げ張り**　下地コンクリートへモルタル中塗りまでを木ごてで平らに仕上げた下地に，張付けタイルの裏面に張付けモルタルを平らに塗り付けて張り付けた後，木づちで下から張っていく工法。

(a)　塗付けたモルタルの塗置き時間は5分以内とする。

(b)　練り混ぜたモルタルで30分以上経過したものは使用してはならない。

(c)　1日の張付け高さの限度は，1.5m程度以下とする。

③ **改良圧着張り**　圧着張りのように張付けモルタルを塗り付けた壁面にタイル裏面にモルタルを塗り付けてタイルを圧着張りする工法。

(a)　張付けモルタルの1回の塗付け面積の限度は，60分以内に張り終える面積とし，$2m^2$程度とする。

(b)　練混ぜ量は，1回の塗付け量および張付け量とする。

(c)　練置き時間は30分未満とする。

④ **マスク張り**　マスク張りは，25mmを超え小口未満のタイルの張付けに用いられる。タイルに見合ったユニットタイル用マスクを用い，タイルの裏面全面に張付けモルタルをこてで圧着して張り付ける工法。

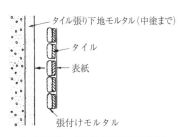

（マスクを用いてタイル裏面に塗り付ける）
図2　マスク張り

(a)　張付けモルタルには，メチルセルロース等の混和剤を用いる。

(b)　表張り紙の紙はがしは，張付け後，時期を見計らって水湿しをして紙をはがし，タイルの配列を直す。

⑤ **接着剤張り**　使用環境，使用下地，使用タイルに応じた接着剤を金ごて等で下地に塗布し（通常3mm厚程度），くし目ごてでくし目を立て，タイルを張り付ける工法。

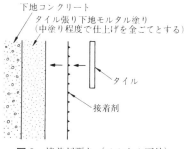

図3　接着剤張り（モルタル下地）

(a)　接着剤の1回の塗付け面積の限度は，30分以内に張り終える面積（$2m^2$程度）とする。

(b)　練混ぜ量は，1回の塗付け量とする。

(c)　接着剤張り工法は，常時水がかかるような場所では用いない。

2　(3)　改良積上げ張りの張付けモルタルは，下地に塗りつけるのではなく，タイルの裏面に張付けモルタルを平らに乗せて張り付ける。

【正解】1：(1)，2：(3)

3·12　屋　根　工　事

［最近出題された問題］

□□□ **1** 心木なし瓦棒葺に関する記述として，**最も不適当なもの**はどれか。

(1) 水上部分と壁との取合い部に設ける雨押えは，壁際立上りを 45 mm とした。

(2) 通し吊子の鉄骨母屋への取付けは，平座金を付けたドリルねじで，下葺材，野地板を貫通させ母屋に固定した。

(3) 棟部の納めは，溝板の水上端部に八千代折とした水返しを設け，棟包みを取り付けた。

(4) けらば部の溝板の幅は，瓦棒の働き幅の $\frac{1}{2}$ 以下とした。

《R4-34》

□□□ **2** 金属製折板葺屋根工事に関する記述として，**最も不適当なもの**はどれか。

(1) 端部用タイトフレームは，けらば包みの下地として，間隔を 1,800 mm で取り付けた。

(2) 重ね形折板の重ね部分の緊結ボルトは，流れ方向の間隔を 600 mm とした。

(3) 軒先の落とし口は，折板の底幅より小さく穿孔し，テーパー付きポンチで押し広げ，10 mm の尾垂れを付けた。

(4) 軒先のアール曲げ加工は，曲げ半径を 450 mm とした。

《R5-33》

□□□ **3** 金属板葺屋根工事に関する記述として，**最も不適当なもの**はどれか。

(1) 下葺きのルーフィング材は，上下（流れ方向）の重ね幅を 100 mm，左右（長手方向）の重ね幅を 200 mm とした。

(2) 塗装溶融亜鉛めっき鋼板を用いた金属板葺きの留付け用のドリルねじは，亜鉛めっき製品を使用した。

(3) 心木なし瓦棒葺の通し吊子の鉄骨母屋への取付けは，平座金を付けたドリルねじで，下葺，野地板を貫通させ母屋に固定した。

(4) 平葺の吊子は，葺板と同種同厚の材とし，幅 20 mm，長さ 50 mm とした。

《R2-37》

□□□ **4**　心木なし瓦棒葺に関する記述として，**最も不適当なもの**はどれか。

(1)　一般部の葺き方は，通し吊子をすべて留め付けた後，溝板を並べ，キャップ掛けを行った。

(2)　棟部の納めは，溝板の水上端部に八千代折とした水返しを設け，棟包みを取り付けた。

(3)　けらば部の溝板の幅は，瓦棒の働き幅の $\frac{1}{2}$ 以下とした。

(4)　軒先の瓦棒の先端に設ける桟鼻は，キャップと溝板の立上がり部分でつかみ込んで取り付けた。

《H28-37》

□□□ **5**　金属製折板葺き屋根工事に関する記述として，**最も不適当なもの**はどれか。

(1)　タイトフレームの割付けは，両端部の納まりが同一となるように建物の桁行き方向の中心から行い，墨出しを通りよく行った。

(2)　タイトフレームの受梁が大梁で切れる部分の段差には，タイトフレームの板厚と同厚の部材を添え材として用いた。

(3)　水上部分の折板と壁との取合い部に設ける雨押えは，壁際の立上りを 150 mm とし，雨押えの先端に止水面戸を取り付けた。

(4)　軒先の落とし口は，折板の底幅より小さく穿孔し，テーパー付きポンチで押し広げ，10 mm の尾垂れを付けた。

《R3-33》

[解説]

1　(1)　水上部分と壁との取合い部に設ける雨押えは，壁際立上がりを 120 mm 程度とする。

2　(1)　端部用のタイトクレームは，けらば包みの下地として，間隔を 1,000 mm 以下で取付ける。

3　(4)　平葺の吊子は，葺板と同種同厚の材とし，幅 30 mm，長さ 70 mm とする。

4　(1)　一般部は，通し吊子間に，両端を立ち上げた溝板を設置するため，通し吊子をすべて留め付けると，溝板が取り付けられない。

5　(3)　止水面戸は，折板の水上端部に取り付ける。

【正解】　**1**：(1)，**2**：(1)，**3**：(4)，**4**：(1)，**5**：(3)

■▶ **必修基本問題** ◀ **3・12 屋 根 工 事**

1　金属製折板葺屋根工事に関する記述として，**最も不適当なもの**はどれか。

(1)　けらば包みの継手位置は，けらば用タイトフレーム間の中央付近とした。

(2)　屋根の勾配が小さいので，軒先に 15°の尾垂れを付けた。

(3)　水上の先端部分には，雨水を止めるために止水面戸を設けた。

(4)　水上部分と壁との取合い部に設ける雨押えは，壁際立上りを 150mm とした。

(H23-37)

2　金属製折板葺屋根工事に関する記述として，**最も不適当なもの**はどれか。

(1)　重ね形折板の重ね部分の緊結ボルトは，流れ方向の間隔を 600mm とした。

(2)　端部用タイトフレームは，けらば包みの下地として，間隔を 1,800mm で取り付けた。

(3)　けらば包みの継手は，60mm 以上重ね合わせ，間に定形シール材を挟み込んで留めた。

(4)　軒先の落とし口は，折板の底幅より小さく穿孔し，テーパー付きポンチで押し広げ，5mm の尾垂れを付けた。

(R1-37)

3　心木なし瓦棒葺に関する記述として，**最も不適当なもの**はどれか。

(1)　軒先と平行に張り付ける下葺きアスファルトルーフィングは，流れ方向の重ね幅を 100mm とし，ステープル釘での仮止め間隔は 300mm 程度とした。

(2)　通し吊子の鉄骨母屋への取付けは，平座金を付けたドリリングタッピンねじで，下葺，野地板を貫通させ母屋に固定した。

(3)　キャップは，溝板と通し吊子になじみよくはめ込み，均一かつ十分にはぜ締めを行った。

(4)　水上部分と壁との取合い部に設ける雨押えは，壁際立上がりを 45mm とした。

(H24-37)

4　金属板葺屋根工事に関する記述として，**最も不適当なもの**はどれか。

(1)　平葺の小はぜ掛けは，上はぜの折返し幅を 15mm，下はぜの折返し幅を 10mm とした。

(2)　横葺の葺板の継手位置は，縦に一直線状とならないよう千鳥に配置した。

(3)　平葺の吊子は，葺板と同種同厚の材とし，幅 30mm，長さ 70mm とした。

(4)　塗装溶融亜鉛めっき鋼板を用いた金属板葺きのドリルねじ等の留付け用部材には，亜鉛めっき製品を使用した。

(H29-37)

5 心木なし瓦棒葺に関する記述として，**最も不適当なもの**はどれか。

(1) けらば納めの端部の長さは，瓦棒の働き幅の $\dfrac{2}{3}$ とした。

(2) 通し吊子の鉄骨母屋への取付けは，平座金を付けたドリルねじで，下葺，野地板を貫通させ母屋に固定した。

(3) 棟部の納めに棟包みを用い，棟包みの継手をできるだけ瓦棒に近い位置とした。

(4) 水上部分と壁との取合い部に設ける雨押えは，壁際立上がりを150mmとした。

(H30-37)

6 金属製折板葺屋根工事に関する記述として，**最も不適当なもの**はどれか。

(1) タイトフレームの下地への溶接は，タイトフレームの立上り部分の縁から10mm残し，底部両側を隅肉溶接とした。

(2) 軒先の折板の先端部には，下底を15度程度曲げて尾垂れを付けた。

(3) けらば包みの継手は，60mm以上重ね合わせ，間に定形シール材を挟み込んで留めた。

(4) 重ね形折板の重ね部分の緊結のボルトは，流れ方向の間隔を900mmとした。

(H25-37)

正解とワンポイント解説

1 (1) けらば包みの継手位置は，できるだけタイトフレームに近い位置とする。

2 (2) 端部用のタイトフレームは，けらば包みの下地として，間隔を1,000mm以下で取付ける。

3 (2) 通し吊子の取付けは，平座金を付けたドリリングタッピンねじで，下葺き，野地板を貫通させて鉄骨母屋に固定する。

(3) キャップは，溝板と通し吊子になじみよくはめ込み，通し吊子および溝板につかみ込み，二重はぜとし，はぜ締機などにより，均一かつ十分に締め付ける。

(4) 水上部分と壁との取合い部に設ける雨押えは，壁際立上がりを120mm程度とする。

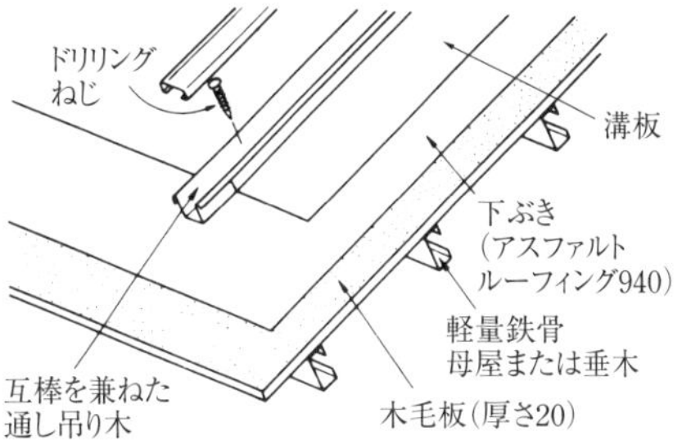

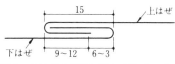

図1 かわら棒ぶき（心木なし）

図2 こはぜの折返し幅の寸法（mm）

4 (1) こはぜ掛けの折り返し幅の寸法は，上はぜ12mm，下はぜ15mm程度とし，はぜの間に3～6mm程度の隙間をつくるように掛け合わせる。

5 (1) けらば納めの端部の長さは，瓦棒の働き幅の $\dfrac{1}{2}$ 以下とする。

6 (4) 重ね形折板の重ね部分の緊結のボルトは，流れ方向の間隔を600mm以下とする。

【正解】 **1**:(1)，**2**:(2)，**3**:(4)，**4**:(1)，**5**:(1)，**6**:(4)

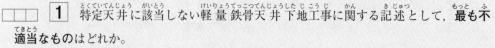

3·13　金　属　工　事

［最近出題された問題］

□□□ **1** 特定天井に該当しない軽量鉄骨天井下地工事に関する記述として，**最も不適当なもの**はどれか。

(1)　天井のふところが1,500mm以上あったため，吊りボルトの振れ止めとなる水平方向の補強は，縦横間隔を1,800mm程度とした。

(2)　下り壁による天井の段違い部分は，2,700mm程度の間隔で斜め補強を行った。

(3)　下地張りのある天井仕上げの野縁は，ダブル野縁を1,800mm程度の間隔とし，その間に4本のシングル野縁を間隔を揃えて配置した。

(4)　野縁は，野縁受にクリップ留めし，野縁が壁と突付けとなる箇所は，野縁受からのはね出しを200mmとした。

《R5-34》

□□□ **2** 軽量鉄骨壁下地に関する記述として，**最も不適当なもの**はどれか。

(1)　鉄骨梁に取り付く上部ランナーは，耐火被覆工事の後，あらかじめ鉄骨梁に取り付けられた先付け金物に溶接で固定した。

(2)　コンクリート壁に添え付くスタッドは，上下ランナーに差し込み，コンクリート壁に打込みピンで固定した。

(3)　区分記号65形のスタッド材を使用したそで壁端部は，垂直方向の補強材の長さが4.0mを超えるので，スタッド材を2本抱き合わせて溶接したもので補強した。

(4)　振れ止めは，床ランナーの下端から間隔約1,200mmごとに取り付け，上部ランナーの上端から400mm以内に位置するものは取付けを省略した。

《H29-38》

□□□ **3** 軽量鉄骨壁下地に関する記述として，**最も不適当なもの**はどれか。

(1)　鉄骨梁に取り付く上部ランナーは，耐火被覆工事の後，あらかじめ鉄骨梁に取り付けられた先付け金物に溶接で固定した。

(2)　コンクリート壁に添え付くスタッドは，上下のランナーに差し込み，コンクリート壁に打込みピンで固定した。

(3)　スタッドは，上部ランナーの上端とスタッド天端との隙間が15mmとなるように切断した。

(4)　上下のランナーの間隔が3mの軽量鉄骨壁下地に取り付ける振れ止めの段数は，2段とした。

《R2-38》

□□□ **4** 特定天井に該当しない軽量鉄骨天井下地工事に関する記述として，**最も不適当な**ものはどれか。

(1) 下地張りがなく，野縁が壁に突付けとなる場所に天井目地を設けるため，厚さ0.5 mm のコ形の亜鉛めっき鋼板を野縁端部の小口に差し込んだ。

(2) 屋内の天井のふところが1,500 mm 以上ある吊りボルトは，縦横方向に間隔3.6 m で補強用部材を配置して水平補強した。

(3) 吊りボルトの間隔が900 mm を超えたため，その吊りボルトの間に水平つなぎ材を架構し，中間から吊りボルトを下げる2段吊りとした。

(4) 下地張りのある天井仕上げの野縁は，ダブル野縁を1,800 mm 程度の間隔とし，その間に4本のシングル野縁を間隔を揃えて配置した。

《R3-34》

□□□ **5** 特定天井に関する記述として，**最も不適当な**ものはどれか。

ただし，特定天井の構造方法は仕様ルートによるものとする。

(1) 野縁受けの接合は，相互にジョイントを差し込んだうえでねじ留めとし，ジョイント部を1 m 以上の間隔で千鳥状に配置した。

(2) 吊り材は，天井面の面積1 m² 当たり1本以上とし，釣合いよく配置した。

(3) 勾配屋根における吊り材は，勾配をもつ屋根面に対して垂直に設置した。

(4) 地震時に有害な応力集中を生じさせないため，天井面の段差部分にクリアランスを設けた。

《R1-38》

［解説］

1 (4) 野縁が壁と突付けになる箇所は，野縁受けからのはね出しを150 mm とする。

2 (3) そで壁の端部の補強は，使用するスタッドの種類に応じて，出入口などの開口部に用いる垂直方向の補強材と同材を，スタッドに溶接などで固定し補強する。

3 (3) スタッドは，上部ランナーの上端とスタッド天端のすき間が10 mm 以下となるように切断する。

4 (2) 天井のふところが1,500 mm 以上の場合は，縦横間隔1,800 mm 程度に吊りボルトと同材または［－19×10×1.2 以上を用いて，吊りボルトの水平補強と斜め補強を行う。

5 (3) 吊り材は，鉛直に吊るされるもので，その先端にハンガー等で野縁受けを取り付けるため，物理的に吊り材を屋根に対して垂直に設置できない。

【正解】 1 : (4)，2 : (3)，3 : (3)，4 : (2)，5 : (3)

■ **必修基本問題** ◀ **3・13 金 属 工 事**

1 軽量鉄骨天井下地工事に関する記述として，**最も不適当なもの**はどれか。

(1) 屋内の天井のふところが 1,500mm 以上ある吊りボルトは，径が 6mm の丸鋼を用いて振れ止め補強を行った。

(2) 下り壁による天井の段違い部分は，2,700mm 程度の間隔で斜め補強を行った。

(3) 照明器具の開口のために，野縁及び野縁受けを切断したので，それぞれ同材で補強した。

(4) 野縁受け用のハンガーは，吊りボルトにナット 2 個を用いて挟み込んで固定した。

(H24-38)

2 軽量鉄骨壁下地に関する記述として，**最も不適当なもの**はどれか。

(1) ランナーは，両端部は端部から 50mm 内側で固定し，中間部は 900mm 間隔で固定した。

(2) スタッドは，上下ランナーに差し込み，半回転させて取り付けた。

(3) スタッドの間隔は，ボード 2 枚張りの場合は 600mm とし，ボード 1 枚張りの場合は 300mm とした。

(4) スタッドの建込み間隔の精度は，±5mm とした。

(H23-38)

3 金属の表面処理に関する記述として，**最も不適当なもの**はどれか。

(1) 海岸近くの屋外に設ける鋼製手摺は，電気亜鉛めっきとし塗装を省略した。

(2) ステンレスと銅合金の接触腐食防止処置として，銅合金を塩化ビニル材で被覆した。

(3) ステンレスとアルミニウムの接触腐食防止処置として，アルミニウムにアクリル系の塗料を塗布した。

(4) ステンレスのヘアライン仕上げは補修が比較的容易なので，取付け後についた軽微な傷は現場で補修した。

(H19-38)

4 軽量鉄骨壁下地に関する記述として，**最も不適当なもの**はどれか。

(1) ランナーを軽量鉄骨天井下地に取り付ける場合は，タッピンねじの類又は溶接で，間隔 900mm 程度に固定する。

(2) スペーサーは，各スタッドの端部を押さえ，間隔 600mm 程度に留め付ける。

(3) スタッドは，上部ランナーの上端とスタッド天端のすき間が 20mm 程度となるように切断する。

(4) 振止めは，床面から 1,200mm 程度の間隔でスタッドに引き通し，スペーサーで固定する。

(H25-38)

5　軽量鉄骨壁下地に関する記述として，**最も不適当なもの**はどれか。

(1)　ランナーは，両端部は端部から 50mm 内側で固定し，中間部は 900mm 間隔で固定した。

(2)　振れ止めは，床ランナーから 1,200mm 間隔で，スタッドに引き通し，固定した。

(3)　スタッドの建込み間隔の精度は，±5mm とした。

(4)　スペーサーは，各スタッドの端部を押さえ，900mm 間隔に留め付けた。

(H30-38)

正解とワンポイント解説

1　(1)　天井のふところが 1,500mm 以上の場合は，縦横間隔 1,800mm 程度に吊りボルトと同材
　　または〔−19×10×1.2 以上を用いて，吊りボルトの水平補強と斜め補強を行う。

(2)　下がり壁，間仕切壁等を境として，天井に段違いがある場合は，野縁受けと同材または
　　L−30×30×3 程度で，間隔 2,700mm 程度に斜め補強を行う。

(3)　照明器具，ダクト吹出し口等の開口のために，野縁または野縁受けが切断された場合は，
　　同材で補強する。

(4)　野縁受け用のハンガーは，吊りボルトにナット 2 個を用いて挟み込んで固定し，これに
　　野縁をクリップを用いて留め付ける。

2　(3)　スタッドの間隔は，

　　i) 下地のある場合：450mm 程度（ボードの 2 枚張りなど）

　　ii) 仕上げ材直張り：300mm 程度

3　(1)　亜鉛めっき法には，電気めっきと溶融めっきの二つの方法があるが，電気亜鉛めっき法
　　は，めっき層が薄く短時間に防錆効果が失われる。

(4)　ステンレスのヘアライン仕上げ（HL 仕上げ）は，加工後生じた傷や溶接部分等に対し
　　て容易に補修できるが，錆等がつきやすい。

4　(3)　スタッドは，上部ランナーの上端とスタッド天端のすき間が 10mm 以下となるように
　　切断する。

5　(4)　スペンサーは，各スタッドの端部を押さえ，600mm 程度の間隔で留め付ける。

【正解】　1：(1)，2：(3)，3：(1)，4：(3)，5：(4)

3·14　左官工事

[最近出題された問題]

□□□ **1** 建築用仕上塗材の主材の一般的な塗付け工法に関する記述として，**最も不適当なもの**はどれか。

(1) 内装厚塗材Cのスタッコ状仕上げは，吹付け工法又はこて塗り工法により行う。

(2) 内装薄塗材Wの京壁状じゅらく仕上げは，ローラー塗り工法により行う。

(3) 可とう形外装薄塗材Eのさざ波状仕上げは，ローラー塗り工法により行う。

(4) 防水形複層塗材Eのゆず肌状仕上げは，ローラー塗り工法により行う。

《H27-39》

□□□ **2** 防水形合成樹脂エマルション系複層仕上塗材（防水形複層塗材E）仕上げに関する記述として，**最も不適当なもの**はどれか。

(1) 上塗材は，0.3kg/m² を2回塗りとした。

(2) 主材の基層塗りは，1.7kg/m² を2回塗りとした。

(3) 出隅，入隅，目地部，開口部まわり等に行う増塗りは，主材塗りの後に行った。

(4) 主材の凹凸状の模様塗りは，見本と同様になるように，吹付け工法により行った。

《R4-35》

□□□ **3** 内壁コンクリート下地のセメントモルタル塗りに関する記述として，**最も不適当なもの**はどれか。

(1) 下塗りは，吸水調整材の塗布後，乾燥を確認してから行った。

(2) 下塗り用モルタルの調合は，容積比でセメント1：砂3とした。

(3) 下塗り後の放置期間は，モルタルの硬化が確認できたため，14日間より短縮した。

(4) 中塗りや上塗りの塗厚を均一にするため，下塗りの後に，むら直しを行った。

《R5-35》

□□□ **4** 内壁コンクリート下地のセメントモルタル塗りに関する記述として，**最も不適当なもの**はどれか。

(1) 中塗りや上塗りの塗厚を均一にするため，下塗りの後に，むら直しを行った。

(2) モルタルの塗厚は，下塗りから上塗りまでの合計で30mm とした。

(3) 下地処理をポリマーセメントペースト塗りとしたため，乾燥しないうちに下塗りを行った。

(4) 下塗り用モルタルの調合は，容積比でセメント1：砂2.5とした。

《R3-35》

□□□ **5** 防水形合成樹脂エマルション系複層仕上塗材（防水形複層塗材 E）仕上げに関する記述として，**最も不適当なもの**はどれか。

(1) 下塗材は，0.2kg/m² を 1 回塗りで，均一に塗り付けた。

(2) 主材の基層塗りは，1.2kg/m² を 1 回塗りで，下地を覆うように塗り付けた。

(3) 主材の模様塗りは，1.0kg/m² を 1 回塗りで，見本と同様の模様になるように塗り付けた。

(4) 上塗材は，0.3kg/m² を 2 回塗りで，色むらが生じないように塗り付けた。

《R2-39》

［解説］

1 (2) 薄付け仕上げ塗材は，吹付け工法とローラー工法があるが，砂壁状や凹凸状の仕上げは吹付け工法が，ゆず肌状やさざ波状などの仕上げはローラー仕上げが一般的である。

京壁状じゅらく仕上げは砂壁状の仕上げなので，吹付け工法が一般的である。

2 (3) 増塗りは，主材塗りの前に行う。

3 (2) 下塗り用モルタルの調合は，容積比でセメント 1：砂 2.5 である。

4 (2) 内壁のモルタルの塗厚の合計は，20mm を標準とする。

表1　調合（容積比）および塗り厚の標準値（建築工事標準仕様書より）

下　地	施工箇所		下塗りラスこすり		むら直し		上塗り中塗り			塗り厚の標準値〔mm〕
			セメント	砂	セメント	砂	セメント	砂	混和材	
コンクリート，コンクリートブロック，れんが	床	仕上げ	—	—	—	—	1	2.5	—	30
		張り物下地	—	—	—	—	1	3	—	
	内　壁		1	2.5	1	3	1	3	適量	20
			（注）1							
	外壁その他（天井の類を除く）		1	2.5	1	3	1	3	—	25
ラスシート，ワイヤラス，メタルラス	内　壁		1	2.5	1	3	1	3	適量	15
			（注）1							
	外　壁		1	2.5	1	3	1	3	—	20

注　1. 内壁下塗り用軽量モルタルは，細骨材を砂に代えてセメント混和用軽量発泡骨材とし，塗り厚は5mm以内とする。

　　2. ラスこすりの場合は，必要に応じて，すさを混入することができる。

　　3. ラスこすりは，ラスの厚さより1mm程度厚くする。

　　4. ラスこすりは，塗り厚に含まない。

　　5. ビニル床シート，ビニル床タイル等の場合は，床モルタルの塗り厚さには，張り物材の厚さを含む。

5 (2) 主材の基層塗りは，所要量を 1.7kg/m² とし，2 回塗りとする。

【正解】　**1**：(2)，**2**：(3)，**3**：(2)，**4**：(2)，**5**：(2)

必修基本問題 ◀ 3・14 左 官 工 事

建築施工

1 コンクリート壁の現場調合のセメントモルタル塗りに関する記述として，**最も不適当なもの**はどれか。

(1) 下塗りは，吸水調整材を塗布後1時間以上おいた後に，乾燥を確認してから行った。

(2) モルタルの収縮によるひび割れを防ぐため，できるだけ粒径の小さい骨材を用いた。

(3) 中塗り用のモルタルは，セメントと砂の調合（容積比）を1:3とした。

(4) 総塗り厚が35mmを超えるので，アンカーピンを打ち込んで金網を取り付け，補修塗りを行った。

(H24-39)

2 防水形合成樹脂エマルション系複層仕上塗材（防水形複層塗材E）仕上げに関する記述として，**最も不適当なもの**はどれか。

(1) 下塗材の所要量は，試し塗りを行い，0.2kg/m² とした。

(2) 出隅及び入隅の増塗りは，はけ又はローラーにより，端部で段差のないように塗り付けた。

(3) 主材の基層塗りは2回塗りとし，所要量を 1.7kg/m² とした。

(4) 凸部処理は，主材の模様塗り後24時間経過してから行った。

(H28-39)

3 セルフレベリング材塗りに関する記述として，**最も不適当なもの**はどれか。

(1) 下地コンクリートの乾燥期間は，コンクリート打込み後1箇月とした。

(2) セルフレベリング材を塗る前に吸水調整材（シーラー）塗りを2回行い，乾燥させた。

(3) コンクリート床面のセルフレベリング材の塗り厚を10mmとした。

(4) セルフレベリング材塗り後，硬化するまでの間は，窓などを開放して塗り面に風がよく当たるようにした。

(H22-39)

4 建築用仕上塗材の主材の一般的な塗付け工法に関する記述として，**最も不適当なもの**はどれか。

(1) 複層塗材Eの凹凸状仕上げは，ローラー塗り工法により行う。

(2) 可とう形外装薄塗材Eのさざ波状仕上げは，ローラー塗り工法により行う。

(3) 軽量骨材仕上塗材の砂壁状仕上げは，吹付け工法により行う。

(4) 内装薄塗材Eの平坦状仕上げは，こて塗り工法により行う。

(H25-39)

5　内壁コンクリート下地のセメントモルタル塗りに関する記述として，**最も不適当なものはど**れか。

　(1)　モルタルの塗厚の合計は，20mm を標準とした。

　(2)　下塗りは，吸水調整材の塗布後，乾燥を確認してから行った。

　(3)　下塗り用モルタルの調合は，容積比でセメント 1：砂 3 とした。

　(4)　中塗りや上塗りの塗厚を均一にするため，下塗りの後に，むら直しを行った。

(R1-39)

正解とワンポイント解説

1　(1)　吸水調整材塗布後，下塗りまでの間隔は施工時の気象状況などで異なるが，一般的には 1 時間以上とする。

　(2)　骨材に用いる砂の最大寸法は，塗厚の半分以下のものを使用する。また，塗厚に支障のない限り，粒径の大きいものを使用する。これは，モルタル中の水量を低く抑え，ひび割れを防ぐためである。

　(3)　セメントと砂の調合（容積比）は，下塗りで 1：2.5，中塗り・上塗りで 1：3 とする。

　(4)　総塗り厚はコンクリート壁では 25mm 以下を標準としているが，25mm 以上になる場合には，ステンレス製アンカーピンを打ち込み，ステンレス製ラスを張るか，溶接金網，ネット等を取り付け，安全性を確保したうえで塗り付ける。

2　(4)　凸部処理は，主材の模様塗り後，1 時間以内に，コテまたはローラー押えによって行う。

3　(1)　下地コンクリートの乾燥収縮に起因するひび割れや浮きを防止するため，下地コンクリートの乾燥期間は，打込み後 1 箇月以上とされている。

　(2)　耐水性がないため，シーラーは十分すり込むように塗り付け，最終のシーラーを塗った後は，十分乾燥させる。

　(3)　普通の塗り厚は 10～15mm であるが，5mm 程度の薄塗り施工が可能である。

　(4)　セルフレベリング材が硬化する前に風が当たると，表層部分が動いてしわが発生する場合がある。作業中および施工後は，通風を避ける。

4　(1)　複層仕上げ塗材の塗付け工法には，吹付け工法とローラー工法があるが，凹凸状の仕上げは吹付け工法が，ゆず肌状の仕上げはローラー仕上げが一般的である。

表 2　薄付け仕上塗装の工法と仕上

工　　法	仕　　上
吹付け工法	・砂壁状 ・凹凸状
ローラー工法	・ゆず肌状 ・さざ波状

5　(3)　下塗り用モルタルの調合は，容積比でセメント 1：砂 2.5 である。

【正解】　1：(2)，2：(4)，3：(4)，4：(1)，5：(3)

建築施工

3·15　建 具 工 事

[最近出題された問題]

1　鋼製建具に関する記述として，**最も不適当な**ものはどれか。

(1)　ステンレス鋼板製のくつずりは，表面仕上げをヘアラインとし，厚さを1.5mmとした。

(2)　丁番やピポットヒンジなどにより，大きな力が加わる建具枠の補強板は，厚さを2.3mmとした。

(3)　外部に面する両面フラッシュ戸の見込み部は，下部を除いた三方を表面板で包んだ。

(4)　外部に面する両面フラッシュ戸の表面板は，鋼板製のものを用い，厚さを0.6mmとした。

《R1-40》

2　アルミニウム製建具に関する記述として，**最も不適当な**ものはどれか。

(1)　連窓の取付けは，ピアノ線を張って基準とし，取付け精度を2mm以内とした。

(2)　建具枠に付くアンカーは，両端から逃げた位置にあるアンカーから，間隔を500mm以下で取り付けた。

(3)　外部建具周囲の充填モルタルは，NaCl換算0.04%（質量比）以下まで除塩した海砂を使用した。

(4)　水切り及び膳板は，アルミニウム板を折曲げ加工するため，厚さを1.2mmとした。

《R4-36》

3　鋼製建具に関する記述として，**最も不適当な**ものはどれか。

ただし，1枚の戸の有効開口は，幅950mm，高さ2,400mmとする。

(1)　外部に面する両面フラッシュ戸の表面板は鋼板製とし，厚さを1.6mmとした。

(2)　外部に面する両面フラッシュ戸の見込み部は，上下部を除いた左右2方を表面板で包んだ。

(3)　たて枠は鋼板製とし，厚さを1.6mmとした。

(4)　丁番やピポットヒンジ等により，大きな力が加わる建具枠の補強板は，厚さを2.3mmとした。

《R5-36》

4　アルミニウム製建具工事に関する記述として，**最も不適当な**ものはどれか。

(1)　表面処理が着色陽極酸化皮膜のアルミニウム製部材は，モルタルに接する箇所の耐アルカリ性塗料塗りを省略した。

(2)　外部建具周囲の充填モルタルは，NaCl換算 0.04％（質量比）まで除塩した海砂を使用した。

(3)　建具枠のアンカーは，両端から逃げた位置から，間隔を 500mm 以下で取り付けた。

(4)　水切りと下枠との取合いは，建具枠まわりと同一のシーリング材を使用した。

《R2-40》

［解説］

1　(4)　鋼板は，大きな力のかかる部分は厚さ 2.3mm 以上，その他は 1.6mm 以上とする。

2　(4)　一般的に，アルミニウム板は折り曲げ加工を行わない。水切りやぜん板には，押出形材を用いる。また，厚さは 1.5mm 以上とする。

3　(2)　下部を除いた三方を表面板で包む。

4　(1)　着色陽極酸化皮膜のアルミニウム製部材は，耐アルカリ性塗料塗りを行う。

表1　鋼製建具の枠類の組立て

名　称	工　法
枠	隅は胴づきまたは留め，下部は胴づきとし，外部（水掛かりを含む）に面するものは溶接とする。ただし，屋内において加工組立てが必要な場合は，溶接にかえて小ねじどめ（裏板厚さ 2.3mm 以上）によることができる。
くつずり	外部（水掛かりを含む）に面するものは，両端を縦枠より延ばし，屋内は，縦枠内に納め裏面で溶接する。
水切り板	両端は，水返し付き，枠にねじどめまたは溶接する。
中鴨居，無目	両端は胴づき溶接，雨掛かり箇所は，原則として見掛かりを避け胴づき部をすべて溶接する。
方立	両端は，胴づき溶接とする。
額縁，ぜん板	隅は留めとして溶接または縦延ばし胴づき溶接とし，表面を平らに仕上げる。ぜん板は，胴づきとすることができる。
枠類のつなぎ補強板	枠，くつずり，水切り板等には，見隠れ部につなぎ補強板を，両端を押さえ間隔 600mm 以下に取り付ける。
金物取合い補強板	枠に丁番，ドアクローザ，ピボットヒンジ等の取り付く箇所は裏面に補強板を取り付ける。
アンカー	間隔は，枠類のつなぎ補強板に合わせ，原則としてつなぎ補強板と一体のものとする。

表2　鋼製建具の戸の組立て

名　称	工　法
かまち	(1)　縦がまちと上がまちの取合いは，留めまたは胴づきとし，溶接または小ねじどめとする。小ねじどめの場合は，裏面に補強板を当てる。その他は，胴づき溶接とする。
	(2)　1枚板を中抜きする場合は，四隅を溶接する。
	(3)　下がまちは，下部を包まず円形の力骨を通してはめ込み，溶接または小ねじどめとする。
鋼板	表面板は，力骨および中骨にかぶせ，溶接または小ねじどめ，あるいは中骨には表面からの溶接にかえて構造用接合テープを用いる。押縁は，小ねじどめ，外部に面する両面フラッシュ戸は，下部を除き，三方の見込み部を表面板で包む。
力骨および中骨	力骨は戸の四周に設け中骨の間隔は 300mm 以下とする。
金物取合い補強板	錠，丁番，ドアクローザ，ピボットヒンジ等の取り付く箇所は，裏面に補強板を取り付ける。

【正解】　1：(4)，2：(4)，3：(2)，4：(1)

■▶ **必修基本問題** ◀ **3・15 建 具 工 事**

1 自動扉に関する記述として，**最も不適当なもの**はどれか。

(1)　スライディングドアなので，開速度，閉速度とも 500mm/s に設定した。

(2)　取付け及び調整完了後，ドアを手で 100N 以下の力で開けられるか確認した。

(3)　押しボタンスイッチ式のスライディングドアには，安全性を考慮して，補助センサーを設置した。

(4)　車いす使用者用の押しボタンスイッチは，ドアより 90cm 後退した位置で，床より 110cm の高さに設置した。

(H24-40)

2 アルミニウム製建具工事に関する記述として，**最も不適当なもの**はどれか。

(1)　枠に付着した油類の汚れは，エチルアルコールを 5～10％加えた温湯を用いて清掃した。

(2)　表面処理が陽極酸化塗装複合皮膜のアルミニウム製部材は，モルタルに接する箇所の耐アルカリ性塗料塗りを省略した。

(3)　外部建具周囲の充填モルタルには，NaCl 換算 0.06％（質量比）まで除塩した海砂を使用した。

(4)　建具の仕口の組立ては，シート状の成形シール材を挟んで，タッピンねじ止めとした。

(H28-40)

3 防煙シャッターに関する文章中，　　　　に当てはまる用語の組合せとして，**適当なもの**はどれか。

「防煙シャッターは遮煙を目的とするので，スラットの形式は　①　形になっている。

また，　ロ　スイッチは，リミットスイッチが故障したときにシャッターを停止させるスイッチであり，事故によるシャッターの急激な落下を防止する装置としては，　ハ　安全装置を取付けるのが一般的である。」

	①	ロ	ハ
(1)	インターロッキング	ガ バ ナ ー	エマージェンシー
(2)	インターロッキング	エマージェンシー	ガ バ ナ ー
(3)	オーバーラッピング	エマージェンシー	ガ バ ナ ー
(4)	オーバーラッピング	ガ バ ナ ー	エマージェンシー

(基 本)

4 アルミニウム製建具に関する記述として，**最も不適当なもの**はどれか。

(1)　建具の組立てにおいて，隅部の突付け部分はシート状の止水材を使用した。

(2) 見え隠れ部分で使用する補強材に，亜鉛めっき処理した鋼材を使用した。

(3) 水切り，ぜん板は，アルミニウム板を折曲げ加工するので，厚さを 1.2mm とした。

(4) 建具枠のアンカーは，両端から逃げた位置から，間隔を 500mm 以下で取り付けた。

(H30-40)

正解とワンポイント解説

1 (1) スライディングドア用自動ドアの開閉装置の性能のうち開閉速度については，開速度は 500mm/s 以下，閉速度は 350mm/s 以下とする。特に高齢者・障害者等の利用を考慮した多機能便所出入口の場合は，開速度は 400mm/s 以下，閉速度は 250mm/s 以下とする。

(2) 手動開き力（ドアを手で開閉する際の力）は，100N 以下とする。

(4) 車いす使用者の押しボタンスイッチは，押しやすい形状とし，ドアより 70～100cm 後退した位置で，床より 60～120cm の高さに設置する。

2 (3) 外部建具周囲の充填モルタルは，NaCl 換算 0.04%（質量比）以下とする。

3 シャッターのスラット形式は，インターロッキング形とする。ただし，防煙シャッターの場合は，オーバーラッピング形とする。

エマージェンシースイッチ（安全スイッチ，非常用スイッチ）は，リミットスイッチが故障した場合に作動し，シャッターを停止させるスイッチである（図1）。事故によるシャッターの急激な落下を防止する装置としては，ガバナー安全装置を取り付けるのが一般的であり，ワイヤロープ式の場合には，ブレーキ安全装置を用いることもある。

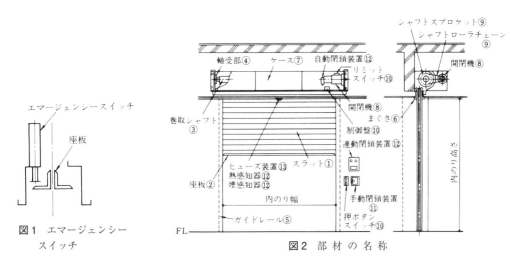

図1 エマージェンシースイッチ

図2 部材の名称

4 (3) 一般的に，アルミニウム板は折り曲げ加工を行わない。水切りやぜん板には，押出形材を用いる。また，厚さは 1.5mm 以上とする。

【正解】 **1**：(1)， **2**：(3)， **3**：(3)， **4**：(3)

必修基本問題 ◀ **3・15 建具工事**

5 ガラス工事に関する次の記述のうち，**不適当なもの**はどれか。

(1) ガラスのはめ込みにグレイジングガスケットを用いたので，これを伸ばさないようにし，各隅を確実に留め付けた。

(2) 外部に面するサッシに網入ガラスを用いたので，下辺小口及び縦小口下端より高さの1/4まで防錆処理をした。

(3) 厚さ5mmのフロート板ガラスをはめ込むため，面クリアランスを3mm程度とした。

(4) ガラスとガラスの突付け部に，変成シリコーン系シーリング材を用いた。

(基 本)

6 メタルカーテンウォール工事に関する一般的な記述として，**最も不適当なもの**はどれか。

(1) 床面に取り付けるファスナーのボルト孔は，躯体の施工誤差を吸収するため，ルーズホールとした。

(2) 部材の熱伸縮による発音を防止するため，滑動する金物間に摩擦低減材を挟んだ。

(3) パネル材は，脱落防止のために3箇所以上仮止めし，本止め後速やかに仮止めボルトを撤去した。

(4) 組立て方式は，すべての構成部材を工場で組み立てるノックダウン方式とした。

(H23-44)

7 メタルカーテンウォール工事に関する一般的な記述として，**最も不適当なもの**はどれか。

(1) アルミニウム合金形材で長さ3mの単一材の長さの寸法許容差は，±3.0mmとした。

(2) ファスナーを緊結する躯体付け金物は，あらかじめ各階の型枠に取り付け，コンクリートを打込み固定した。

(3) 形材の取付けは，脱落しないよう仮止めボルトで2箇所以上仮止めし，本止め後，仮止めボルトを速やかに撤去した。

(4) 屋内側の鋼製ファスナーは，12μm以上の厚さの電気亜鉛めっきを施した。

(H25-44)

5 (3) 板ガラスをはめ込むガラス溝の大きさの標準は，表3のとおりである。

表3 ガラス溝の大きさ（mm）

ガラス留め材	ガラス (t)	面クリアランス (a)	エッジクリアランス (b)		掛かりしろ (c)	備考
			固定部	可動部		
シーリング材	単板ガラス6.8以下	3.5程度	4程度		6.5以上	単板ガラスの場合
	単板ガラス8及び10	5程度	上 6程度	3程度	ガラス厚さ以上	
			縦 5程度	3程度		
			下 7以上			
	複層ガラス8未満	5以上	上 6程度	3程度	15以上	
			縦 5程度	3程度		
			下 7以上			
	複層ガラス8及び10	5以上	上 6程度	3程度	t+9以上	複層ガラスの場合
			縦 5程度	3程度		
			下 7以上			
グレイジングガスケット	単板ガラス6.8以下	3程度	4程度		6.5以上	
	複層ガラス8未満	5以上	上 6程度	3程度	15以上	
			縦 5程度	3程度		
			下 7以上			

（注）　複層ガラスのガラス厚(t)は，外側のガラス厚さとする。

　　(4)　ガラスとガラスの突付け部では，シリコーン系シーリング材を用いる。

6 (4) ノックダウン方式とは現地組立て方式を意味する。

7 (1) 長さ3mの単一材の長さの寸法許容差は±1.5mmである。

【正解】 5 ：(4)， 6 ：(4)， 7 ：(1)

建築施工

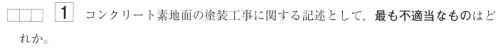

3·16　塗　装　工　事

［最近出題された問題］

□□□ **1** コンクリート素地面の塗装工事に関する記述として，**最も不適当なもの**はどれか。

(1) 合成樹脂エマルションペイント塗りにおいて，塗料に流動性をもたせるため，水で希釈して使用した。

(2) 2液形ポリウレタンエナメル塗りにおいて，気温が20℃であったため，下塗り及び中塗りの工程間隔時間を3時間とした。

(3) アクリル樹脂系非水分散形塗料塗りにおいて，下塗り，中塗り，上塗りともに同一材料を使用し，塗付け量はそれぞれ0.10kg/m² とした。

(4) つや有合成樹脂エマルションペイント塗りにおいて，気温が20℃であったため，中塗りの工程間隔時間を5時間とした。

《R1-41》

□□□ **2** 金属系素地面の塗装工事に関する記述として，**最も不適当なもの**はどれか。

(1) 屋内の鉄鋼面の見え掛り部分のつや有り合成樹脂エマルションペイント塗りにおいて，2回目の錆止め塗装の前に，研磨紙ずりを行い付着物を除去した。

(2) 屋内のつや有り合成樹脂エマルションペイント塗りにおいて，流動性を向上させるため，溶剤で希釈して使用した。

(3) 2液形ポリウレタンエナメル塗りにおいて，中塗りの工程間隔時間の上限は7日とした。

(4) 屋内の鉄鋼面の合成樹脂調合ペイント塗りにおいて，鉛・クロムフリーさび止めペイント1種の錆止め塗料を使用した。

《H26-41》

□□□ **3** 塗装工事に関する記述として，**最も不適当なもの**はどれか。

(1) 屋外の木質系素地面の木材保護塗料塗りにおいて，原液を水で希釈し，よく撹拌して使用した。

(2) 亜鉛めっき鋼面の常温乾燥形ふっ素樹脂エナメル塗りにおいて，下塗りに変性エポキシ樹脂プライマーを使用した。

(3) コンクリート面のアクリル樹脂系非水分散形塗料塗りにおいて，下塗り，中塗り，上塗りともに同一材料を使用し，塗付け量はそれぞれ0.10kg/m² とした。

(4) せっこうボード面の合成樹脂エマルションペイント塗りにおいて，気温が20℃であっ

たため，中塗り後3時間経過してから，次の工程に入った。

《R3-36》

□□□ **4** コンクリート素地面の塗装工事に関する記述として，**最も不適当なものはど**れか。

(1) 常温乾燥形ふっ素樹脂エナメル塗りにおいて，塗料を素地に浸透させるため，下塗りはローラーブラシ塗りとした。

(2) 合成樹脂エマルションペイント塗りにおいて，屋内の水がかり部分は，塗料の種類を1種とした。

(3) アクリル樹脂系非水分散形塗料塗りにおいて，中塗りを行う前に研磨紙P80を用いて研磨した。

(4) つや有合成樹脂エマルションペイント塗りにおいて，最終養生時間を48時間とした。

《R2-41》

□□□ **5** 塗装工事に関する記述として，**最も不適当なものはどれか。**

(1) アクリル樹脂系非水分散形塗料塗りにおいて，中塗りを行う前に研磨紙P220を用いて研磨した。

(2) せっこうボード面の合成樹脂エマルションペイント塗りにおいて，気温が20℃であったため，中塗り後3時間経過してから，次の工程に入った。

(3) 屋外の木質系素地面の木材保護塗料塗りにおいて，原液を水で希釈し，よく攪拌して使用した。

(4) 亜鉛めっき鋼面の常温乾燥形ふっ素樹脂エナメル塗りにおいて，下塗りに変性エポキシ樹脂プライマーを使用した。

《R5-37》

［解説］

1 (2) 2液形ポリウレタンエナメル塗り中塗り標準工程間隔時間は，24時間以上7日以内である。

2 (1) 鉄鋼面の錆止め塗料塗りは，素地ごしらえの後に1回目の塗装，研磨紙ずり，2回目の塗装の工程で行う。

(2) 合成樹脂エマルションペイントは水性塗料であるため，溶剤での希釈は行わない。

(3) 2液形ポリウレタンエナメル塗りの中塗りの標準工程間隔時間は，24時間以上7日以内である。

3 (1) 屋外では，原液を希釈せずに使用する。

4 (3) 中塗りを行う前に用いる研磨紙は，P220〜240とする。

5 (3) 屋外では，原液を希釈せずに使用する。

【正解】 1 : (2)，2 : (2)，3 : (1)，4 : (3)，5 : (3)

▶ **必修基本問題** ◀ **3・16 塗装工事**

1 塗装工事の素地ごしらえに関する記述として，**最も不適当なもの**はどれか。

(1) けい酸カルシウム板の吸込止めとして，反応形合成樹脂ワニスを全面に塗布した。

(2) 亜鉛めっき鋼面は，付着性を向上させるためエッチングプライマーを塗布した。

(3) 透明塗料塗りの木部の素地面で，仕上げに支障のおそれがある甚だしい変色は，漂白剤を用いて修正した。

(4) 鉄鋼面に付着した溶接のスパッタは，りん酸塩溶液により取り除いた。

(H24-41)

2 コンクリート素地面の塗装工事に関する記述として，**最も不適当なもの**はどれか。

(1) アクリル樹脂系非水分散形塗料塗りにおいて，中塗りを行う前に研磨紙 P220 を用いて研磨した。

(2) 2液形ポリウレタンエナメル塗りにおいて，中塗り後，上塗りまでの工程間隔時間を3時間とした。

(3) 常温乾燥形ふっ素樹脂エナメル塗りの下塗りにおいて，塗料を素地に浸透させるため，ローラーブラシ塗りとした。

(4) 合成樹脂エマルションペイント塗りにおいて，流動性を上げるため，水で希釈して使用した。

(H29-41)

3 塗装の欠陥に関する記述として，**最も不適当なもの**はどれか。

(1) 下地の乾燥が不足すると，「色分かれ」が生じやすい。

(2) 塗料の流動性が不足すると，「はけ目」が生じやすい。

(3) 下地の吸込みが著しいと，「つやの不良」が生じやすい。

(4) 素地に水や油が付着していると，「はじき」が生じやすい。

(H22-41)

4 コンクリート素地面の塗装工事に関する記述として，最も不適当なものはどれか。

(1) 多彩模様塗料塗りにおいて，上塗り塗料は希釈せず，かくはん棒で軽く混ぜてから使用した。

(2) 常温乾燥形ふっ素樹脂エナメル塗りにおいて，気温が20℃のため，工程間隔時間を24時間とした。

(3) アクリル樹脂系非水分散形塗料塗りにおいて，下塗り，中塗り，上塗りは同一材料を使用し，塗付け量はそれぞれ $0.10 \mathrm{kg/m^2}$ とした。

(4) 合成樹脂エマルションペイント塗りにおいて，水がかり部分に用いるため，塗料の種類を2種とした。

(H27-41)

5 塗装工事に関する記述として，**最も不適当なもの**はどれか。

(1) 亜鉛めっき鋼面の常温乾燥形ふっ素樹脂エナメル塗りにおいて，下塗りに変性エポキシ樹脂プライマーを使用した。

(2) モルタル面のアクリル樹脂系非水分散形塗料塗りにおいて，下塗り，中塗り及び上塗りの塗付け量をそれぞれ同量とした。

(3) コンクリート面のアクリルシリコン樹脂エナメル塗りにおいて，下塗りに反応形合成樹脂シーラーを使用した。

(4) 屋外の木質系素地面の木材保護塗料塗りにおいて，原液を水で希釈し，よく撹拌して使用した。

(H30-41)

正解とワンポイント解説

1 (1) けい酸カルシウム板の場合，穴埋め・パテかいの前に反応形合成樹脂ワニス（2液形エポキシ樹脂ワニス）を全面に塗り，吸込止め処理する。

(2) エッチングプライマーは，素地の金属と反応させるため，りん酸またはクロム酸塩顔料を含み，ビニルブチラール樹脂等のアルコール溶液を主なビヒクルとする塗料である。

(3) 透明塗料塗りの木部の素地面に，仕上げに支障のおそれのある甚だしい色むら，汚れ，変色等がある場合は，漂白剤等を用いて修正する。

(4) 鉄鋼面に付着した溶接のスパッタは，スクレーパーやワイヤブラシ等で除去する。

2 (2) 2液形ポリウレタンエナメル塗りの中塗りの標準工程間隔時間は，24時間以上7日以内である。

3 (1) 色分かれは，顔料の分離などにより生ずるため，使用の都度十分に混合する。また，厚塗りにしたり，流れを生ずると起こりやすい。

(2) 塗料の流動性不足は，「はけ目」を生じる場合がある。

(3) 下地への吸込みが著しいと，「つやの不良」を生じやすい。

(4) 素地に水や油等が付着していると，「はじき」を生じやすいため，汚れ等を含め除去する。

4 (4) 塗料の耐久性は「促進耐候性試験」で決められており，「耐候形1種」「耐候形2種」「耐候形3種」と分類されている。水がかり部分には最も耐久性が優れている1種が適切である。

5 (4) 屋外では，原液を希釈せずに使用する。

【正解】 1：(4)，2：(2)，3：(1)，4：(4)，5：(4)

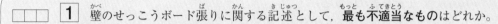

3·17　内外装工事

[最近出題された問題]

---

1 壁のせっこうボード張りに関する記述として，**最も不適当なもの**はどれか。

(1) テーパーエッジボードの突付けジョイント部の目地処理における上塗りは，ジョイントコンパウンドを幅 200～250 mm 程度に塗り広げて平滑にした。

(2) せっこう系接着材による直張り工法において，ボード中央部の接着材を塗り付ける間隔は，床上 1,200 mm 以下の部分より，床上 1,200 mm を超える部分を小さくした。

(3) せっこう系接着材による直張り工法において，躯体から仕上がり面までの寸法は，厚さ 9.5 mm のボードで 20 mm 程度，厚さ 12.5 mm のボードで 25 mm 程度とした。

(4) ボードの下端部は，床面からの水分の吸上げを防ぐため，床面から 10 mm 程度浮かして張り付けた。

《R4-38》

---

2 ビニル床シート張りに関する記述として，**最も不適当なもの**はどれか。

(1) 防湿層のない土間コンクリートへの床シートの張付けには，ゴム系溶剤形の接着剤を使用した。

(2) 熱溶接工法において，溶接作業は，床シートを張付け後12時間以上経過してから行った。

(3) 床シートを立ち上げて幅木としたため，幅木天端は，シリコーンシーリング材で処理した。

(4) 寒冷期の施工で，張付け時の室温が5℃以下になることが予想されたため，採暖を行い，室温を 10℃以上に保った。

《R1-42》

---

3 ビニル床シート張りに関する記述として，**最も不適当なもの**はどれか。

(1) 床シートの張付けは，気泡が残らないよう空気を押し出し，その後 45 kg ローラーで圧着した。

(2) 床シートの張付けは，下地に接着剤を塗布した後，オープンタイムをとってから張り付けた。

(3) 防湿層のない土間コンクリートへの床シートの張付けには，ゴム系溶剤形の接着剤を使用した。

(4) 熱溶接工法において，溶接作業は，床シートを張り付けた後，12 時間以上経過してから行った。

《R3-37》

建築施工

建築施工

4 合成樹脂塗床に関する記述として，**最も不適当な**ものはどれか。

(1) 薬品を使用する実験室の塗床は，平滑な仕上げとするため，流し展べ工法とした。

(2) 合成樹脂を配合したパテ材や樹脂モルタルでの下地調整は，プライマーの乾燥後に行った。

(3) エポキシ樹脂系コーティング工法のベースコートは，コーティング材を木ごてで塗り付けた。

(4) エポキシ樹脂系モルタル塗床の防滑仕上げは，トップコート1層目の塗布と同時に骨材を散布した。

《R4-37》

5 鉄筋コンクリート造の断熱工事に関する記述として，**最も不適当な**ものはどれか。

(1) 硬質ウレタンフォーム吹付け工法において，ウレタンフォームが厚く付きすぎて表面仕上げ上支障となるところは，カッターナイフで除去した。

(2) 硬質ウレタンフォーム吹付け工法において，ウレタンフォームは自己接着性に乏しいため，吹き付ける前にコンクリート面に接着剤を塗布した。

(3) 押出法ポリスチレンフォーム張付け工法において，セメント系下地調整塗材を用いて隙間ができないようにしてから，断熱材を全面接着で張り付けた。

(4) 押出法ポリスチレンフォーム打込み工法において，窓枠回りの施工が困難な部分には，現場発泡の硬質ウレタンフォームを吹き付けた。

《R3-38》

［解説］

1 (2) 接着材を塗り付ける間隔は，床上 1,200 mm 以下は 200〜250 mm，床上 1,200 mm を超える部分では，250〜300 mm 以下とする。

2 (1) 下地水分が多い場合は，耐湿対策として，接着剤はウレタン・エポキシ樹脂系を使用する。

3 (3) 2 の(1)の解説参照。

4 (3) ベースコートは，ローラーまたは吹き付けで塗る。

5 (2) ウレタンフォームは自己接着力が大きい。

【正解】 1 : (2)，2 : (1)，3 : (3)，4 : (3)，5 : (2)

6　内装改修工事における既存床仕上げ材の撤去に関する記述として，**最も不適当なもの**はどれか。

(1)　ビニル床シートは，ダイヤモンドカッターで切断し，スクレーパーを用いて撤去した。

(2)　モルタル塗り下地の合成樹脂塗床材は，ケレン棒と電動はつり器具を用いて下地モルタルと共に撤去した。

(3)　乾式工法のフローリング張り床材は，丸のこで適切な寸法に切断し，ケレン棒を用いて撤去した。

(4)　磁器質床タイルは，目地をダイヤモンドカッターで縁切りし，電動はつり器具を用いて撤去した。

《R1-45》

7　鉄筋コンクリート造の外壁改修工事に関する記述として，**最も不適当なもの**はどれか。

(1)　コンクリート打放し仕上げにおいて，コンクリートに生じた幅が0.5mmの挙動のおそれのあるひび割れ部分は，軟質形エポキシ樹脂を用いた樹脂注入工法で改修した。

(2)　コンクリート打放し仕上げにおいて，コンクリートのはく落が比較的大きく深い欠損部分は，ポリマーセメントモルタル充填工法で改修した。

(3)　小口タイル張り仕上げにおいて，1箇所当たりの下地モルタルと下地コンクリートとの浮き面積が0.2m²の部分は，アンカーピンニング部分エポキシ樹脂注入工法で改修した。

(4)　小口タイル張り仕上げにおいて，タイル陶片のみの浮きの部分は，浮いているタイルを無振動ドリルで穿孔して，注入口付アンカーピンニングエポキシ樹脂注入タイル固定工法で改修した。

《R2-45》

8　内装改修工事に関する記述として，**最も不適当なもの**はどれか。
ただし，既存部分は，アスベストを含まないものとする。

(1)　ビニル床シートの撤去後に既存下地モルタルの浮き部分を撤去する際，健全部分と縁を切るために用いるダイヤモンドカッターの刃の出は，モルタル厚さ以下とした。

(2)　既存合成樹脂塗床面の上に同じ塗床材を塗り重ねる際，接着性を高めるよう，既存仕上げ材の表面を目荒しした。

(3)　防火認定の壁紙の張替えは，既存壁紙の裏打紙を残した上に防火認定の壁紙を張り付けた。

(4)　既存下地面に残ったビニル床タイルの接着剤は，ディスクサンダーを用いて除去した。

《R5-39》

［解説］

6 (1)　ダイヤモンドカッターでは，下地や躯体まで傷つける可能性があるため，通常のカッター等を用いる。

7 (2)　コンクリートのはく落が比較的大きく深い欠損部分は，エポキシ樹脂モルタルで改修する。

8 (3)　既存壁紙の裏打紙まで撤去し，防火認定の壁紙を張る。

【正解】 6 : (1)，7 : (2)，8 : (3)

■ ▶ 必修基本問題 ◀ 3・17 内外装工事

建築施工

1 屋上露出防水層の上に植栽を行う屋上緑化システムに関する記述として，最も不適当なものはどれか。

(1)　排水のためのルーフドレンは，1排水面積当たり2か所以上設置し，その口径は目詰まりを考慮して余裕のあるものとする。

(2)　施工に当たっては耐根層を損傷することのないように注意するとともに，耐根層を保護する耐根層保護層（衝撃緩衝層）を敷設してから植栽を行う。

(3)　壁面等立上り部に直接土壌が接する場合，敷設する耐根層は，接する土壌仕上面より5cm下がった位置まで立ち上げる。

(4)　植栽地の見切り材（土留め材）に設ける排水孔には，目詰まり防止，土壌流出防止のための処理を行う。

(H30-44)

2 合成樹脂塗床材による床改修工事における，既存床仕上げ材の撤去及び下地処理に関する記述として，最も不適当なものはどれか。

(1)　既存合成樹脂塗床面の上に同じ塗床材を塗り重ねるので，接着性を高めるため，既存仕上げ材の表面を目荒しした。

(2)　モルタル塗り下地面の既存合成樹脂塗床材の撤去は，下地モルタルを残し，電動はつり器具を用いて下地モルタルの表面から塗床材のみを削り取った。

(3)　既存床材撤去後の下地コンクリート面において，プライマーの吸込みが激しかったため，プライマーを再塗布した。

(4)　既存床材撤去後の下地コンクリート面において，凹凸部の補修はエポキシ樹脂モルタルで行った。

(H29-45)

3 合成樹脂塗床に関する記述として，最も不適当なものはどれか。

(1)　樹脂パテや樹脂モルタルでの下地調整は，プライマーの塗布後に行った。

(2)　薬品を使用する実験室の塗床は，平滑な仕上げとするため，流しのべ工法とした。

(3)　下地調整に用いる樹脂パテは，塗床材と同質の樹脂とセメントなどを混合したものとした。

(4)　エポキシ樹脂のコーティング工法のベースコートは，金ごてで塗り付けた。

(H30-42)

建築施工

4　壁のせっこうボード張りに関する記述として，**最も不適当なもの**はどれか。

(1)　ボードの下端部は，床面からの水分の吸上げを防ぐため，床面から 10mm 程度浮かして張り付けた。

(2)　テーパーエッジボードの突付けジョイント部の目地処理における上塗りは，ジョイントコンパウンドを幅 200〜250mm 程度に塗り広げて平滑にした。

(3)　軽量鉄骨壁下地にボードを直接張り付ける際，ボード周辺部を固定するドリリングタッピンねじの位置は，ボードの端部から 5mm 程度内側とした。

(4)　木製壁下地にボードを直接張り付ける際，ボード厚の 3 倍程度の長さの釘を用いて，釘頭が平らに沈むまで打ち込んだ。

(R2-43)

5　鉄筋コンクリート造の外壁改修工事に関する記述として，**最も不適当なもの**はどれか。

(1)　小口タイル張り外壁において，タイル陶片のみの浮きのため，無振動ドリルで浮いているタイルに穿孔して，注入口付アンカーピンニングエポキシ樹脂注入タイル固定工法で改修した。

(2)　タイル張り外壁において，1 箇所あたりの下地モルタルとコンクリートとの浮き面積が 0.2m^2 だったので，アンカーピンニング部分エポキシ樹脂注入工法で改修した。

(3)　外壁コンクリートに生じた幅が 1.0mm を超える挙動しないひび割れは，可とう性エポキシ樹脂を用いた U カットシール材充填工法で改修した。

(4)　外壁コンクリートに生じた幅が 0.3mm の挙動のおそれのあるひび割れは，硬質形エポキシ樹脂を用いた樹脂注入工法で改修した。

(H28-45)

6　屋根防水改修工事に関する記述として，**最も不適当なもの**はどれか。

(1)　既存の保護コンクリート層及び防水層を撤去し，アスファルト保護防水絶縁工法を行うので，撤去後の下地コンクリート面の 2mm 以上のひび割れ部は，U カットしてポリウレタン系シーリング材を充填した。

(2)　既存の保護コンクリート層を撤去し，既存アスファルト防水層の上にアスファルト保護防水密着工法を行うので，ルーフドレン周囲の既存防水層は，ルーフドレン端部から 150mm まで四角形に撤去した。

(3)　既存の露出アスファルト防水層の上に，アスファルト露出防水密着工法を行うので，既存の砂付ルーフィングの表面の砂は可能な限り取り除き，清掃後，アスファルト系下地調整材を塗布した。

(4)　既存の保護コンクリート層の上にアスファルト露出防水絶縁工法を行う際，二重ドレンを設けないので，保護コンクリート層は，ルーフドレン端部から 500mm 程度まで撤去した。

(H26-45)

[7] 内装改修工事に関する記述として，**最も不適当なもの**はどれか。

(1) アスベスト含有成形板の除去は，アスベストを含まない内装材及び外部建具の撤去にさきがけて行った。

(2) 合成樹脂塗床の塗り替えにおいて，既存下地面に油が付着していたので，油潤面用のプライマーを用いた。

(3) 天井改修において，既存の埋込みインサートを再使用するため，吊りボルトの引抜き試験による強度確認を行った。

(4) 防火認定の壁紙の張り替えは，既存壁紙の裏打紙の薄層の上に防火認定の壁紙を張り付けた。

(H27-45)

[8] 鉄筋コンクリート造建築物の小口タイル張り壁面の浮きの調査方法と改修工法に関する記述として，**最も不適当なもの**はどれか。

(1) 打診法は，打診用ハンマーなどを用いてタイル張り壁面を打撃して，反発音の違いから浮きの有無を調査する方法である。

(2) 赤外線装置法は，タイル張り壁面の内部温度を赤外線装置で測定し，浮き部と接着部における熱伝導の違いにより浮きの有無を調査する方法で，天候や時刻の影響を受けない。

(3) アンカーピンニング部分エポキシ樹脂注入工法は，タイル陶片の浮きがなく目地モルタルが健全で，構造体コンクリートと下地モルタル間に浮きが発生している場合に用いる工法である。

(4) 注入口付アンカーピンニングエポキシ樹脂注入タイル固定工法は，構造体コンクリートと下地モルタル間に浮きがなく，タイル陶片のみに浮きが発生している場合に用いる工法である。

(H30-45)

正解とワンポイント解説

[1] (3) 耐根層は，植栽の根から防水層を守るために敷設する。一般に防水層も土壌仕上面より高いため，低くする必要はない。

[2] (2) 電動はつり器具を用いる場合には，下地モルタルも撤去する。

[3] (4) エポキシ樹脂のコーティング工法のベースコートは，一般にローラーを使用する。

[4] (3) ボード周辺部では，ボード端部から10mm程度内側の位置で留め付ける。

[5] (4) コンクリート打放し仕上げの外壁において生じた，挙動のおそれのあるひび割れについては，軟質形エポキシ樹脂または可とう性エポキシ樹脂を用いた樹脂注入工法を用いる。

[6] (2) 既存の防水層は，ルーフドレン端部から300mmまで四角形に撤去する。

[7] (4) 既存壁紙は裏打紙まですべて除去して，下地となるところに新しい壁紙を張り付ける。

[8] (2) 壁面の表面分布温度により浮き部を検出するため，日射等の天候変化の影響を受ける。

【正解】 [1]：(3)，[2]：(2)，[3]：(4)，[4]：(3)，[5]：(4)，[6]：(2)，[7]：(4)，[8]：(2)

3·18 建設機械と解体工事

[最近出題された問題]

1 建設機械に関する記述として，**最も不適当なもの**はどれか。

(1) 建設用リフトの定格速度とは，搬器に積載荷重に相当する荷重の荷をのせて上昇させる場合の最高の速度をいう。

(2) 油圧式トラッククレーンのつり上げ荷重とは，アウトリガーを最大限に張り出し，ジブ長さを最短にし，ジブの傾斜角を最大にした場合のつり上げることができる最大の荷重で示す。

(3) 最大混合容量 $4.5\,\mathrm{m}^3$ のトラックアジテータの最大積載時の総質量は，約 20t である。

(4) ロングスパン工事用エレベーターは，搬器の傾きが $\frac{1}{8}$ の勾配を超えた場合，動力を自動的に遮断する装置を設ける。

《R3-30》

2 建設機械に関する記述として，**最も不適当なもの**はどれか。

(1) ブルドーザーは，盛土，押土，整地の作業に適している。

(2) ホイールクレーンは，同じ運転室内でクレーンと走行の操作ができ，機動性に優れている。

(3) アースドリル掘削機は，一般にリバース掘削機に比べ，より深い掘削能力がある。

(4) バックホウは，機械の位置より低い場所の掘削に適し，水中掘削も可能だが，高い山の切取りには適さない。

《R5-29》

3 建設機械に関する記述として，**最も不適当なもの**はどれか。

(1) クラムシェルは，垂直掘削深さが 40m 程度までの軟弱地盤の掘削に用いられる。

(2) 最大混合容量 $4.5\,\mathrm{m}^3$ のトラックアジテータの最大積載時の総質量は，約 20t である。

(3) ブルドーザーの平均接地圧は，全装備質量が同程度の場合，普通ブルドーザーより湿地ブルドーザーの方が大きい。

(4) 油圧式トラッククレーンのつり上げ性能は，アウトリガーを最大限に張り出し，ジブ長さを最短にし，ジブの傾斜角を最大にしたときにつり上げることができる最大の荷重で示す。

《H28-32》

4　鉄筋コンクリート造の建築物の躯体解体工事に関する記述として，**最も不適当なものはどれか。**

(1)　圧砕機の地上作業による解体では，作業開始面の外壁から1スパンを上階から下階に向かって全階解体し，オペレーターの視界を確保した。

(2)　圧砕機の階上作業による解体に先立ち，解体したコンクリート塊を下部に落とすための開口部をハンドブレーカにより各階に設けた。

(3)　大型ブレーカの階上作業によるスラブや梁など水平材の解体作業は，大型ブレーカの走行階の部材を後退しながら解体した。

(4)　外壁の転倒解体工法において，1回の転倒解体部分は，柱2本を含み，幅は1〜2スパン程度とし，高さは2層分とした。

《H28-33》

5　揚重運搬機械に関する記述として，**最も不適当なものはどれか。**

(1)　クレーンのブーム（ジブ）先端が地表から60m以上の高さとなる場合は，原則として航空障害灯を設置する。

(2)　ジブを有しないクレーンの定格荷重とは，つり上げ荷重からフックなどのつり具の重量に相当する荷重を除いた荷重のことである。

(3)　建設用リフトの停止階には，荷の積卸口に遮断設備を設ける。

(4)　ロングスパン工事用エレベーターの搬器の傾きが，$\frac{1}{8}$ の勾配を超えた場合に動力を自動的に遮断する装置を設ける。

《H29-32》

［解説］

1　(4)　搬器の傾きが，1/10の勾配を超えた場合に自動停止する装置を設ける。

2　(3)　アースドリル掘削機もリバース掘削機もほぼ同じ70m程度の掘削能力がある。

3　(3)　平均設置圧は，普通ブルドーザーより湿地ブルドーザーのほうが小さい。

4　(4)　外壁の転倒解体工法の一回の転倒解体部分は，柱2本を含み，幅は1〜2スパン程度，高さは1層分とする。

5　(4)　搬器の傾きが，1/10の勾配を超えた場合に自動停止する装置を設ける。

【正解】　1：(4)，2：(3)，3：(3)，4：(4)，5：(4)

建築施工

■■ ▶ **必修基本問題** ◀ 　3・18　建　設　機　械

1　揚重運搬機械に関する記述として，**最も不適当なもの**はどれか。

(1)　建設用リフトは，土木，建築等の工事の作業で使用されるエレベーターで，人及び荷を運搬する。

(2)　タワークレーンのブーム等，高さが地表から60m以上となる場合，原則として，航空障害灯を設置する。

(3)　移動式クレーンは，旋回範囲内に6,600Vの配電線がある場合，配電線から安全距離を2m以上確保する。

(4)　ロングスパン工事用エレベーターは，安全上支障がない場合，搬器の昇降を知らせるための警報装置を備えないことができる。

(R4-30)

2　揚重運搬機械に関する記述として，**最も不適当なもの**はどれか。

(1)　傾斜ジブ式タワークレーンは，高揚程で比較的重量の大きい荷のつり上げに用いられる。

(2)　ジブクレーンの定格荷重は，フック等のつり具の重量を含めたものである。

(3)　ロングスパン工事用エレベーターの定格速度は，毎分10m以下である。

(4)　建設用リフトの停止階には，荷の積卸口の遮断設備を設ける。

(H23-32)

■■■■■■■■■■■■■■■■ 正解とワンポイント解説 ■■■■■■■■■■■■■■■■

1　(1)　建設用リフトは，荷を運搬することを目的とする。

2　(2)　定格荷重とは，吊り上げ荷重からフックやグラブバケットなどの吊り具に相当する荷重を除いた荷重である。

【正解】 1：(1)， 2：(2)

第４章　施工管理法（知識）

施工管理法

4・1　施　工　計　画

［最近出題された問題］

4・1・1　施　工　計　画

□□□ **1** 施工計画に関する記述として，**最も不適当な**ものはどれか。

(1) コンクリート躯体工事において，現場作業の削減と能率向上により工期短縮が図れるプレキャストコンクリート部材を使用する計画とした。

(2) 大規模，大深度の工事において，工期短縮のため，地下躯体工事と並行して上部躯体を施工する逆打ち工法とする計画とした。

(3) 鉄骨工事において，施工中の粉塵の飛散をなくし，被覆厚さの管理を容易にするため，耐火被覆をロックウール吹付け工法とする計画とした。

(4) 既製杭工事のプレボーリング埋込み工法において，支持層への到達の確認方法として，掘削抵抗電流値と掘削時間を積算した積分電流値を用いる計画とした。

《R4-42》

□□□ **2** 建築工事における事前調査や準備作業に関する記述として，**最も不適当な**ものはどれか。

(1) 山留め計画に当たり，設計による地盤調査は行われていたが，追加のボーリング調査を行った。

(2) 地下水の排水計画に当たり，公共下水道の排水方式の調査を行った。

(3) コンクリート工事計画に当たり，コンクリートポンプ車を前面道路に設置するため，道路使用許可申請書を道路管理者に提出した。

(4) 鉄骨工事計画に当たり，タワークレーンによる電波障害が予想されるため，近隣に対する説明を行って了解を得た。

《R3-40》

□□□ **3** 事前調査や準備作業に関する記述として，**最も不適当な**ものはどれか。

(1) 地下水の排水計画に当たり，公共下水道の排水方式の調査を行った。

(2) タワークレーン設置による電波障害が予想されたため，近隣に対する説明を行って了解を得た。

(3) ベンチマークは，移動のおそれのない箇所に，相互にチェックできるよう複数か所設けた。

(4) コンクリートポンプ車を前面道路に設置するため，道路使用許可申請書を道路管理者に提出した。

《R5-40》

□□□ **4** 建設業者が作成する建設工事の記録等に関する記述として，**最も不適当なも**のはどれか。

(1) 発注者から直接工事を請け負った建設業者が作成した発注者との打合せ記録のうち，発注者と相互に交付したものではないものは，保存しないこととした。

(2) 承認あるいは協議を行わなければならない事項について，建設業者はそれらの経過内容の記録を作成し，監理者と双方で確認したものを監理者に提出することとした。

(3) 設計図書に定められた品質が証明されていない材料について，建設業者は現場内への搬入後に試験を行い，記録を整備することとした。

(4) 既製コンクリート杭工事の施工サイクルタイム記録，電流計や根固め液の記録等は，発注者から直接工事を請け負った建設業者が保存する期間を定め，当該期間保存することとした。

《R2-52》

施工管理法

［解説］

1 (3) ロックウール吹付け工法は，施工中の粉塵が飛散しやすく，被覆厚さの管理が困難である。よって，最も不適当である。

2 (3) 道路使用許可申請は，警察署長に提出する。よって，最も不適当である。

(4) 鉄骨工事計画に当たり，タワークレーンによる電波障害が予想される場合は，近隣に対する説明を行い，了解を得る。

3 (4) 2(3)の解説参照。

4 (3) 設計図書に定められた品質が証明されていない材料について，建設業者は現場内への搬入前に試験を行い，記録を整備する。よって，最も不適当である。

【正解】 1 : (3)，2 : (3)，3 : (4)，4 : (3)

4・1・2　仮　設　計　画

□□□ **5**　仮設計画に関する記述として，**最も不適当なもの**はどれか。

(1)　塗料や溶剤等の保管場所は，管理をしやすくするため，資材倉庫の一画を不燃材料で間仕切り，設ける計画とした。

(2)　ガスボンベ類の貯蔵小屋は，通気を良くするため，壁の 1 面を開口とし，他の 3 面は上部に開口部を設ける計画とした。

(3)　工事で発生した残材を高さ 3m の箇所から投下するため，ダストシュートを設けるとともに，監視人を置く計画とした。

(4)　前面道路に設置する仮囲いは，道路面を傷めないようにするため，ベースを H 形鋼とする計画とした。

《R2-46》

□□□ **6**　仮設設備の計画に関する記述として，**最も不適当なもの**はどれか。

(1)　必要な工事用使用電力が 60kW のため，低圧受電で契約する計画とした。

(2)　工事用使用電力量の算出において，コンセントから使用する電動工具の同時使用係数は，1.0 として計画した。

(3)　作業員の洗面所の数は，作業員 45 名当たり 3 連槽式洗面台 1 台として計画した。

(4)　仮設の給水設備において，工事事務所の使用水量は，1 人 1 日当たり 50L を見込む計画とした。

《R3-41》

□□□ **7**　仮設計画に関する記述として，**最も不適当なもの**はどれか。

(1)　仮設の照明設備において，常時就業させる場所の作業面の照度は，普通の作業の場合，100 ルクス以上とする計画とした。

(2)　傾斜地に設置する仮囲いの下端の隙間を塞ぐため，土台コンクリートを設ける計画とした。

(3)　前面道路に設置する仮囲いは，道路面を傷めないようにするため，ベースを H 形鋼とする計画とした。

(4)　同時に就業する女性労働者が 25 人見込まれたため，女性用便房を 2 個設置する計画とした。

《R4-40》

8 仮設設備の計画に関する記述として，**最も不適当なもの**はどれか。

(1) 工事用の動力負荷は，工程表に基づいた電力量山積みの50%を実負荷とする計画とした。

(2) 工事用の給水設備において，水道本管からの供給水量の増減に対する調整のため，2時間分の使用水量を確保できる貯水槽を設置する計画とした。

(3) アースドリル工法による掘削に使用する水量は，1台当たり $10\,\mathrm{m^3/h}$ として計画した。

(4) 工事用電気設備のケーブルを直接埋設するため，その深さを，車両その他の重量物の圧力を受けるおそれがある場所を除き60cm以上とし，埋設表示する計画とした。

《R4-41》

9 仮設設備の計画に関する記述として，**最も不適当なもの**はどれか。

(1) 作業員の仮設男性用小便所数は，同時に就業する男性作業員40人以内ごとに1個を設置する計画とした。

(2) 工事用電気設備の建物内幹線の立上げは，上下交通の中心で最終工程まで支障の少ない階段室に計画した。

(3) 仮設電力契約は，工事完了まで変更しない計画とし，短期的に電力需要が増加した場合は，臨時電力契約を併用した。

(4) 仮設の給水設備において，工事事務所の使用水量は，1人1日当たり50Lを見込む計画とした。

《R5-41》

［解説］

5 (1) 塗料や溶剤等の保管場所は，人の出入りする作業事務所や材料置場などから離れた場所に設置する。よって，最も不適当である。

6 (1) 必要な工事用使用電力が50kW以上，2,000kW未満の場合は，高圧受電で契約する。よって，最も不適当である。

(2) 工事用使用電力量の算出において，コンセントから使用する電動工具の同時使用係数は，1.0として計画する。

7 (1) 労働者を常時就業させる場所の作業面の照度は次に掲げる基準としなければならない。精密な作業：300lx以上，普通の作業：150lx以上，粗な作業：75lx以上。よって，最も不適当である。

(4) 同時に就業する女性労働者20人以内ごとに，便房を1個設置する。

8 (1) 工事用の動力負荷は，工程表に基づいた電力量山積みの60〜70%を実負荷として計画する。よって，最も不適当である。

9 (1) 同時に就業する男性作業員30人以内ごとに小便所1個設置する。よって，最も不適当である。　【正解】**5**：(1)，**6**：(1)，**7**：(1)，**8**：(1)，**9**：(1)

4・1・3　材 料 の 保 管

□□□ **10** 工事現場における材料の保管に関する記述として，**最も不適当なもの**はどれか。
(1) 長尺のビニル床シートは，屋内の乾燥した場所に直射日光を避けて縦置きにして保管した。
(2) 砂付ストレッチルーフィングは，ラップ部（張付け時の重ね部分）を下に向けて縦置きにして保管した。
(3) フローリング類は，屋内のコンクリートの床にシートを敷き，角材を並べた上に保管した。
(4) 木製建具は，取付け工事直前に搬入し，障子や襖は縦置き，フラッシュ戸は平積みにして保管した。

《R5-42》

□□□ **11** 工事現場における材料の保管に関する記述として，**最も不適当なもの**はどれか。
(1) 押出成形セメント板は，平坦で乾燥した場所に平積みとし，積上げ高さを1mまでとして保管した。
(2) 板ガラスは，車輪付き裸台で搬入し，できるだけ乾燥した場所にそのまま保管した。
(3) 長尺のビニル床シートは，屋内の乾燥した場所に直射日光を避けて縦置きにして保管した。
(4) ロール状に巻いたカーペットは，屋内の平坦で乾燥した場所に，4段までの俵積みにして保管した。

《R2-51》

□□□ **12** 工事現場における材料の取扱いに関する記述として，**最も不適当なもの**はどれか。
(1) 既製コンクリート杭は，やむを得ず2段に積む場合，同径のものを並べ，まくら材を同一鉛直面上にして仮置きする。
(2) 被覆アーク溶接棒は，吸湿しているおそれがある場合，乾燥器で乾燥してから使用する。
(3) 砂付ストレッチルーフィングは，ラップ部（張付け時の重ね部分）を下に向けて縦置きにする。
(4) プレキャストコンクリートの床部材を平積みで保管する場合，台木を2箇所とし，積み重ね段数は6段以下とする。

《R3-42》

［解説］

10 (2) 砂付ストレッチルーフィングは，ラップ部を上に向けて縦置きにする。よって，最も不適当である。

11 (4) ロール状に巻いたカーペットは，屋内の平坦で乾燥した場所に，2～3段までの俵積みにして保管する。よって，最も不適当である。

12 (3) 10(2)の解説参照。　　　　　　【正解】 10：(2)， 11：(4)， 12：(3)

材料の保管を下記にまとめておきます。復習しておいて下さい。

① コンクリート関係
　ⅰ）**セメント**は，保管する部屋の防湿に注意して開口は出入り口のみとし，床面から30cm以上高くし，積み重ねは10袋以下とする。古いものから使い，2ヶ月以上で風化して凝固が認められるものは使用してはならない。
　ⅱ）**鉄筋**は，雨や雪にさらされないように，枕木等の上に地面から10cm以上離し，種類・長さ・径を別にして並べ，シートで保護して，油や泥で汚れないようにする。
　ⅲ）**骨材**は，種類別に分類し，不純物が混ざらないように土の上に直置きしない。また，コンクリート練混ぜ時にセメントペースト中の水分を吸水しないよう，保管中は均一に散水して一定の吸水状態を保つ。
　ⅳ）**コンクリート型枠用合板**は，屋内保管が望ましいが，屋外で保管するときは直射日光を避け，濡らさないようにシートなどで覆う。
　ⅴ）**コンクリートブロック**は，乾燥した場所に荷崩れ防止のため**縦積み**とし，積み上げ高さは1.6m以下とする。なお，工事における積上げ高さも1日1.6m（8段）までとする。
　ⅵ）**コンクリート杭**（RC杭，PC杭）は，所定の位置に枕木を設置しその上に置く。2段積もある。
② 鉄骨関係
　ⅰ）**高力ボルト**は，包装の完全なものを未開封状態で工事現場に搬入し（荷揚げ高さを4段まで），施工直前に必要な量だけ包装を解き，使い残さないようにする。最後に残ったボルトセットは箱に戻して元のように包装し直す。
　ⅱ）低水素系の**被膜アーク溶接棒**は，吸湿するとブローホールが発生し銀点・割れなどの欠陥が生じるので，密封・乾燥状態で保管する。その日の使用分だけを取り出し，吸湿しているおそれがある場合は乾燥機で乾燥してから使う。
　ⅲ）鉄骨の現場**溶接部**は，開先に錆の発生が予想されるときは，開先保護のため，工場で溶接に支障のない塗料を塗布しておく。
③ 塗料関係
　ⅰ）**塗料**は，「化学物質等安全データシート（MSDS: Material Safety Date Sheet）」の記載内容に従い取り扱う。
　ⅱ）火薬類や塗料などの**危険物の貯蔵場所**は，人の出入りする作業事務所や材料置き場などから離れた場所に設置する。塗料置場については，不燃材料でつくった平屋で，周辺建物から1.5m以上離し，天井を設けず，屋根は軽量な不燃材料で葺く。
　ⅲ）**フタル酸樹脂系塗料**が付着した布片は，自然発火のおそれがあるため，水の入った金属製の容器に入れるなどして他の塗装材料とは分別して保管する。
　ⅳ）**エマルション乾燥硬化形シーリング材**は，冬季の低温時に凍結のおそれがあるので凍結温度以下にならないように保管する。有効期間の確認，高温多湿も避ける。
　ⅴ）防水用の袋入り**アスファルト**は，10段以上積み重ねないようにする。
④ 板状のもの
　ⅰ）**板ガラス**は，屋内の乾燥した場所で床にクッションとなるゴム板を敷き，平置きは避け，**縦置き**にしてロープなどで緊結して保管する。
　ⅱ）**ALC板**は，室内の水平な場所に枕木を2本置いて**平積み**とする。積上げ高さは，1段を1m以下とし2段まで（総高2m以下）とする。なお，剛性の高いPC板やALC板の場合は枕木の数は2本とするが，剛性の低い木毛セメント板やストレート板の場合は枕木を3本とする。
　ⅲ）**押出成形セメント板**は，含水率により，反り変形を生じやすいので雨水の影響を受けないように養生する。
　ⅳ）断熱用の**押出法ポリスチレンフォーム**は，反りぐせ防止のため，平坦な敷台の上に積み重ねて保管する。
　ⅴ）**フローリング類**は，屋内の床にシートを敷き，角材を並べた上に積み重ねて保管する。
　ⅵ）張り石工事に用いる**石材**の運搬は，仕上面・稜角を養生して，取り付け順序を考慮して輸送用パレット積みとする。
⑤ シート類
　ⅰ）**アスファルトルーフィング**は，吸湿すると施工時に泡立ち，耳浮きなどの接着不良になりやすいので，屋内の乾燥した平坦な場所に**縦積み**（耳をつぶさないように2段以内）とする。ただし，**砂付ストレッチルーフィング**は，ラップ部分（砂の付いていない張付け時の重ね部分）を上に向けて**縦置き**で保管する。
　ⅱ）**壁紙**などの巻いた材料は，横置きにすると重量でくせがつくので**縦置き**とする。また直射日光を避け，湿気の多い場所やコンクリートの上に置かない。
　ⅲ）**床シート類**は，屋内の乾燥した場所に直射日光を避けて**縦置き**にし，倒れないようにロープなどで固定して保管する。横積み（俵積みや井桁積み）にすると自重で変形し，（特に井桁積みの場合は）床に馴染まなくなる。
　ⅳ）**ロールカーペット**は，屋内で直射日光の当たらない乾燥した平坦な場所に，縦置きにせずに，2～3段までの**俵積み**とする。

4・1・4　建築工事の届出

□□□ **13** 労働基準監督署長への計画の届出に関する記述として，「労働安全衛生法」上，**誤っている**ものはどれか。

(1) 高さが 10 m 以上の枠組足場を設置するに当たり，組立てから解体までの期間が 60 日以上の場合，当該工事の開始の日の 30 日前までに，届け出なければならない。

(2) 耐火建築物に吹き付けられた石綿を除去する場合，当該仕事の開始の日の 14 日前までに，届け出なければならない。

(3) 掘削の深さが 10 m 以上の地山の掘削の作業を労働者が立ち入って行う場合，当該仕事の開始の日の 30 日前までに，届け出なければならない。

(4) 高さが 31 m を超える建築物を解体する場合，当該仕事の開始の日の 14 日前までに，届け出なければならない。

《R3-43》

□□□ **14** 労働基準監督署長への計画の届出に関する記述として，「労働安全衛生法」上，**誤っている**ものはどれか。

(1) 積載荷重が 0.25 t 以上でガイドレールの高さが 18 m 以上の建設用リフトを設置する場合は，当該工事の開始の日の 30 日前までに，届け出なければならない。

(2) つり上げ荷重が 3 t 以上のクレーンを設置する場合は，当該工事の開始の日の 30 日前までに，届け出なければならない。

(3) 高さが 30 m の建築物を解体する場合は，当該仕事の開始の日の 30 日前までに，届け出なければならない。

(4) ゴンドラを設置する場合は，当該工事の開始の日の 30 日前までに，届け出なければならない。

《R1-52》

□□□ **15** 建築工事に係る届出に関する記述として，「労働安全衛生法」上，**誤っている**ものはどれか。

(1) 高さが 31 m を超える建築物を建設する場合，その計画を当該仕事の開始の日の 14 日前までに，労働基準監督署長に届け出なければならない。

(2) 共同連帯として請け負う際の共同企業体代表者届を提出する場合，当該届出に係る仕事の開始の日の 14 日前までに，労働基準監督署長を経由して都道府県労働局長に届け出なければならない。

(3) つり上げ荷重が 3 t 以上であるクレーンの設置届を提出する場合，その計画を当該工事の開始の日の 14 日前までに，労働基準監督署長に届け出なければならない。

(4) 耐火建築物に吹き付けられた石綿を除去する場合，その計画を当該仕事の開始の日の 14 日前までに，労働基準監督署長に届け出なければならない。

《R5-43》

［解説］

13 (3) 掘削深さが10m以上の地山の掘削の作業は，仕事開始14日前までに届け出る。

14 (3) 高さ31mを超える建築物を解体する場合，仕事開始14日前までに届け出る。

15 (3) つり上げ荷重が3t以上のクレーンを設置する場合は，仕事開始30日前までに，届け出る。

表1　労働安全衛生法関係

申請・届出の名称	提 出 者	届出・申請先	提 出 時 期	備考
① 建築工事の計画届	事業者	厚生労働大臣	仕事開始の30日前まで	注1)
		労働基準監督署長	仕事開始の14日前まで	注2)
② 機械の設置届（移転・変更含む）			仕事開始の30日前まで	注3)
③ 機械の設置報告（移転・変更含む）				注4)
④ 特定元方事業者の事業開始報告	特定元方事業者または施工者		工事開始後，遅滞なく	注5)
⑤ 企業共同体代表者届	共同企業体代表者	労働基準監督署長を経て，同局長	仕事開始の14日前まで	注6)
⑥ 統括安全衛生責任者選任報告・元方安全衛生管理者報告	事業者	労働基準監督署長	選任後，遅滞なく	注7)
⑦ 総括安全衛生管理者選任報告				注8)
⑧ 安全管理者　衛生管理者　産業医				注9)

注　1) a. 高さ300m以上の塔
　　　b. 堤高150m以上のダム
　　　c. 最大支間500m以上の橋梁（吊り橋1000m以上）
　　　d. 長さ3000m以上のずい道（1000m以上で，立て杭が50m以上も含む）
　　　e. ゲージ圧0.3MPa以上の圧気工法
　　2) a. 高さ31mを超える建築物などの建設，改造，解体など
　　　b. 最大支間50m以上の橋梁
　　　c. 掘削深さ，高さ10m以上の掘削
　　　d. ずい道・圧気工事（石綿の除去，ダイオキシンに係る設備の解体）
　　　e. 坑内掘りによる土砂採取の掘削
　　3) a. 吊り足場，張出し足場，高さ10m以上の足場（60日以上設置）
　　　b. 架設道路の高さおよび長さが10m以上
　　　c. 高さ3.5m以上の型枠支保工
　　　d. 軌道装置
　　　e. ガス集合溶接装置
　　　f. 3t以上のクレーン（スタッカ式1t以上）
　　　g. 2t以上のデリック

　　　h. 1t以上のエレベータ
　　　i. 積載荷重0.25t以上，高さ18m以上のリフト（ガードレール）
　　　j. ゴンドラ
　　4) a. 0.5tから3t未満のクレーン（スタッカー式1t未満）
　　　b. 移動式クレーン
　　　c. 0.5t以上2t未満のデリッククレーン
　　　d. 0.5t以上1t未満のエレベータ
　　　e. 高さ10mから18m未満の建設用リフト
　　　f. 0.2MPa以上の第2種圧力容器
　　5) 下請負人を使用する場合で，労働者総計が10人以上の場合
　　6) 2以上の建設業の事業者が，一つの仕事を共同連帯で請負う場合，その代表1名を選定する。
　　7) 下請・元請が混在する事業所で，常時50人以上，トンネル，圧気工事は30人以上
　　8) 1事業所100人以上，事由が生じて後14日以内
　　9) 1事業所50人以上，事由が生じて14日以内

表2　建築基準法関係

申請・届出の名称	提 出 者	届出・申請先	提 出 時 期
① 建築確認申請・工作物確認申請	建築主	建築主事 または 指定確認検査機関	着工前
② 建築工事届		都道府県知事	
③ 建築物除去届	施工者		
④ 中間検査申請	建築主	建築主事 または 指定確認検査機関	特定工程後，4日以内
⑤ 完了検査申請（工事完了届）			完了した日から4日以内

表3　道路交通法関係

申請・届出の名称	提 出 者	届出・申請先	提出時期
① 道路占用許可申請	道路占有者	道路管理者	工事開始1ヶ月前
② 道路使用許可申請	施工者	警察署長	着工前

【正解】 **13**：(3)，**14**：(3)，**15**：(3)

施工管理法

4・1・5　躯体工事計画

☐☐☐ **16**　鉄筋コンクリート造建築物の躯体解体工事の施工計画に関する記述として，**最も不適当なもの**はどれか。

(1)　階上作業による解体では，外壁を残しながら中央部分を先行して解体することとした。

(2)　階上作業による解体では，解体重機の移動にコンクリート塊を集積したスロープを利用するため，解体重機と合わせた最大荷重に対して補強することとした。

(3)　地上作業による解体では，作業開始面の外壁から1スパンを上階から下階に向かって全階解体し，解体重機のオペレーターの視界を確保することとした。

(4)　地上外周部の転倒解体工法では，1回の転倒解体を高さ2層分とし，柱3本を含む2スパンとした。

《R1-48》

☐☐☐ **17**　鉄筋コンクリート造建築物の耐震補強にかかる躯体改修工事の施工計画に関する記述として，**最も不適当なもの**はどれか。

　　ただし，d は異形鉄筋の呼び名の数値とする。

(1)　壁上部と既存梁下との間に注入するグラウト材の練混ぜにおいて，練上り時の温度が10〜35℃となるように，練り混ぜる水の温度を管理することとした。

(2)　既存壁に増打ち壁を設ける工事において，シアコネクタを型枠固定用のセパレータとして兼用することとした。

(3)　柱の溶接閉鎖フープ巻き工法に用いるフープ筋の継手は，溶接長さが4dの両側フレア溶接とすることとした。

(4)　柱の連続繊維補強工法に用いる炭素繊維シートの水平方向の重ね継手は，柱の各面に分散して配置することとした。

《R1-49》

☐☐☐ **18**　躯体工事の施工計画に関する記述として，**最も不適当なもの**はどれか。

(1)　場所打ちコンクリート杭工事において，安定液を使用したアースドリル工法の1次孔底処理は，底ざらいバケットにより行うこととした。

(2)　鉄骨工事において，板厚が13mmの部材の高力ボルト用の孔あけ加工は，せん断孔あけとすることとした。

(3)　ガス圧接継手において，鉄筋冷間直角切断機を用いて圧接当日に切断した鉄筋の圧接端面は，グラインダー研削を行わないこととした。

(4)　土工事において，透水性の悪い山砂を用いた埋戻しは，埋戻し厚さ300mmごとにランマーで締め固めながら行うこととした。

《R2-49》

□□□ **19** 鉄筋コンクリート造の躯体改修工事の施工計画に関する記述として，**最も不適当なもの**はどれか。

(1) 柱のコンクリートが鉄筋位置まで中性化していたため，浸透性アルカリ性付与材を塗布することとした。

(2) コンクリートのひび割れ幅が1.0mmを超えていたが，挙動しないひび割れであったため，シール工法を用いることとした。

(3) コンクリート表面の欠損深さが30mm以下であったため，ポリマーセメントモルタルによる充填工法を用いることとした。

(4) コンクリートの欠損部から露出している鉄筋は，周囲のコンクリートをはつり取り，錆を除去した後に防錆剤を塗布することとした。

《H30-49》

[解説]

16 (4) 転倒解体工法では，1回の転倒解体を高さ1層分以内とし，柱2本を含み幅は1～2スパン程度とする。よって，最も不適当である。

17 (3) 柱の溶接閉鎖フープ巻き工法に用いるフープ筋の継手は，溶接長さが10dの両側フレア溶接とする。よって，最も不適当である。

(4) 柱の連続繊維補強工法に用いる炭素繊維シートの水平方向の重ね継手は，柱の各面に分散して配置する。

18 (2) 高力ボルト用の孔あけ加工は，板厚に関係なくドリル孔あけとする。よって，最も不適当である。

(4) 透水性の悪い山砂を用いた埋戻しは，埋戻し厚さ300mmごとにランマーで締め固めながら行う。

19 (2) コンクリートのひび割れ幅が1.0mmを超えている場合，挙動しないひび割れであっても，可とう性エポキシ樹脂またはポリマーセメントモルタルによる充填工法とする。よって，最も不適当である。

(3) コンクリート表面の欠損深さが30mm以下の場合，ポリマーセメントモルタルによる充填工法を用いる。

【正解】 16 : (4)， 17 : (3)， 18 : (2)， 19 : (2)

施工管理法

4・1・6　仕上げ工事計画

20 鉄筋コンクリート造建築物の仕上改修工事の施工計画に関する記述として，**最も不適当なもの**はどれか。

⑴　外壁コンクリートに生じた幅が 1.0 mm を超える挙動しないひび割れは，可とう性エポキシ樹脂を用いた U カットシール材充填工法を用いることとした。

⑵　タイル張り仕上げ外壁の改修工事において，1 箇所の張替え面積が 0.2 m² であったため，タイル部分張替え工法を用いることとした。

⑶　既存合成樹脂塗床面の上に同じ塗床材を塗り重ねるため，接着性を高めるよう，既存仕上げ材の表面を目荒しすることとした。

⑷　防火認定の壁紙の張替えは，既存壁紙の裏打紙の薄層の上に防火認定の壁紙を張り付けることとした。

《R1-50》

21 仕上工事の施工計画に関する記述として，**最も不適当なもの**はどれか。

⑴　改質アスファルトシート防水トーチ工法において，露出防水用改質アスファルトシートの重ね部は，砂面をあぶって砂を沈め，100 mm 重ね合わせることとした。

⑵　メタルカーテンウォール工事において，躯体付け金物は，鉄骨躯体の製作に合わせてあらかじめ鉄骨製作工場で取り付けることとした。

⑶　タイル工事において，改良圧着張り工法の張付けモルタルの 1 回の塗付け面積は，タイル工 1 人当たり 4 m² とすることとした。

⑷　塗装工事において，亜鉛めっき鋼面の化成皮膜処理による素地ごしらえは，りん酸塩処理とすることとした。

《R2-50》

22 仕上工事の施工計画に関する記述として，**最も不適当なもの**はどれか。

⑴　張り石工事において，外壁乾式石張り工法の石材の裏面と躯体コンクリート面の間隔は，70 mm を標準とした。

⑵　タイル工事において，改良圧着張り工法の張付けモルタルの 1 回の塗付け面積は，タイル工 1 人当たり 4 m² 以内とし，下地面の張付けモルタルの塗厚さは 5 mm を標準とした。

⑶　メタルカーテンウォール工事において，躯体付け金物は，鉄骨躯体の製作に合わせてあらかじめ鉄骨製作工場で取り付けることとした。

⑷　塗装工事において，亜鉛めっき鋼面の化成皮膜処理による素地ごしらえは，りん酸塩処理とすることとした。

《H29-50》

□□□ **23**　鉄筋コンクリート造建築物の仕上げ改修工事の施工計画に関する記述として，**最も不適当なもの**はどれか。

(1)　既存アスファルト防水層を存置する防水改修工事において，ルーフドレン周囲の既存防水層は，ルーフドレン端部から150 mm までの範囲を四角形に撤去することとした。

(2)　モザイクタイル張り外壁の改修工事において，タイルの浮きやはく落が見られたため，繊維ネット及びアンカーピンを併用した外壁複合改修工法を用いることとした。

(3)　塗り仕上げの外壁改修工事において，広範囲の既存塗膜と素地の脆弱部を除去する必要があるため，高圧水洗工法を用いることとした。

(4)　かぶせ工法によるアルミニウム製建具の改修工事において，既存鋼製建具の枠の厚さが1.2 mm であったため，既存枠を補強することとした。

《H30-50》

[解説]

20　(1)　コンクリートに生じた幅が1.0 mm を超える挙動しないひび割れは，可とう性エポキシ樹脂またはポリマーセメントモルタル充填工法を用いる。

(3)　既存合成樹脂塗床面の上に同じ塗床材を塗り重ねる場合，接着性を高めるため，既存仕上げ材の表面を目荒しする。

(4)　防火認定の壁紙の張替えは，既存壁紙の裏打紙を撤去し，下地が見える状態にしてから行う。よって，最も不適当である。

21　(3)　改良圧着張り工法の張付けモルタルの1回の塗付け面積は，2 m² 以下とする。よって，最も不適当である。

22　(1)　外壁乾式石張り工法の石材の裏面と躯体コンクリート面の間隔は，70 mm から90 mm 程度とする。

(2)　タイル工事において，改良圧着張り工法の張付けモルタルの1回の塗付け面積は，タイル工1人当たり2 m² 以内とし，60分以内に張り終える面積とする。下地面の張付けモルタルの塗厚さは4 mm から6 mm 程度とする。よって，最も不適当である。

23　(1)　既存アスファルト防水層を存置する防水改修工事において，ルーフドレン周囲の既存防水層は，ルーフドレン端部から300 mm までの範囲を四角形に撤去する。よって，最も不適当である。

【正解】 20：(4)，21：(3)，22：(2)，23：(1)

施工管理法

1　建設業者が作成する建設工事の記録に関する記述として，**最も不適当なもの**はどれか。

(1)　過去の不具合事例等を調べ，あとに問題を残しそうな施工や材料については，集中的に記録を残すこととした。

(2)　デジタルカメラによる工事写真は，黒板の文字や撮影対象が確認できる範囲で有効画素数を設定して記録することとした。

(3)　既製コンクリート杭工事の施工サイクルタイム記録，電流計や根固め液等の記録は，発注者から直接工事を請け負った建設業者が保存する期間を定め，当該期間保存することとした。

(4)　設計図書に示された品質が証明されていない材料については，現場内への搬入後に行った試験の記録を保存することとした。

(R4-43)

2　仮設設備の計画に関する記述として，**最も不適当なもの**はどれか。

(1)　工事用の給水設備において，水道本管からの供給水量の増減に対する調整のため，2時間分の使用水量を確保できる貯水槽を設置する計画とした。

(2)　工事用の溶接用ケーブル以外の屋外に使用する移動電線で，使用電圧が300Vのものは，1種キャブタイヤケーブルを使用する計画とした。

(3)　作業員の仮設便所において，男性用大便所の便房の数は，同時に就業する男性作業員が60人ごとに，1個設置する計画とした。

(4)　工事用の照明設備において，普通の作業を行う作業面の照度は，150ルクスとする計画とした。

(R2-47)

3　工事現場における材料の保管に関する記述として，**最も不適当なもの**はどれか。

(1)　既製コンクリート杭は，やむを得ず2段に積む場合，同径のものを並べ，まくら材を同一鉛直面上にして仮置きする。

(2)　高力ボルトは，工事現場受入れ時に包装を開封し，乾燥した場所に，使用する順序に従って整理して保管する。

(3)　フローリング類は，屋内のコンクリートの上に置く場合，シートを敷き，角材を並べた上に保管する。

(4)　防水用の袋入りアスファルトは，積重ねを10段以下にし，荷崩れに注意して保管する。

(R1-51)

4　仕上工事の施工計画に関する記述として，**最も不適当なもの**はどれか。

(1)　内装工事において，防火材料の認定を受けた壁紙は，防火性能のあることを表す施工管理ラベルを1区分（1室）ごとに2枚以上貼り付けて表示する計画とした。

(2)　タイル工事において，二丁掛けタイルの改良積上げ張りの1日の張付け高さの限度は，1.5m とする計画とした。

(3)　左官工事において，内壁のモルタル塗り厚さが20mm なので，3回に分けて塗る計画とした。

(4)　金属工事において，海岸近くの屋外に設ける鋼製手すりが，塗装を行わず亜鉛めっきのままの仕上げとなるので，電気亜鉛めっきとする計画とした。

(H28-50)

5　施工計画に関する記述として，**最も不適当なもの**はどれか。

(1)　鉄骨工事において，建方精度を確保するため，建方の進行とともに，小区画に区切って建入れ直しを行う計画とした。

(2)　大規模，大深度の工事において，工期短縮のため，地下躯体工事と並行して上部躯体を施工する逆打ち工法とする計画とした。

(3)　鉄筋工事において，工期短縮のため，柱や梁の鉄筋を先組み工法とし，継手は機械式継手とする計画とした。

(4)　鉄骨工事において，施工中の粉塵の飛散をなくし，被覆厚さの管理を容易にするため，耐火被覆はロックウール吹付け工法とする計画とした。

(R2-48)

正解とワンポイント解説

1　(4)　設計図書に示された品質が証明されていない材料については，現場内へ搬入する前に試験を行い，記録を保存する。

2　(2)　溶接用ケーブル以外の屋外に使用する移動電線で，使用電圧が300V 以下のものは，2種以上のキャブタイヤケーブルを使用する。1種は天然ゴムのみでできたケーブルで，シース材料特性が低く，屋外には適さない。

3　(2)　高力ボルトは，包装の完全なものを未開封状態で工事現場に搬入し，施工直前に必要な量だけ包装を解く。

4　(4)　亜鉛めっき法には，溶融亜鉛めっきと電気亜鉛めっきがあり，溶融亜鉛めっきのほうがめっき層が厚く，耐久性がある。屋外に使用する場所は，溶融亜鉛めっきのほうが適している。

5　(4)　ロックウール吹付け工法は，施工中の粉塵が飛散しやすく，被覆厚さの管理が困難である。

【正解】　**1**：(4)，**2**：(2)，**3**：(2)，**4**：(4)，**5**：(4)

4·2　工 程 管 理

[最近出題された問題]

4·2·1　工 程 計 画

---

1 工程計画に関する記述として，**最も不適当な**ものはどれか。

(1) マイルストーンは，工事の進捗を表す主要な日程上の区切りを示す指標で，掘削完了日，鉄骨建方開始日，外部足場解体日等が用いられる。

(2) 工程短縮を図るために行う工区の分割は，各工区の作業数量がほぼ均等になるように計画する。

(3) 全体工期に制約がある場合，積上方式（順行型）を用いて工程表を作成する。

(4) 工程計画では，各作業の手順計画を立て，次に日程計画を決定する。

《R3-44》

---

2 工程計画及び工程表に関する記述として，**最も不適当な**ものはどれか。

(1) 工程計画には，大別して積上方式と割付方式とがあり，工期が制約されている場合は，割付方式で検討することが多い。

(2) 工程計画において，山均しは，作業員，施工機械，資機材等の投入量の均等化を図る場合に用いる。

(3) 工程表は，休日や天候を考慮した実質的な作業可能日数を暦日換算した日数を用いて作成する。

(4) 基本工程表は，工事の特定の部分や職種を取り出し，それにかかわる作業，順序関係，日程等を示したものである。

《R4-45》

---

3 建築工事における工期と費用に関する一般的な記述として，**最も不適当な**ものはどれか。

(1) 直接費が最小となるときに要する工期を，ノーマルタイム（標準時間）という。

(2) 工期を短縮すると，間接費は増加する。

(3) どんなに直接費を投入しても，ある限度以上には短縮できない工期を，クラッシュタイム（特急時間）という。

(4) 総工事費は，工期を最適な工期より短縮しても，延長しても増加する。

《R4-44》

---

4 工程計画に関する記述として，**最も不適当なもの**はどれか。

(1) 工程計画では，各作業の手順計画を立て，次に日程計画を決定した。

(2) 工程計画では，工事用機械が連続して作業を実施し得るように作業手順を定め，工事用機械の不稼働をできるだけ少なくした。

(3) 工期短縮を図るため，作業員，工事用機械，資機材等の供給量のピークが一定の量を超えないように山崩しを検討した。

(4) 工期短縮を図るため，クリティカルパス上の鉄骨建方において，部材を地組してユニット化し，建方のピース数を減らすよう検討した。

《R5-44》

[解説]

1 (3) 全体工期に制約がある場合は，割付方式（逆行型）を用いて工程表を作成する。よって，最も不適当である。

2 (4) 基本工程表は，工事全体の進捗を表で表したもので，特定の部分や職種を取り出すものではない。よって，最も不適当である。

3 (2) 間接費は，工期が短縮すると減少する。よって，最も不適当である。

4 (3) 山崩しとは必要投入量が集中している部分を平準化して効率的な労務・資機材の活用を目指すもので，工期短縮を図るものではない。よって，最も不適当である。

施工管理法

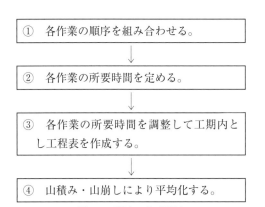

図1 工程表の作成順序

① 各作業の順序を組み合わせる。

↓

② 各作業の所要時間を定める。

↓

③ 各作業の所要時間を調整して工期内とし工程表を作成する。

↓

④ 山積み・山崩しにより平均化する。

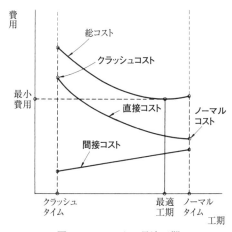

図2 CPMによる最適工期

【正解】 **1**：(3)， **2**：(4)， **3**：(2)， **4**：(3)

4・2・2　工期短縮と進ちょく度管理

□□□ **5** タクト手法に関する記述として，**最も不適当なもの**はどれか。

(1) 作業を繰り返し行うことによる習熟効果によって生産性が向上するため，工事途中でのタクト期間の短縮や作業者数の削減を検討する。

(2) タクト手法は，同一設計内容の基準階を多く有する高層建築物の仕上工事の工程計画手法として，適している。

(3) 設定したタクト期間では終わることができない一部の作業については，当該作業の作業期間をタクト期間の整数倍に設定する。

(4) 各作業が独立して行われているため，1つの作業に遅れがあってもタクトを構成する工程全体への影響は小さい。

《R2-55》

□□□ **6** 一般的な事務所ビルの鉄骨工事において，所要工期算出のために用いる各作業の能率に関する記述として，**最も不適当なもの**はどれか。

(1) 鉄骨のガスシールドアーク溶接による現場溶接の作業能率は，1人1日当たり6mm換算溶接長さで80mとして計画した。

(2) タワークレーンのクライミングに要する日数は，1回当たり1.5日として計画した。

(3) 建方用機械の鉄骨建方作業占有率は，60%として計画した。

(4) トルシア形高力ボルトの締付け作業能率は，1人1日当たり300本として計画した。

《R5-45》

□□□ **7** タクト手法に関する記述として，**最も不適当なもの**はどれか。

(1) 作業を繰り返し行うことによる習熟効果によって生産性が向上するため，工事途中でのタクト期間の短縮や作業者の人数の削減を検討する。

(2) 設定したタクト期間では終わることができない一部の作業については，当該作業の作業期間をタクト期間の整数倍に設定しておく。

(3) 各作業は独立して行われるため，1つの作業に遅れがあってもタクトを構成する工程全体への影響は小さい。

(4) 一連の作業は同一の日程で行われ，次の工区へ移動することになるため，各工程は切れ目なく実施できる。

《R4-46》

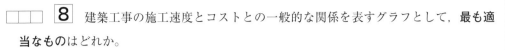

8 建築工事の施工速度とコストとの一般的な関係を表すグラフとして，**最も適当なものはどれか。**

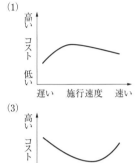
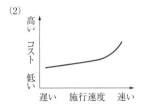
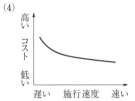

《H29-53》

9 突貫工事になると工事原価が急増する原因として，**最も不適当なもの**はどれか。
(1) 材料の手配が施工量の急増に間に合わず，労務の手待ちが生じること。
(2) 1日の施工量の増加に伴い，労務費が施工量に比例して増加すること。
(3) 一交代から二交代，三交代へと1日の作業交代数の増加に伴う現場経費が増加すること。
(4) 型枠支保工材，コンクリート型枠等の使用量が，施工量に比例的でなく急増すること。

《H30-53》

施工管理法

[解説]
5 (4) **タクト手法**は，各作業が連動して進むので，1つの作業に遅れが出ると工程全体に影響がでる。よって，最も不適当である。

6 (4) トルシア形高力ボルトの締付け作業能率は，1人1日当たり200本程度として計画する。よって，最も不適当である。

7 (3) 5の(4)の解説参照。

8 (3) コストは，工期があまりに短くなると増加するが，長すぎても増加する。よって，(3)が最も適当である。

9 (2) 突貫工事の場合，効率に関係なく人員を投入することで工期を短縮することになるのため，労務費は施工量以上に増加する可能性がある。かならずしも比例するとは限らない。よって，最も不適当である。

【正解】5：(4)，6：(4)，7：(3)，8：(3)，9：(2)

4・2・3　作業手順と所要工期

□□□ **10**　高層建築の鉄骨工事において，所要工期算出のための各作業の一般的な能率に関する記述として，**最も不適当なもの**はどれか。

⑴　タワークレーンの揚重ピース数は，1 日当たり 40 ピースとした。

⑵　補助クレーンを併用するため，タワークレーンの鉄骨建方作業のみに占める時間の割合を，30％とした。

⑶　現場溶接は，溶接工 1 人 1 日当たりボックス柱で 2 本，梁で 5 箇所とした。

⑷　タワークレーンの 1 回のクライミングに要する日数は，1.5 日とした。

《H29-55》

□□□ **11**　一般的な事務所ビルの新築工事における鉄骨工事の工程計画に関する記述として，**最も不適当なもの**はどれか。

⑴　トラッククレーンによる鉄骨建方の取付けピース数は，1 台 1 日当たり 70 ピースとして計画した。

⑵　鉄骨のガスシールドアーク溶接による現場溶接は，1 人 1 日当たり 6mm 換算で 80m として計画した。

⑶　建方用機械の鉄骨建方作業占有率は，60％として計画した。

⑷　タワークレーンのクライミングに要する日数は，1 回当たり 1.5 日として計画した。

《R1-55》

□□□ **12**　一般的な事務所ビルの新築工事における鉄骨工事の工程計画に関する記述として，**最も不適当なもの**はどれか。

⑴　タワークレーンによる鉄骨建方の取付け歩掛りは，1 台 1 日当たり 80 ピースとして計画した。

⑵　建方工程の算定において，建方用機械の鉄骨建方作業の稼働時間を 1 台 1 日当たり 5 時間 30 分として計画した。

⑶　トルシア形高力ボルトの締付け作業能率は，1 人 1 日当たり 200 本として計画した。

⑷　鉄骨のガスシールドアーク溶接による現場溶接の作業能率は，1 人 1 日当たり 6mm 換算で 80m として計画した。

《R3-45》

□□□ **13** 次の条件の工事の総所要日数として，**正しいもの**はどれか。

ただし，（　）内は各作業の所要日数である。

条件

　イ．作業A（3日）及びB（4日）は，同時に着工できる。

　ロ．作業C（6日）は，作業A及びBが完了後，作業を開始できる。

　ハ．作業D（5日）及びE（8日）は，作業Bが完了後，作業を開始できる。

　ニ．作業F（4日）は，作業C及びDが完了後，作業を開始できる。

　ホ．作業E及びFが完了したとき，全工事は完了する。

　(1)　11日

　(2)　12日

　(3)　13日

　(4)　14日

《H29-56》

[解説]

10　(2)　タワークレーンの鉄骨建方作業のみに占める時間の割合は，補助クレーンを併用した場合でも，25％程度とする。よって，最も不適当である。

11　(1)　トラッククレーンによる鉄骨建方の取付けピース数は，1台1日当たり30～35ピースとする。よって，最も不適当である。

　　(3)　建方用機械の鉄骨建方作業占有率は，60％程度とする。

　　(4)　タワークレーンのクライミングに要する日数は，1回当たり1.5日として計画する。

12　(1)　タワークレーンによる鉄骨建方の取付け歩掛りは，1台1日当たり40～50ピースとして計画する。よって，最も不適当である。

13　　総所要日数を求めるため，ネットワーク工程表を作成してみる。

　　工程表より，総所要日数は，4+6+4=14日

　　よって，(4)が正しい。

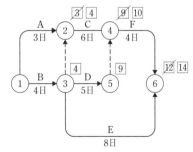

図3　ネットワーク計算

【正解】 10：(2)，11：(1)，12：(1)，13：(4)

4・2・4　ネットワーク計算

14 図に示すネットワーク工程表に関する記述として，**誤っているもの**はどれか。

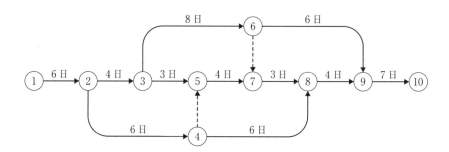

(1)　作業⑥→⑨の最遅終了日は，25 日である。

(2)　作業⑦→⑧の最早開始日は，18 日である。

(3)　作業⑤→⑦のフリーフロートは，2 日である。

(4)　作業⑥→⑨のトータルフロートは，1 日である。

《H28-56》

[解説]

14　設問のネットワーク工程表の**最早開始日**と**最遅終了日**を計算すると下図のようになる。

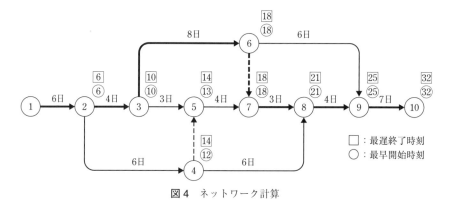

図 4　ネットワーク計算

(1)　作業⑥→⑨の最遅終了日は，上図より 25 日である。

(2)　作業⑦→⑧の最早開始日は，上図より 18 日である。

(3)　作業⑤→⑦のフリーフロートは，18－（13＋4）＝1 日となる。よって(3)が誤っている。

(4)　作業⑥→⑨のトータルフロートは，25－（18＋6）＝1 日となる。

【正解】 **14**：(3)

4・2・5　工程表の種類と特徴

15 工程管理に関する記述として，**最も不適当なもの**はどれか。

(1) バーチャート手法は，前工程の遅れによる後工程への影響を理解しやすい。

(2) 工事の進捗度の把握には，時間と出来高の関係を示したＳチャートが用いられる。

(3) 間接費は，一般に工期の長短に相関して増減する。

(4) どんなに直接費を投入しても，ある限度以上には短縮できない時間をクラッシュタイムという。

《R2-53》

16 ネットワーク工程表に関する記述として，**最も不適当なもの**はどれか。

(1) ディペンデントフロートは，後続作業のトータルフロートに影響を及ぼすようなフロートである。

(2) フリーフロートは，その作業の中で使い切ってしまうと後続作業のフリーフロートに影響を及ぼすようなフロートである。

(3) クリティカルパスは，トータルフロートが0の作業を開始結合点から終了結合点までつないだものである。

(4) トータルフロートは，当該作業の最遅終了時刻（LFT）から当該作業の最早終了時刻（EFT）を差し引いて求められる。

《R2-56》

17 ネットワーク工程表に関する記述として，**最も不適当なもの**はどれか。

(1) 一つの作業の最早終了時刻（EFT）は，その作業の最早開始時刻（EST）に作業日数（D）を加えて得られる。

(2) 一つの作業の最遅開始時刻（LST）は，その作業の最遅終了時刻（LFT）から作業日数（D）を減じて得られる。

(3) 一つの作業でトータルフロート（TF）が0である場合，その作業ではフリーフロート（FF）は0になる。

(4) 一つの作業でフリーフロート（FF）を使い切ってしまうと，後続作業のトータルフロート（TF）に影響を及ぼす。

《R5-46》

---

18 ネットワーク工程表に用いられる用語に関する記述として，**最も不適当なも**のはどれか。

(1)　ディペンデントフロート（DF）は，最遅結合点時刻（LT）からフリーフロート（FF）を減じて得られる。

(2)　最遅開始時刻（LST）は，後続の最早結合時刻（ET）から作業日数（D）を減じて得られる。

(3)　最遅結合点時刻（LT）は，工期に影響することなく，各結合点が許される最も遅い時刻である。

(4)　最早終了時刻（EFT）は，最早開始時刻（EST）に作業日数（D）を加えて得られる。

《R1-56》

---

19 ネットワーク工程表におけるフロートに関する記述として，**最も不適当なも**のはどれか。

(1)　クリティカルパス（CP）以外の作業でも，フロートを使い切ってしまうとクリティカルパス（CP）になる。

(2)　ディペンデントフロート（DF）は，最遅結合点時刻（LT）からフリーフロート（FF）を減じて得られる。

(3)　作業の始点から完了日までの各イベントの作業日数を加えていき，複数経路日数のうち，作業の完了を待つことになる最も遅い日数が最早開始時刻（EST）となる。

(4)　最遅完了時刻（LFT）を計算した時点で，最早開始時刻（EST）と最遅完了時刻（LFT）が同じ日数の場合，余裕のない経路であるため，クリティカルパス（CP）となる。

《R3-46》

［解説］

15 (1)　バーチャートは各工事の工期と所要日数が把握しやすい反面，作業の相互関係が明確でなく，後工程への影響が理解しにくい。よって，最も不適当である。

16 (2)　フリーフロートとは，作業を再早開始時刻で始め，後続イベントも再早開始時刻に始めてなお存在する余裕日数のこと。後続の作業に影響を与えることなく，その作業が単独でもつ余裕。よって，最も不適当である。

17 (4)　16の(2)の解説参照。よって，最も不適当である。

18 (1)　ディペンデントフロート（DF）は，総余裕日数（TF）からフリーフロート（FF）を減じて得られる。よって，最も不適当である。

19 (2)　18の(1)の解説参照。

【正解】 15：(1)， 16：(2)， 17：(4)， 18：(1)， 19：(2)

1 工程計画に関する記述として，**最も不適当なもの**はどれか。

(1) 工事計画は，まず各作業の手順計画を立て，次に日程計画を決定する。

(2) 全体工期に制約がある場合は，積上方式（順行型）を用いて工程表を作成する。

(3) 工程短縮を図るために行う工区の分割は，各工区の作業数量がほぼ均等になるように計画する。

(4) 工程表は，休日や天候を考慮した実質的な作業可能日数を暦日換算した日数を用いて作成する。

(R1-54)

2 工程計画及び工程表に関する記述として，**最も不適当なもの**はどれか。

(1) 各作業の手順計画を立て，次に日程計画を決定する。

(2) 基本工程表は，特定の部分や職種を取り出し，それにかかわる作業，順序関係，日程などを示したものである。

(3) 工期の調整は，工法，労働力，作業能率及び作業手順などを見直すことにより行う。

(4) マイルストーンは，工事の進ちょくを表す主要な日程上の区切りを示す指標であり，掘削開始日，地下躯体完了日，屋上防水完了日等が用いられる。

(H28-54)

3 工程計画に関する記述として，**最も不適当なもの**はどれか。

(1) 使用可能な前面道路の幅員及び交通規制に応じて，使用重機及び搬入車両の能力を考慮した工程計画を立てる。

(2) 工事用機械が連続して作業を実施し得るように作業手順を定め，工事用機械の不稼働をできるだけ少なくする。

(3) 工期が指定され，工事内容が比較的容易で，また施工実績や経験が多い工事の場合は，積上方式（順行型）を用いて工程表を作成する。

(4) 工程短縮を図るために行う工区の分割は，各工区の作業数量が同等になるように計画する。

(H29-54)

4 突貫工事になると工事原価が急増する原因の記述として，**最も不適当なもの**はどれか。

(1) 材料の手配が施工量の急増に間に合わず，労務の手待ちを生じること。

(2) 1日の施工量の増加に対応するため，仮設及び機械器具の増設が生じること。

(3) 一交代から二交代へと1日の作業交代数の増加に伴う現場経費が増加すること。

(4) 型枠支保工材など消耗役務材料の使用量が，施工量に比例して増加すること。

(H27-53)

5 ネットワーク工程表におけるフロートに関する記述として，**最も不適当なもの**はどれか。

(1) ディペンデントフロートは，後続作業のトータルフロートに影響を与えるフロートである。

(2) トータルフロートは，フリーフロートからディペンデントフロートを引いたものである。

(3) フリーフロートは，その作業の中で使い切っても後続作業のフロートに全く影響を与えない。

(4) クリティカルパス上の作業以外でも，フロートを使い切ってしまうとクリティカルパスになる。

(H27-56)

6 図に示すネットワーク工程表に関する記述として，**不適当なもの**はどれか。

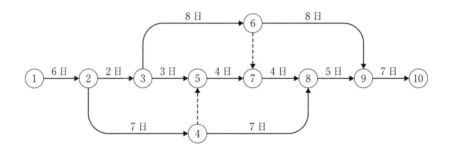

(1) 作業④→⑧の最遅終了日は，20日である。

(2) 作業⑦→⑧の最早開始日は，17日である。

(3) 作業③→⑤のフリーフロートは，2日である。

(4) 作業⑥→⑨のトータルフロートは，2日である。

(H25-56)

正解とワンポイント解説

1　(2)　全体工期に制約がある場合は，割付方式（逆行型）を用いる。

2　(2)　基本工程表は，全体の工程の進ちょく状況を表した表で，特定の部分や職種についての工程表ではない。

3　(3)　工期が指定され，工事内容が比較的容易で，また施工実績や経験が多い工事の場合，割付方式（逆行型）を用いる。

4　(4)　型枠支保工材などの消耗役務材料は，設計時に決まる量であって，突貫工事であっても変わらない。

5　(2)　**トータルフロート**（TF：Total Float）は，作業を最早開始時刻で始め，最遅完了時刻に終わる場合の余裕日数。**フリーフロート**（FF：Free Float）は，作業を最早開始時刻で始め，後続イベントも最早開始時刻に始めてなお存在する余裕日数。**ディペンデントフロート**（DF）は，消費しなければ次の作業に持ち越せる余裕日数。TF＝FF＋DF の関係がある。

6　設問のネットワーク工程表の**最早開始日**と**最遅終了日**を計算すると下図のようになる。

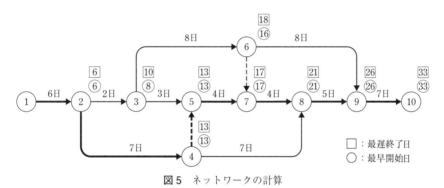

図5　ネットワークの計算

(1)　作業④→⑧の最遅終了日は，上図より 21 日である。よって，(1)が不適当である。

(3)　**フリーフロート**とは，先行作業の中で自由に使っても，後続作業に影響を及ぼさない余裕時間で，作業③→⑤のフリーフロートは，イベント⑤の最早開始日からその作業の所要日数とイベント③の最早開始日を引いたものになる。13－(8＋3)＝2 日となる。

(4)　**トータルフロート**とは，その作業内でとりうる最大余裕時間で，作業⑥→⑨のトータルフロートは，イベント⑨の最遅終了日からその作業の所要日数とイベント⑥の最早開始日を引いたものになる。26－(16＋8)＝2 日となる。

【正解】 1：(2)，2：(2)，3：(3)，4：(4)，5：(2)，6：(1)

4・3　品 質 管 理

［最近出題された問題］

4・3・1　品質管理の計画

□□□ **1** 施工品質管理表（QC 工程表）の作成に関する記述として，**最も不適当なも**のはどれか。

(1) 工種別又は部位別とし，管理項目は作業の重要度に関わらず施工工程に沿って並べる。

(2) 工事監理者，施工管理者及び専門工事業者の役割分担を明記する。

(3) 管理値を外れた場合の処置をあらかじめ定めておく。

(4) 各作業の施工条件及び施工数量を明記する。

《H29-57》

□□□ **2** 施工品質管理表（QC 工程表）に関する記述として，**最も不適当なものは**どれか。

(1) 管理項目には，重点的に実施すべき項目を取り上げる。

(2) 工事監理者，施工管理者及び専門工事業者の役割分担を明記する。

(3) 管理値を外れた場合の処置をあらかじめ定めておく。

(4) 工種別又は部位別とし，管理項目は作業の重要度の高い順に並べる。

《R1-57》

□□□ **3** 品質管理に関する記述として，**最も適当な**ものはどれか。

(1) 品質管理は，品質計画の目標のレベルにかかわらず，緻密な管理を行う。

(2) 品質の目標値を大幅に上回る品質が確保されていれば，優れた品質管理といえる。

(3) 品質確保のための作業標準を作成し，作業標準どおり行われているか管理を行う。

(4) 品質管理は，計画段階より施工段階で検討するほうが，より効果的である。

《R4-47》

□□□ **4**　品質管理に関する記述として，**最も適当なもの**はどれか。

(1)　品質管理は，計画段階より施工段階で検討するほうが，より効果的である。

(2)　品質確保のための作業標準を作成し，作業標準どおり行われているか管理を行う。

(3)　工程（プロセス）の最適化より検査を厳しく行うことのほうが，優れた品質管理である。

(4)　品質管理は，品質計画の目標のレベルにかかわらず，緻密（ちみつ）な管理を行う。

《R2-57》

〔解説〕

1 (4)　施工品質管理表（**QC工程表**）とは，作業開始から完了までの各工程が，どのような管理項目や管理方法で行われているかをまとめたものである。各作業の施工条件及び施工数量の明記は必要ない。よって，最も不適当である。

表1　施工品質管理表（QC工程表）の例

QC工程表	品名		品番		文書番号	作成日	改定
工程	管理項目	頻度	要領等	設備	担当者	検査記録	備考

2 (4)　工種別又は部位別とし，管理項目は作業の重要度に関わらず施工工程に沿って並べる。よって，最も不適当である。

3 (1)　品質管理は，すべての品質について同じレベルで行うより，守るべき品質目標に対して重みづけを行い，重点的な管理を行うほうがよい。

(2)　品質の目標値を大幅に上回る品質が確保できているからといって，優れた品質管理とはいえない。

(3)　作業標準とは，作業条件，作業方法，管理方法，使用材料，使用設備その他の注意事項などに関する基準を定めたものである。作業標準が計画できたら，作業がそのとおり行われているかの管理に重点をおく。よって，最も適当である。

(4)　品質に及ぼす影響は，計画段階から検討した方が効果的である。

4 (2)　品質確保のための作業標準を作成したら，作業標準どおりに行われているか管理を行う。

【正解】 1 : (4)，2 : (4)，3 : (3)，4 : (2)

施工管理法

4・3・2　品質管理用語と ISO

□□□ **5** 品質管理の用語に関する記述として，**最も不適当なもの**はどれか。

(1) 品質マニュアルとは，品質に関して組織を指揮し，管理するためのマネジメントシステムを規定する文書のことである。

(2) 工程（プロセス）管理とは，工程（プロセス）の出力である製品又はサービスの特性のばらつきを低減し，維持する活動のことである。

(3) 是正処置とは，起こりうる不適合又はその他の望ましくない起こりうる状況の原因を除去するための処置のことである。

(4) 母集団の大きさとは，母集団に含まれるサンプリング単位の数のことである。

《R1-58》

□□□ **6** 品質管理の用語に関する記述として，**最も不適当なもの**はどれか。

(1) 誤差とは，試験結果又は測定結果の期待値から真の値を引いた値のことである。

(2) 目標値とは，仕様書で述べられる，望ましい又は基準となる特性の値のことである。

(3) 不適合とは，要求事項を満たしていないことである。

(4) トレーサビリティとは，対象の履歴，適用又は所在を追跡できることである。

《H30-58》

□□□ **7** 品質管理の用語に関する記述として，**最も不適当なもの**はどれか。

(1) 目標値とは，仕様書で述べられる，望ましい又は基準となる特性の値のことをいう。

(2) ロットとは，等しい条件下で生産され，又は生産されたと思われるものの集まりをいう。

(3) かたよりとは，観測値又は測定結果の大きさが揃っていないことをいう。

(4) トレーサビリティとは，対象の履歴，適用又は所在を追跡できることをいう。

《R2-58》

［解説］

5 (3) 是正処置とは，検出された不適合またはその他の検出された望ましくない状況の原因を除去するための処置。

6 (1) 誤差とは，試験結果又は測定結果の値から真の値を引いた値である。

7 (3) かたよりとは，観測値・測定結果の期待値から真の値を引いた差である。

表2 品質マネジメントシステムに関する用語

用 語	説 明
管理図	工程が安定な状態にあるかどうかを調べるため，または工程を安定な状態に保持するために用いる図。 管理限界を示す一対の線を引き，これに品質または工程の条件などを表す点を打っていき，点が管理限界線の中にあれば工程は安定な状態にあり，管理限界線の外に出れば見逃せない原因があったことを示す。 見逃せない原因があったことがわかればその原因を調べ，工程に対して再び起こらないよう処置を講ずることにより，工程を安定な状態に保持することができる。
許容差	(1)規定された基準値と規定された限界との差。 (2)化学分析などのデータのばらつきの許容される限界。例えば，範囲，残差などの許容される限界をいう。
公 差	規定された最大値と規定された最小値との差。 例えば，はめ合い方式の最大寸法との差。
管理線	中心線と管理限界線の総称。
中央値	測定値を大きさの順にならべたとき，ちょうどその中央にあたる1つの値（奇数個の場合），または中央の2つの算術平均（偶数個の場合）。
範 囲	測定値のうち，最大の値と最小の値との差。
偏 差	測定値とその期待値との差。
管理限界	見逃せない原因と偶然原因を見分けるために管理図に設けた限界。
中心線	管理図において，平均値を示すために引いた直線。
品質水準	品質の良さの程度。 工程や供給される多数の製品については不良率，単位当たりの欠点数，平均，ばらつきなどで表す。
設計品質	製造の目標としてねらった品質。ねらいの品質ともいう。 これに対して使用者が要求する品質，または品質に対する使用者の要求度合いを使用品質という。 設計品質を企画するときは使用品質を十分に考察する必要がある。
製造品質	設計品質をねらって製造した製品の実際の品質。 できばえの品質，適合の品質ともいう。
規 格	標準のうちで，品物またはサービスに直接，間接に関係する技術的事項について定めた取り決め。 標準とは，関係する人々の間で利益または利便が公正に得られるように統一，単純化を図る目的で，物体，性能，能力，配置，状態，動作，手順，方法，手続き，責任，義務，権限，考え方，概念などについて定めた取り決め。
仮規格	正式の規格の制定に先立って，試験的，準備的に適用することを目的として定めた仮の規格。
暫定規格	従来の規格によることが不具合なとき，ある特定の期間を限って適用することを目的として定めた正式の規格。
規格限界	品質特性について許容できる限界値を規定するため，規格の中に与えてある限界。
計数値	不良品の数，欠点数などのように個数を数えて得られる品質特性の値。
欠点数	欠点の数。個々の品数に対して用いる場合と，サンプル，ロットなどに対して用いる場合とがある。
不良個数	不良品の個数。サンプルに対して用いる場合と，ロットに対して用いる場合とがある。
不良率	品物の全数に対する不良品の数の比率。 百分率で表した不良率を不良百分率という。
是正処置	検出された不適合またはその他の検出された望ましくない状況の原因を除去するための処置。
予防処置	起こりうる不適合またはその他の望ましくない起こりうる状況の原因を除去するための処置。
レビュー	設定された目標を達成するための検討対象の適切性，妥当性および有効性を判定するために行われる活動。
プロセス	インプットをアウトプットに変換する，相互に関連するまたは相互に作用する一連の活動。
トレーサビリティ	あるものについて，その履歴，使用または所在を，記録された識別によってたどる能力。
ロット	等しい条件下で生産され，または生産されたと思われる品物の集まり。

施工管理法

【正解】 5：(3)， 6：(1)， 7：(3)

4・3・3　管　　理　　図

□□□ **8** 　次の管理図のうち，工程が最も統計的管理状態にあると**判断されるもの**はどれか。なお，図において UCL は上方管理限界，LCL は下方管理限界，CL は中心線を示す。

(1)

(2)

(3)

(4)

《H27-60》

□□□ **9** 　品質管理図に関する記述として，**最も不適当なもの**はどれか。

(1)　$\overline{\mathrm{X}}$（エックスバー）管理図は，サンプルの個々の観測値を用いて工程水準を評価するための計量値管理図である。

(2)　np（エヌピー）管理図は，サンプルサイズが一定の場合に，所与の分類項目に該当する単位の数を評価するための計数値管理図である。

(3)　R（アール）管理図は，群の範囲を用いて変動を評価するための計量値管理図である。

(4)　s（エス）管理図は，群の標準偏差を用いて変動を評価するための計量値管理図である。

《H29-60》

（メモ）

［解説］

8 (1)　データが片側に連続する傾向もあるが，5，6点にとどまり，<u>注意は必要なものの管理状態にあると判断</u>できる。よって，(1)が該当する。

(2)　データが中心線に対して，一方の側に連続して7点以上現れており，管理状態にないと判断する。

(3)　データが漸次上昇しており，連続7点以上が上昇または下降の傾向を示した場合，管理状態にないと判断する。

(4)　管理限界線の外に出ているデータが二つあり，管理状態にないと判断する。

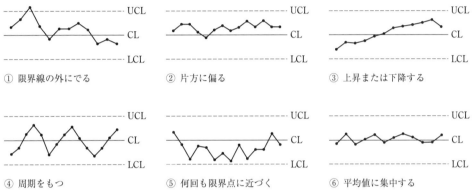

① 限界線の外にでる　　② 片方に偏る　　③ 上昇または下降する

④ 周期をもつ　　⑤ 何回も限界点に近づく　　⑥ 平均値に集中する

図1　原因究明→改善を必要とする工程管理図の事例

9 (1)　$\bar{X}$ 管理図は，工程が時間とともにどのような変化をするかを見るための管理図である。よって，最も不適当である。

【正解】**8**：(1)，**9**：(1)

（メモ）

4・3・4 各種品質管理図表

10 品質管理に用いる図表に関する記述として，**最も不適当なもの**はどれか。

(1) ヒストグラムは，観測値若しくは統計量を時間順又はサンプル番号順に表し，工程が管理状態にあるかどうかを評価するために用いられる。

(2) 散布図は，対応する2つの特性を横軸と縦軸にとり，観測値を打点して作るグラフ表示で，主に2つの変数間の相関関係を調べるために用いられる。

(3) パレート図は，項目別に層別して，出現度数の大きさの順に並べるとともに，累積和を示した図である。

(4) 系統図は，設定した目的や目標と，それを達成するための手段を系統的に展開した図である。

《R5-48》

11 品質管理に用いる図表に関する記述として，**最も不適当なもの**はどれか。

(1) パレート図は，観測値若しくは統計量を時間順又はサンプル番号順に表し，工程が管理状態にあるかどうかを評価するために用いられる。

(2) ヒストグラムは，計量特性の度数分布のグラフ表示で，製品の品質の状態が規格値に対して満足のいくものか等を判断するために用いられる。

(3) 散布図は，対応する2つの特性を横軸と縦軸にとり，観測値を打点して作るグラフ表示で，主に2つの変数間の相関関係を調べるために用いられる。

(4) チェックシートは，欠点や不良項目などのデータを取るため又は作業の点検確認をするために用いられる。

《R1-60》

12 品質管理に用いる図表に関する記述として，**最も不適当なもの**はどれか。

(1) ヒストグラムは，観測値若しくは統計量を時間順又はサンプル番号順に表し，工程が管理状態にあるかどうかを評価するために用いられる。

(2) 特性要因図は，特定の結果と原因系の関係を系統的に表し，重要と思われる原因への対策の手を打っていくために用いられる。

(3) 散布図は，対応する2つの特性を横軸と縦軸にとり，観測値を打点して作るグラフ表示で，主に2つの変数間の相関関係を調べるために用いられる。

(4) パレート図は，項目別に層別して，出現度数の大きさの順に並べるとともに，累積和を示した図である。

《R3-48》

［解説］

10 (1) ヒストグラムは，計量特性の度数分布のグラフ表示で，製品の品質の状態が規格値に対して満足のいくものか等を知るために用いられる。よって，最も不適当である。

11 (1) パレート図は，縦軸に割合，横軸に項目をとり，左から数値が大きい順に項目別の棒グラフを並べたもの。どの項目がどの程度結果に対して影響力をもっているか把握することができる。

12 (1) ヒストグラムは，計量特性の度数分布のグラフ表示で，製品の品質の状態が規格値に対して満足のいくものか等を判断するために用いられる。よって，最も不適当である。

表3　品質管理図表

グラフ名	表示内容	グラフの表示名
統計図表	数の比較，累計	ヒストグラム，パレート図
分析図表	原因の解析	特性要因図，連関図
記録図表	時間やデータの記録	管理図，工程能力図，チェックシート
日程図表	日程の作業	ネットワーク図表，バーチャート，曲線式工程表
系統図表	系統や組織	連絡網，安全組織図
計算図表	データとデータの関係図	ノモグラフ

表4　チェックシートの例

番号	打設開始 A	打設完了 B	所要時間 B−A
1	7：50	8：55	65
2	7：53	9：05	72
3	8：03	8：45	42
4	8：15	9：18	63
5	8：55	10：05	70

施工管理法

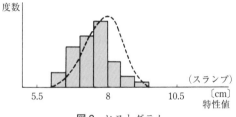

図2　ヒストグラム

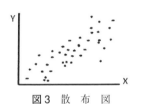

図3　散　布　図

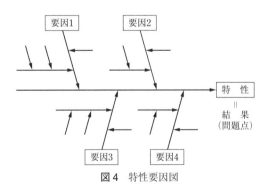

図4　特性要因図

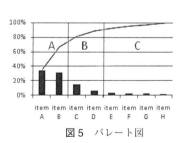

図5　パレート図

【正解】　10 : (1)，11 : (1)，12 : (1)

4・3・5　検査（全般），管理許容差

☐☐☐ **13** 建築施工の品質を確保するための管理値に関する記述として，**最も不適当な**ものはどれか。

(1) 鉄骨工事において，スタッド溶接後のスタッドの傾きの許容差は，5°以内とした。

(2) 構造体コンクリートの部材の仕上がりにおいて，柱，梁，壁の断面寸法の許容差は，0〜+20mm とした。

(3) 鉄骨梁の製品検査において，梁の長さの許容差は，±7mm とした。

(4) コンクリート工事において，薄いビニル床シートの下地コンクリート面の仕上がりの平坦さは，3m につき 7mm 以下とした。

《R5-47》

☐☐☐ **14** 建築施工における品質管理に関する記述として，**最も不適当な**ものはどれか。

(1) コンクリート工事において，コンクリート部材の設計図書に示された位置に対する各部材の位置の許容差は，±20mm とした。

(2) コンクリートの受入検査において，目標スランプフローが 60cm の高流動コンクリートの荷卸し地点におけるスランプフローの許容差は，±7.5cm とした。

(3) 鉄骨工事において，スタッド溶接後のスタッドの傾きの管理許容差は，3°以内とした。

(4) 鉄骨梁の製品検査において，梁の長さの管理許容差は，±7.5mm とした。

《R3-47》

☐☐☐ **15** 品質管理における検査に関する記述として，**最も不適当な**ものはどれか。

(1) 中間検査は，製品として完成したものが要求事項を満足しているかどうかを判定する場合に適用する。

(2) 無試験検査は，サンプルの試験を行わず，品質情報，技術情報等に基づいてロットの合格，不合格を判定する。

(3) 購入検査は，提出された検査ロットを，購入してよいかどうかを判定するために行う検査で，品物を外部から受け入れる場合に適用する。

(4) 抜取検査は，ロットからあらかじめ定められた検査の方式に従ってサンプルを抜き取って試験し，その結果に基づいて，そのロットの合格，不合格を判定する。

《R5-49》

16 品質管理における検査に関する記述として，**最も不適当なもの**はどれか。

(1) 購入検査は，提出された検査ロットを購入してよいかどうかを判定するために行う検査で，品物を外部から購入する場合に適用する。

(2) 巡回検査は，検査を行う時点を指定せず，検査員が随時，工程をパトロールしながら検査を行うことができる場合に適用する。

(3) 無試験検査は，工程が安定状態にあり，品質状況が定期的に確認でき，そのまま次工程に流しても損失は問題にならない場合に適用する。

(4) 抜取検査は，継続的に不良率が大きく，決められた品質水準に修正しなければならない場合に適用する。

《R3-49》

17 品質管理における検査に関する記述として，**最も不適当なもの**はどれか。

(1) 中間検査は，不良なロットが次工程に渡らないよう事前に取り除くことによって，損害を少なくするために行う検査である。

(2) 間接検査は，購入者側が受入検査を行うことによって，供給者側の試験を省略する検査である。

(3) 非破壊検査は，品物を試験してもその商品価値が変わらない検査である。

(4) 全数検査は，工程の品質状況が悪いために不良率が大きく，決められた品質水準に修正しなければならない場合に適用される検査である。

《R2-60》

施工管理法

[解説]

13 (3) 鉄骨梁の製品検査において，梁の長さの許容差は，±3mm とする。よって，最も不適当である。

14 (4) 梁の長さの管理許容差は，±3mm 以内とする。よって，最も不適当である。

15 (1) 中間検査は，不良なロットが次工程に渡らないよう事前に取り除くことによって，損害を少なくするために行う検査である。よって，最も不適当である。

16 (4) 不良率が大きく，決められた品質水準に修正しなければならない場合は，全数検査を実施する。よって，最も不適当である。

17 (2) 間接検査は，供給者側のロットごとの検査結果を確認することで，受入検査を省略する検査のことをいう。よって，最も不適当である。

【正解】 13 : (3)， 14 : (4)， 15 : (1)， 16 : (4)， 17 : (2)

4・3・6 検査・試験（躯体）

□□□ **18** 鉄筋コンクリート工事における試験及び検査に関する記述として，**最も不適当なもの**はどれか。

(1) スランプ18cmのコンクリートの荷卸し地点におけるスランプの許容差は，±2.5cmとした。

(2) 鉄筋圧接部における超音波探傷試験による抜取検査で不合格となったロットについては，試験されていない残り全数に対して超音波探傷試験を行った。

(3) 鉄筋圧接部における鉄筋中心軸の偏心量が規定値を超えたため，再加熱し加圧して偏心を修正した。

(4) 空気量4.5%のコンクリートの荷卸し地点における空気量の許容差は，±1.5%とした。

《R4-48》

□□□ **19** 普通コンクリートの試験及び検査に関する記述として，**最も不適当なもの**はどれか。

(1) スランプ18cmのコンクリートの荷卸し地点におけるスランプの許容差は，±2.5cmとした。

(2) 1回の構造体コンクリート強度の判定に用いる供試体は，複数の運搬車のうちの1台から採取した試料により，3個作製した。

(3) 構造体コンクリート強度の判定は，材齢28日までの平均気温が20℃であったため，工事現場における水中養生供試体の1回の試験結果が調合管理強度以上のものを合格とした。

(4) 空気量4.5%のコンクリートの荷卸し地点における空気量の許容差は，±1.5%とした。

《R2-61》

□□□ **20** 鉄筋のガス圧接継手の外観検査の結果，不合格となった圧接部の処置に関する記述として，**最も不適当なもの**はどれか。

(1) 圧接部のふくらみの直径や長さが規定値に満たない場合は，再加熱し加圧して所定のふくらみに修正する。

(2) 圧接部の折曲がりが規定値を超えた場合は，再加熱して折曲がりを修正する。

(3) 圧接部における鉄筋中心軸の偏心量が規定値を超えた場合は，再加熱し加圧して偏心を修正する。

(4) 圧接面のずれが規定値を超えた場合は，圧接部を切り取って再圧接する。

《R1-62》

21 鉄筋のガス圧接工事の試験及び検査に関する記述として，**最も不適当なもの**はどれか。

(1) 外観検査は，圧接部のふくらみの直径及び長さ，鉄筋中心軸の偏心量，折曲がりなどについて行った。

(2) 超音波探傷試験における抜取検査ロットの大きさは，1組の作業班が1日に施工した圧接箇所とした。

(3) 超音波探傷試験の抜取検査は，1検査ロットに対して無作為に3か所抽出して行った。

(4) 超音波探傷試験による抜取検査で不合格となったロットについては，試験されていない残り全数に対して超音波探傷試験を行った。

《H30-61》

［解説］

18 (3) 圧接部における相互の鉄筋の偏心量が規定値を超えた場合は，圧接部を切り取り再圧接する。よって，最も不適当である。

19 (2) 構造体コンクリート強度の判定に用いる供試体は，適当な間隔を置いた3台の運搬車から1個ずつ，合計3個採取する。よって，最も不適当である。

20 (3) 圧接部における鉄筋中心軸の偏心量が規定値を超えた場合は，圧接部を切り取り再圧接する。よって，最も不適当である。

21 (3) 抜取検査の超音波探傷試験は，<u>1検査ロットに対して30箇所行う</u>。1検査ロットに対して3箇所行うのは引張試験である。よって，最も不適当である。

(4) 抜取試験で不合格になったロットは，なんらかの欠陥要因が考えられるので，その原因を検討するとともに，同じロットの残り全数について超音波探傷試験を行う。

表5　スランプの許容差〔単位：cm〕

スランプ	スランプの許容差
2.5	± 1
5および6.5	± 1.5
8以上18以下	± 2.5
21	± 1.5*

*呼び強度27以上で，高性能AE減水材を使用する場合は±2とする。

【正解】18：(3)，19：(2)，20：(3)，21：(3)

（メモ）

施工管理法

4・3・7　検査・試験（仕上げ）

□□□ **22**　仕上工事における試験及び検査に関する記述として，**最も不適当なものはど**れか。

(1)　工場塗装において，鉄鋼面のさび止め塗装の塗膜厚の確認は，硬化乾燥後に電磁微厚計を用いて行った。

(2)　アスファルト防水工事において，下地コンクリートの乾燥状態の確認は，高周波水分計を用いて行った。

(3)　タイル張り工事において，タイルの浮きの打音検査は，リバウンドハンマー（シュミットハンマー）を用いて行った。

(4)　室内空気中に含まれるホルムアルデヒドの濃度測定は，パッシブ型採取機器を用いて行った。

《H29-63》

□□□ **23**　仕上工事における試験及び検査に関する記述として，**最も不適当なものはど**れか。

(1)　アルミニウム製建具の陽極酸化皮膜の厚さの測定は，渦電流式測定器を用いて行った。

(2)　シーリング材の接着性試験は，同一種類のものであっても，製造所ごとに行った。

(3)　現場搬入時の造作用針葉樹製材の含水率は，高周波水分計を用いて 15% 以下であることを確認した。

(4)　塗装素地のモルタル面のアルカリ度は，pH コンパレーターを用いて塗装直前に pH12 以下であることを確認した。

《H28-63》

□□□ **24**　屋外又は屋内の吹抜け部分等の壁のセメントモルタルによるタイル後張り工法の試験及び検査に関する記述として，**最も不適当なものはどれか。**

(1)　外観検査は，タイル張り面の色調，仕上がり状態，欠点の有無等について，限度見本の範囲内であることを確認した。

(2)　打音検査は，施工後2週間以上経過してから，タイル用テストハンマーを用いてタイル張り全面にわたり行った。

(3)　小口平タイルの引張接着力試験は，タイルの 1/2 の大きさの鋼製アタッチメントを用いて行った。

(4)　引張接着力試験は，強度の測定結果がすべて所定の強度以上，かつ，コンクリート下地の接着界面における破壊率が 50% 以下の場合を合格とした。

《H27-63》

25 壁面の陶磁器質タイル張り工事における試験に関する記述として，**最も不適当なものはどれか。**

(1) 引張接着力試験の試験体の個数は，$300\,m^2$ ごと及びその端数につき 1 個以上とした。

(2) 接着剤張りのタイルと接着剤の接着状況の確認は，タイル張り直後にタイルをはがして行った。

(3) セメントモルタル張りの引張接着力試験は，タイル張り施工後，2 週間経過してから行った。

(4) 二丁掛けタイル張りの引張接着力試験は，タイルを小口平の大きさに切断した試験体で行った。

《R2-62》

26 仕上げ工事における試験及び検査に関する記述として，**最も不適当なものは**どれか。

(1) アルミニウム製外壁パネルの陽極酸化皮膜の厚さの測定は，渦電流式測定器を用いて行った。

(2) 室内空気中に含まれるホルムアルデヒドの濃度測定は，パッシブ型採取機器を用いて行った。

(3) 現場搬入時の造作用針葉樹製材の含水率は，高周波水分計を用いて 15% 以下であることを確認した。

(4) 塗装素地のモルタル面のアルカリ度は，pH コンパレータを用いて塗装直前に pH12 以下であることを確認した。

《R1-63》

[解説]

22 (3) リバウンドハンマーは，コンクリートの検査に用いる。タイルの打音検査には，タイル用テストハンマー又は打診棒を用いる。よって，最も不適当である。

23 (4) 塗装下地のモルタル面のアルカリ度は，pH コンパレーターなどを用いて計測する。pH9 以下であれば塗装可能とする。よって，最も不適当である。

24 (3) 小口平タイルの接着力試験に用いる鋼製アタッチメントの大きさ・形状は，測定するタイルと同一の大きさ・形状とする。よって，最も不適当である。

25 (1) 引張接着力試験の試験体の個数は，$100\,m^2$ ごと及びその端数につき 1 個とする。よって，最も不適当である。

26 (4) 23 の(4)の解説参照。

【正解】 22：(3)， 23：(4)， 24：(3)， 25：(1)， 26：(4)

■▶ 必修基本問題 ◀ 4・3 品 質 管 理

1 コンクリート工事における品質を確保するための管理値に関する記述として，**最も不適当な**ものはどれか。

　(1)　普通コンクリートの荷卸し地点における空気量の許容差は，±2.5％とした。

　(2)　目標スランプフローが60cmの高流動コンクリートの荷卸し地点におけるスランプフローの許容差は，±7.5cmとした。

　(3)　スランプ18cmの普通コンクリートの荷卸し地点におけるスランプの許容差は，±2.5cmとした。

　(4)　構造体コンクリートの部材の仕上りにおける柱，梁，壁の断面寸法の許容差は，0mm～＋15mmとした。

(R1-59)

2 JIS Q 9000（品質マネジメントシステム－基本及び用語）の用語の定義に関する記述として，**最も不適当なもの**はどれか。

　(1)　マネジメントシステムとは，方針及び目標，並びにその目標を達成するためのプロセスを確立するための，相互に関連する又は相互に作用する，組織の一連の要素をいう。

　(2)　是正処置とは，不適合の原因を除去し，再発を防止するための処置をいう。

　(3)　トレーサビリティとは，設定された目標を達成するための対象の適切性，妥当性又は有効性を確定するために行われる活動をいう。

　(4)　品質マネジメントとは，品質に関して組織を指揮し，管理するための調整された活動をいう。

(H29-58)

3 建築施工の品質を確保するための管理値に関する記述として，**最も不適当なもの**はどれか。

　(1)　鉄骨工事において，一般階の柱の階高寸法は，梁仕口上フランジ上面間で測り，その管理許容差は，±3mmとした。

　(2)　コンクリート工事において，ビニル床シート下地のコンクリート面の仕上がりの平坦さは，3mにつき7mm以下とした。

　(3)　カーテンウォール工事において，プレキャストコンクリートカーテンウォール部材の取付け位置の寸法許容差のうち，目地の幅は，±5mmとした。

　(4)　断熱工事において，硬質吹付けウレタンフォーム断熱材の吹付け厚さの許容差は，±5mmとした。

(R2-59)

4 品質管理における精度に関する記述として，**最も不適当なもの**はどれか。

　(1)　カーテンウォール工事において，プレキャストコンクリートカーテンウォール部材の取付け位置の寸法許容差のうち，目地の幅については，±5mmとした。

(2) コンクリート工事において，コンクリート部材の設計図書に示された位置に対する各部材の位置の許容差は，±20mm とした。

(3) コンクリート工事において，ビニル床シート下地のコンクリート面の仕上がりの平坦さは，3m につき 7mm 以下とした。

(4) 鉄骨工事において，スタッド溶接後の頭付きスタッドの傾きの限界許容差は，10° 以下とした。

(H29-59)

5 鉄骨工事の溶接の検査方法に関する記述として，**最も不適当なもの**はどれか。

(1) 磁粉探傷試験は，磁場を与えて磁粉を散布し，表面あるいは表面に近い部分の欠陥を検出する方法である。

(2) 放射線透過試験は，放射線が物質内部を透過していく性質を利用し，内部欠陥を検出する方法である。

(3) マクロ試験は，液体の毛細管現象を利用し，浸透液を欠陥内に浸透させて欠陥を検出する方法である。

(4) 超音波探傷試験は，探触子から発信する超音波の反射波を利用して，溶接の内部欠陥を検出する方法である。

(H27-62)

6 壁面の陶磁器質タイル張り工事における試験に関する記述として，**最も不適当なもの**はどれか。

(1) 有機系接着剤によるタイル後張り工法において，引張接着力試験は，タイル張り施工後，2 週間経過してから行った。

(2) セメントモルタルによるタイル後張り工法において，引張接着力試験に先立ち，試験体周辺部をコンクリート面まで切断した。

(3) 引張接着力試験の試験体の個数は，300m^2 ごと及びその端数につき 1 個以上とした。

(4) 二丁掛けタイルの引張接着力試験の試験体は，タイルを小口平の大きさに切断して行った。

(H30-62)

◥◤◥◤◤ 正解とワンポイント解説 ◥◤◥◤

1 (1) 普通コンクリートの荷卸し地点における空気量の許容差は，±1.5％とする。

2 (3) トレーサビリティとは，考慮の対象となっているものの履歴，適用又は所在を追跡できることである。

3 (4) 硬質吹付けウレタンフォーム断熱材の吹付け厚さの許容差は，0 から＋10mm とする。

4 (4) スタッド溶接後の頭付きスタッドの傾きの限界許容差は，5° 以内とする。

5 (3) マクロ試験は，溶接部の断面または表面を研磨または腐食液で処理し，肉眼または低倍率の拡大顕微鏡で観察して，溶込み，熱影響部，欠陥などの状態を調べる方法である。

6 (3) 引張接着力試験の試験体の個数は，100m^2 ごと及びその端数につき 1 個とする。

【正解】 1：(1)，2：(3)，3：(4)，4：(4)，5：(3)，6：(3)

4·4　安　全　管　理

［最近出題された問題］

4·4·1　安全管理体制

□□□ **1** 事業者の講ずべき措置に関する記述として，「労働安全衛生規則」上，**誤っ**ているものはどれか。

(1) 強風，大雨，大雪等の悪天候のため危険が予想されるとき，労働者を作業に従事させてはならないのは，作業箇所の高さが3m以上の場合である。

(2) 安全に昇降できる設備を設けなければならないのは，原則として，高さ又は深さが1.5mをこえる箇所で作業を行う場合である。

(3) 自動溶接を除くアーク溶接の作業に使用する溶接棒等のホルダーについて，感電の危険を防止するため必要な絶縁効力及び耐熱性を有するものでなければ，使用させてはならない。

(4) 明り掘削の作業において，掘削機械の使用によるガス導管，地中電線路等地下工作物の損壊により労働者に危険を及ぼすおそれがあるときは，掘削機械を使用させてはならない。

《R4-53》

□□□ **2** 事業者が行わなければならない点検に関する記述として，「労働安全衛生規則」上，**誤っている**ものはどれか。

(1) 作業構台における作業を行うときは，その日の作業を開始する前に，作業を行う箇所に設けた手すり等及び中桟等の取り外し及び脱落の有無について点検を行わなければならない。

(2) 高所作業車を用いて作業を行うときは，その日の作業を開始する前に，制動装置，操作装置及び作業装置の機能について点検を行わなければならない。

(3) つり足場における作業を行うときは，その日の作業を開始する前に，脚部の沈下及び滑動の状態について点検を行わなければならない。

(4) 繊維ロープを貨物自動車の荷掛けに使用するときは，その日の使用を開始する前に，繊維ロープの点検を行わなければならない。

《R2-68》

□□□ **3** 労働災害を防止するため，特定元方事業者が講ずべき措置として，「労働安全衛生規則」上，**定められていないもの**はどれか。

(1) 特定元方事業者と関係請負人との間及び関係請負人相互間における，作業間の連絡及び調整を随時行うこと。

(2) 仕事の工程に関する計画及び作業場所における主要な機械，設備等の配置に関する計画を作成すること。

(3) 関係請負人が雇い入れた労働者に対し，安全衛生教育を行うための場所を提供すること。

(4) 特定元方事業者及び特定の関係請負人が参加する協議組織を設置し，会議を随時開催すること。

《R3-53》

□□□ **4** 事業者又は特定元方事業者の講ずべき措置に関する記述として，「労働安全衛生法」上，**誤っているもの**はどれか。

(1) 特定元方事業者は，特定元方事業者及びすべての関係請負人が参加する協議組織を設置し，会議を定期的に開催しなければならない。

(2) 事業者は，つり足場における作業を行うときは，その日の作業を開始する前に，脚部の沈下及び滑動の状態について点検を行わなければならない。

(3) 事業者は，高さが 2m 以上の箇所で作業を行う場合，作業に従事する労働者が墜落するおそれのあるときは，作業床を設けなければならない。

(4) 特定元方事業者は，作業場所の巡視を，毎作業日に少なくとも 1 回行わなければならない。

《R5-53》

［解説］

1 (1) 事業者は，高さ 2m 以上の箇所で作業を行う場合，強風，大雨，大雪等の悪天候のため危険が予想されるときは，労働者を作業に従事させてはならない。よって，最も不適当である。

2 (3) つり足場の点検については，労働安全衛生規則 567 条，658 条参照のこと。つり足場には脚部はないので，脚部の沈下及び滑動の状態についての点検は定められていない。よって，(3)が誤っている。

3 (4) 特定元方事業者及び特定の関係請負人が参加する協議組織を設置し，会議を随時開催することは，定められていない。

4 (2) 2(3)の解説参照。

【正解】 1 : (1)， 2 : (3)， 3 : (4)， 4 : (2)

4・4・2 作業主任者

□□□ **5** 作業主任者の職務として，「労働安全衛生規則」上，**定められていないもの**はどれか。

(1) 型枠支保工の組立て等作業主任者は，作業中，要求性能墜落制止用器具等及び保護帽の使用状況を監視すること。

(2) 建築物等の鉄骨の組立て等作業主任者は，作業の方法及び順序を作業計画として定めること。

(3) 地山の掘削作業主任者は，作業の方法を決定し，作業を直接指揮すること。

(4) 土止め支保工作業主任者は，材料の欠点の有無並びに器具及び工具を点検し，不良品を取り除くこと。

《R4-52》

□□□ **6** 作業主任者の職務として，「労働安全衛生法」上，**定められていないもの**はどれか。

(1) 建築物等の鉄骨の組立て等作業主任者は，器具，工具，要求性能墜落制止用器具等及び保護帽の機能を点検し，不良品を取り除くこと。

(2) 有機溶剤作業主任者は，作業に従事する労働者が有機溶剤により汚染され，又はこれを吸入しないように，作業の方法を決定し，労働者を指揮すること。

(3) 土止め支保工作業主任者は，要求性能墜落制止用器具等及び保護帽の使用状況を監視すること。

(4) 足場の組立て等作業主任者は，組立ての時期，範囲及び順序を当該作業に従事する労働者に周知させること。

《R5-51》

□□□ **7** 作業主任者の選任に関する記述として，「労働安全衛生法」上，**誤っているもの**はどれか。

(1) 掘削面からの高さが2mの地山の掘削作業において，地山の掘削作業主任者を選任しなかった。

(2) 高さが3mの型枠支保工の解体作業において，型枠支保工の組立て等作業主任者を選任した。

(3) 高さが4mの移動式足場の組立て作業において，足場の組立て等作業主任者を選任しなかった。

(4) 高さが5mのコンクリート造工作物の解体作業において，コンクリート造の工作物の解体等作業主任者を選任した。

《R3-51》

［解説］

事業者が，作業主任者に行わせるべき職務は，次のようになる。

①　取り扱う機械，及び，その安全装置を点検する。

②　取り扱う機械，及び，その安全装置に異常を認めた場合は，直ちに必要な措置をとる。

③　作業中の器具，工具，保護具等の使用状況を監視する。

5　(2)　作業の方法及び順序を作業計画として定めることは，建築物等の鉄骨の組立て等作業主任者には，定められていない。

6　(4)　足場の組立て時期，範囲及び順序を当該作業に従事する労働者に周知させることは，足場の組立て等作業主任者の職務として定められていない。よって，(4)が定められていない。

7　(1)　掘削面からの高さが2m以上の地山の掘削作業では，地山掘削作業主任者を選任しなければならない。よって，(1)が誤っている。

表1　作業主任者一覧表

名　　称	選任すべき作業
高圧室内作業主任者（免）	高圧室内作業
ガス溶接作業主任者（免）	アセチレン等を用いて行う金属の溶接・溶断・加熱作業
コンクリート破砕器作業主任者（技）	コンクリート破砕器を用いて行う破砕作業
地山掘削作業主任者（技）	掘削面の高さが2m以上となる地山掘削作業
土止め支保工作業主任者（技）	土止め支保工の切梁・腹起しの取付け・取外し作業
型枠支保工の組立等作業主任者（技）	型枠支保工の組立解体作業
足場の組立等作業主任者（技）	吊り足場，張出し足場または高さ5m以上の構造の足場の組立解体作業
鉄骨の組立等作業主任者（技）	建築物の骨組み，または塔であって，橋梁の上部構造で金属製の部材により構成される5m以上のものの組立解体作業
酸素欠乏危険作業主任者（技）	酸素欠乏危険場所における作業
コンクリート造の工作物の解体等作業主任者（技）	その高さが5m以上のコンクリート造の工作物の解体または破壊の作業
コンクリート橋架設等作業主任者（技）	橋梁の上部構造であって，コンクリート造のもの（その高さが5m以上であるもの，または，当該上部構造のうち，橋梁の支間が30m以上である部分に限る）の架設，または，変更の作業
鋼橋架設等作業主任者（技）	上部構造の高さが5m以上のものまたは支間が30m以上である金属製の部材により構成される橋梁の架設，解体または変更の作業
木造建築物の組立て等作業主任者（技）	軒の高さが5m以上の木造建築物の構造部材の組立て，または，これに伴う屋根下地，もしくは，外壁下地の取付け作業
有機溶剤作業主任者（技）	屋内作業またはタンク，船倉もしくは坑の内部の他，厚生労働省令の定める場所での作業
石綿作業主任者（技）	石綿，もしくは，石綿を，その重量の0.1%を超えて含有する製材，その他の物を取り扱う作業，または，石綿等を試験研究のために製造する作業

（免）免許を受けた者　（技）技能講習を修了した者

【正解】 5：(2)，6：(4)，7：(1)

4・4・3　労　働　災　害

□□□　**8**　労働災害に関する記述として，**最も不適当なもの**はどれか。

(1)　労働災害には，労働者の災害だけでなく，物的災害も含まれる。

(2)　労働災害における労働者とは，所定の事業又は事務所に使用される者で，賃金を支払われる者をいう。

(3)　労働損失日数は，死亡及び永久全労働不能の場合，1件につき7,500日としている。

(4)　強度率は，1,000延労働時間あたりの労働損失日数を示す。

《H28-64》

□□□　**9**　労働災害に関する記述として，**最も不適当なもの**はどれか。

(1)　労働損失日数は，一時労働不能の場合，暦日による休業日数に$\dfrac{300}{365}$を乗じて算出する。

(2)　労働災害における労働者とは，所定の事業又は事務所に使用される者で，賃金を支払われる者をいう。

(3)　度数率は，災害発生の頻度を表すもので，100万延べ実労働時間当たりの延べ労働損失日数を示す。

(4)　永久一部労働不能で労働基準監督署から障がい等級が認定された場合，労働損失日数は，その等級ごとに定められた日数となる。

《R2-64》

□□□　**10**　労働災害に関する記述として，**最も不適当なもの**はどれか。

(1)　労働損失日数は，一時全労働不能の場合，暦日による休業日数に$\dfrac{300}{365}$を乗じて算出する。

(2)　度数率は，災害発生の頻度を表すもので，100万延べ実労働時間当たりの延べ労働損失日数を示す。

(3)　年千人率は，労働者1,000人当たりの1年間の死傷者数を示す。

(4)　一般に重大災害とは，一時に3名以上の労働者が死傷又は罹病した災害をいう。

《H29-64》

□□□　**11**　労働災害に関する記述として，**最も不適当なもの**はどれか。

(1)　一般に重大災害とは，一時に3名以上の労働者が死傷又は罹病した災害をいう。

(2)　年千人率は，1,000人当たりの1年間に発生した死傷者数で表すもので，災害発生の頻度を示す。

(3)　労働損失日数は，死亡及び永久全労働不能の場合，1件につき5,000日としている。

(4)　強度率は，1,000延労働時間当たりの労働損失日数で表すもので，災害の重さの程度を示す。

《R1-64》

---

12 次に示すイ～ニの災害を，平成28年の建築工事における死亡災害の発生件数の多い順から並べた組合せとして，**適当なもの**はどれか。

（災害の種類）

イ．建設機械等による災害

ロ．墜落による災害

ハ．電気，爆発火災等による災害

ニ．飛来，落下による災害

(1) イ ロ ニ ハ

(2) ロ イ ニ ハ

(3) イ ハ ロ ニ

(4) ロ ハ イ ニ

《H30-64》

---

13 労働災害に関する記述として，**最も不適当なもの**はどれか。

(1) 労働災害における労働者とは，事業又は事務所に使用される者で，賃金を支払われる者をいう。

(2) 労働災害の重さの程度を示す強度率は，1,000延労働時間当たりの労働損失日数の割合で表す。

(3) 労働災害における重大災害とは，一時に3名以上の労働者が業務上死傷又は罹病した災害をいう。

(4) 労働災害には，労働者の災害だけでなく，物的災害も含まれる。

《R4-50》

[解説]

8 (1) 労働災害とは，労働者が業務遂行中に業務に起因して受けた業務上の災害のことである。よって，最も不適当である。

9 (3) **度数率**は，100万延労働時間当たりの労働災害の死傷者数で，災害の頻度を示す示標である。よって，最も不適当である。

10 (2) **9**の(3)の解説を参照。

11 (3) 労働損失日数は，死亡及び永久全労働不能の場合，1件につき7,500日である。よって，最も不適当である。

12 (2) 平成28年の建築工事における死亡災害の発生件数は，多い順に，①墜落による災害②建設機械等による災害③飛来，落下による災害④電気，爆発火災等による災害となっている。よって(2)が適当である。

13 (4) 労働災害とは，労働者が受けた業務上の災害のことであり，物的災害は含まれない。

【正解】 **8**：(1)，**9**：(3)，**10**：(2)，**11**：(3)，**12**：(2)，**13**：(4)

施工管理法

4・4・4 足 場

□□□ **14** 足場に関する記述として，**最も不適当な**ものはどれか。
(1) 枠組足場に設ける高さ8m以上の階段には，7m以内ごとに踊場を設けた。
(2) 作業床は，つり足場の場合を除き，床材間の隙間は3cm以下，床材と建地の隙間は12cm未満とした。
(3) 単管足場の壁つなぎの間隔は，垂直方法5.5m以下，水平方向5m以下とした。
(4) 脚立を使用した足場における足場板は，踏さん上で重ね，その重ね長さを20cm以上とした。

《R5-52》

□□□ **15** 足場に関する記述として，**最も不適当な**ものはどれか。
(1) 単管足場の建地を鋼管2本組とする部分は，建地の最高部から測って31mを超える部分とした。
(2) くさび緊結式足場の支柱の間隔は，桁行方向2m，梁間方向1.2mとした。
(3) 移動式足場の作業床の周囲は，高さ90cmで中桟付きの丈夫な手すり及び高さ10cmの幅木を設置した。
(4) 高さが8mのくさび緊結式足場の壁つなぎは，垂直方向5m，水平方向5.5mの間隔とした。

《R2-67》

□□□ **16** 足場に関する記述として，**最も不適当な**ものはどれか。
(1) 移動はしごは，丈夫な構造とし，幅は30cm以上とする。
(2) 枠組足場の使用高さは，通常使用の場合，45m以下とする。
(3) 作業床は，つり足場の場合を除き，床材間の隙間は3cm以下，床材と建地の隙間は12cm未満とする。
(4) 登り桟橋の高さが15mの場合，高さの半分の位置に1箇所踊場を設ける。

《R3-52》

[解説]

14 (3) 単管足場の壁つなぎの間隔は，垂直方向5m以下，水平方向5.5m以下とする。よって，最も不適当である。

15 (2) くさび緊結式足場の支柱の間隔は，桁方向1.85m以下，梁間方向1.5m以下とする。よって，最も不適当である。

16 (3) 作業床は，つり足場の場合を除き，床材間の隙間は3cm以下，床材と建地との隙間を12cm未満とする。

(4) 登り桟橋は高さが8m以上の場合，7m以内ごとに踊場を設ける。

表2　足場の比較表

要点	単管足場	枠組足場	くさび緊結式足場
建地の間隔	・けた方向：1.85m 以下 ・梁間方向：1.50m 以下 ・建地の下端に作用する設計荷重が最大使用加重（建地の破壊に至る荷重の2分の1以下の荷重）を超えないときは，鋼管を2本組としなくてよい。	高さ20mを超える場合や重量物の積載を伴う作業をする場合は， ・主枠の高さ：2m 以下 ・主枠の間隔：1.85m 以下	・けた方向：1.85m 以下 ・梁間方向：1.50m 以下
地上第1の布の高さ	2.0m 以下		2.0m 以下
建地脚部の滑動・沈下防止措置	ベース金具，敷板，敷角，脚輪付きは，ブレーキまたは歯止め	（同左）	ベース金具，敷板，根がらみ
継手部 接続部，交差部	付属金具で緊結	（同左）	・凸型，凹型金具等で打ち込む。 ・緊結金具を使用
補強	筋かいを入れる	（同左）	筋かいを入れる
壁つなぎ，控え	・垂直方向：5m 以下 ・水平方向：5.5m 以下	・垂直方向：9m 以下 ・水平方向：8m 以下 （高さ5m 未満は除く）	・垂直方向：5m 以下 ・水平方向：5.5m 以下
壁つなぎの引張り材と圧縮材との間隔	1.0m 以下	（同左）	――
建地間の積載荷重 （表示する）	400kg 以下	――	200kg 以下
水平材	――	最上層および5層以内ごと	――
作業床[1]	・幅：40cm 以上，すき間：3cm 以下 ・転位脱落防止のため，2箇所以上を緊結する。 ・高さ2m 以上に設ける場合，床材と建地とのすき間を12cm 未満とする。		・幅：40cm 以上，すき間：3cm 以下 ・垂直間隔2m 以下 ・腕木材又は緊結部材ブラケットに架け渡して取付ける。
墜落防止	高さ85cm 以上の手すり及び中さん等[2]	・交さ筋かい及び下さん等[3] ・手すりわく	・高さ概ね90cm の手すり及び中さん ・幅木等
物体の落下防止	高さ10cm 以上の幅木，メッシュシートまたは防網		
その他の留意事項	・建地の最高部から測って31m を超える部分は，原則として鋼管2本組とする。	・通常使用の場合，高さは45m 以下とする。	

1) 作業床は，支持点および重ね部分を釘や番線類で取り付け，移動しないようにする。
2) 高さ35cm 以上50cm 以下のさんまたはこれと同等以上の機能を有する設備
3) 高さ15cm 以上40cm 以下のさん，高さ15cm 以上の幅木，またはこれらと同等以上の機能を有する設備

【正解】14：(3)，15：(2)，16：(4)

4・4・5 建 設 機 械

□□□ **17** クレーン又は移動式クレーンに関する記述として，「クレーン等安全規則」上，**誤っているもの**はどれか。

(1) 移動式クレーンの運転についての合図の方法は，事業者に指名された合図を行う者が定めなければならない。

(2) クレーンに使用する玉掛け用ワイヤロープひとよりの間において，切断している素線の数が10％以上のものは使用してはならない。

(3) つり上げ荷重が0.5t以上5t未満のクレーンの運転の業務に労働者を就かせるときは，当該業務に関する安全のための特別の教育を行わなければならない。

(4) 強風により作業を中止した場合であって移動式クレーンが転倒するおそれがあるときは，ジブの位置を固定させる等の措置を講じなければならない。

《R1-69》

□□□ **18** クレーンに関する記述として，「クレーン等安全規則」上，**誤っているもの**はどれか。

(1) つり上げ荷重が3t以上のクレーンの落成検査における荷重試験は，クレーンの定格荷重に相当する荷重の荷をつって行った。

(2) つり上げ荷重が0.5t以上5t未満のクレーンの運転の業務に労働者を就かせるため，当該業務に関する安全のための特別の教育を行った。

(3) つり上げ荷重が0.5t以上のクレーンの玉掛け用具として使用するワイヤロープは，安全係数が6以上のものを使用した。

(4) つり上げ荷重が1t以上のクレーンの玉掛けの業務は，玉掛け技能講習を修了した者が行った。

《R3-54》

□□□ **19** ゴンドラを使用して作業を行う場合，事業者の講ずべき措置として，「ゴンドラ安全規則」上，**誤っているもの**はどれか。

(1) ゴンドラの操作の業務に就かせる労働者は，当該業務に係る技能講習を修了した者でなければならない。

(2) ゴンドラを使用して作業するときは，原則として，1月以内ごとに1回自主検査を行わなければならない。

(3) ゴンドラを使用して作業を行う場所については，当該作業を安全に行うため必要な照度を保持しなければならない。

(4) ゴンドラについて定期自主検査を行ったときは，その結果を記録し，これを 3 年間保存しなければならない。

《R2-69》

20 クレーンに関する記述として，「クレーン等安全規則」上，**誤っているもの**はどれか。

(1) つり上げ荷重が 0.5t 以上のクレーンの玉掛用具として使用するワイヤロープは，安全係数が 6 以上のものを使用した。

(2) つり上げ荷重が 3t 以上の移動式クレーンを用いて作業を行うため，当該クレーンに，その移動式クレーン検査証を備え付けた。

(3) 設置しているクレーンについて，その使用を廃止したため，遅滞なくクレーン検査証を所轄労働基準監督署長に返還した。

(4) 移動式クレーンの運転についての合図の方法は，事業者に指名された合図を行う者が定めた。

《R5-54》

［解説］

17 (1) 移動式クレーンの運転についての合図の方法は，事業者が合図を定め，合図を行う者を指名し，その者が合図をする。よって，(1)が誤っている。

18 (1) 落成検査における荷重試験は，クレーンの定格荷重の 1.25 倍の荷重の荷をつって行う。よって，(1)が誤っている。

19 (1) ゴンドラの操作の業務に労働者を就かせるときは，当該業務に関する安全のための特別の教育を行わなければならない。よって，(1)が誤っている。

20 (4) 17(1)の解説参照。よって，(4)が誤っている。

【正解】 17：(1)，18：(1)，19：(1)，20：(4)

移動式クレーンのその他の注意事項

① クレーンの範囲内に作業者を入れない。

② 合図を統一・確認：事業者が合図を定め，合図を行う者を指名し，その者が合図する。

③ ワイヤロープの安全係数は 6 以上，素線の切断 10％未満，直径の減少 7％以下とする。

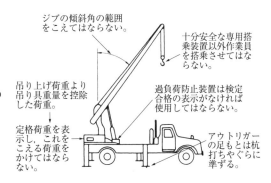

ジブの傾斜角の範囲をこえてはならない。

十分安全な専用搭乗装置以外作業員を搭乗させてはならない。

吊り上げ荷重より吊り具重量を控除した荷重。

過負荷防止装置は検定合格の表示がなければ使用してはならない。

定格荷重を表示し，これをこえる荷重をかけてはならない。

アウトリガーの足もとは杭打ちやぐらに準ずる。

図 1　移動式クレーンの注意事項

施工管理法

4・4・6　酸素欠乏・有機溶剤中毒の防止

☐☐☐ **21**　屋内作業場において，有機溶剤業務に労働者を従事させる場合における事業者の講ずべき措置として，「有機溶剤中毒予防規則」上，**誤っているもの**はどれか。

(1)　有機溶剤濃度の測定を必要とする業務を行う屋内作業場について，原則として6月以内ごとに1回，定期に，濃度の測定を行わなければならない。

(2)　原則として，労働者の雇い入れの際，当該業務への配置換えの際及びその後6月以内ごとに1回，定期に，所定の事項について医師による健康診断を行わなければならない。

(3)　有機溶剤業務に係る局所排気装置は，3月を超えない期間ごとに1回，定期に，有機溶剤作業主任者に点検させなければならない。

(4)　有機溶剤業務に係る局所排気装置は，原則として1年以内ごとに1回，定期に，所定の事項について自主検査を行わなければならない。

《R1-70》

☐☐☐ **22**　酸素欠乏危険作業に労働者を従事させるときの事業者の責務として，「酸素欠乏症等防止規則」上，**誤っているもの**はどれか。

(1)　酸素欠乏危険作業については，所定の技能講習を修了した者のうちから，酸素欠乏危険作業主任者を選任しなければならない。

(2)　酸素欠乏危険作業に労働者を就かせるときは，当該労働者に対して酸素欠乏危険作業に係る特別の教育を行わなければならない。

(3)　酸素欠乏危険場所で空気中の酸素の濃度測定を行ったときは，その記録を3年間保存しなければならない。

(4)　酸素欠乏危険場所では，原則として，空気中の酸素の濃度を15%以上に保つように換気しなければならない。

《R2-70》

☐☐☐ **23**　酸素欠乏危険作業に労働者を従事させるときの事業者の責務に関する記述として，「酸素欠乏症等防止規則」上，**誤っているもの**はどれか。

(1)　酸素欠乏危険作業については，衛生管理者を選任しなければならない。

(2)　酸素欠乏危険場所で空気中の酸素の濃度測定を行ったときは，その記録を3年間保存しなければならない。

(3)　酸素欠乏危険場所では，原則として，空気中の酸素の濃度を18%以上に保つように換気しなければならない。

(4)　酸素欠乏危険場所では，空気中の酸素の濃度測定を行うため必要な測定器具を備え，又は容易に利用できるような措置を講じておかなければならない。

《R4-54》

---

24 有機溶剤作業主任者の職務として,「有機溶剤中毒予防規則」上, **定められていないもの**はどれか。

(1) 屋内作業場において有機溶剤業務に労働者を従事させるときは, 作業中の労働者が有機溶剤の人体に及ぼす作用を容易に知ることができるよう, 見やすい場所に掲示すること。

(2) 作業に従事する労働者が有機溶剤により汚染され, 又はこれを吸入しないように, 作業の方法を決定し, 労働者を指揮すること。

(3) 局所排気装置, プッシュプル型換気装置又は全体換気装置を1月を超えない期間ごとに点検すること。

(4) 保護具の使用状況を監視すること。

《H29-70》

[解説]

21 (3) 有機溶剤業務に係る局所排気装置は, 1月を超えない期間ごとに, 有機溶剤作業主任者に点検させなければならない。よって, (3)が誤っている。

22 (4) 酸素欠乏危険場所では, 原則として, 空気中の酸素の濃度を18%以上に保つように換気しなければならない。よって, (4)が誤っている。

23 (1) 事業者は, 第1種酸素欠乏危険作業にあっては, 酸素欠乏危険作業主任者技能講習または酸素欠乏・硫化水素危険作業主任者技能講習を修了したもののうちから, 第2種酸素欠乏危険作業にあっては, 酸素欠乏・硫化水素危険作業主任者技能講習を修了したもののうちから, 酸素欠乏危険作業主任者を選任しなければならない。衛生管理者を選任する必要はない。よって, (1)が誤っている。

24 (1) 有機溶剤作業主任者の職務は, 次に示す4つである。

1. 作業に従事する労働者が有機溶剤により汚染され, またはこれらを吸入しないように, 作業の方法を決定し指揮すること。

2. 局所排気装置, プッシュプル型換気装置又は全体換気装置を1月を越えない期間ごとに点検すること。

3. 保護具の使用状況を監視すること。

4. タンク内部において有機溶剤業務に労働者が従事する時は必要な措置が講じられていることを確認すること。

よって, (1)は定められていない。

【正解】 21：(3), 22：(4), 23：(1), 24：(1)

4・4・7　公衆災害の防止

---

25 鉄筋コンクリート造建築物の解体工事における振動対策及び騒音対策に関する記述として，**最も不適当な**ものはどれか。

(1) 壁等を転倒解体する際の振動対策として，先行した解体作業で発生したガラを床部分に敷き，クッション材として利用した。

(2) 振動レベルの測定器の指示値が周期的に変動したため，変動ごとの指示値の最大値と最小値の平均を求め，そのなかの最大の値を振動レベルとした。

(3) 振動ピックアップの設置場所は，緩衝物がなく，かつ，十分踏み固めた堅い場所に設定した。

(4) 周辺環境保全に配慮し，振動や騒音が抑えられるコンクリートカッターを用いる切断工法を採用した。

《R4-49》

---

26 市街地の建築工事における公衆災害防止対策に関する記述として，**最も不適当な**ものはどれか。

(1) 工事現場周囲の道路に傾斜があったため，高さ3mの鋼板製仮囲いの下端は，隙間を土台コンクリートで塞いだ。

(2) 飛来落下物による歩行者への危害防止等のために設置した歩道防護構台は，構台上で雨水処理し，安全のために照明を設置した。

(3) 鉄筋コンクリート造の建物解体工事において，防音と落下物防護のため，足場の外側面に防音パネルを設置した。

(4) 外部足場に設置した防護棚の敷板は，厚さ1.6mmの鉄板を用い，敷板どうしの隙間は3cm以下とした。

《R2-65》

---

27 市街地の建築工事における公衆災害防止対策に関する記述として，**最も不適当な**ものはどれか。

(1) 敷地境界線からの水平距離が5mで，地盤面からの高さが3mの場所からごみを投下する際，飛散を防止するためにダストシュートを設けた。

(2) 防護棚は，外部足場の外側からのはね出し長さを水平距離で2mとし，水平面となす角度を15°とした。

(3) 工事現場周囲の道路に傾斜があったため，高さ3mの鋼板製仮囲いの下端は，隙間を土台コンクリートで塞いだ。

(4) 歩車道分離道路において，幅員3.6mの歩道に仮囲いを設置するため，道路占用の幅は，路端から1mとした。

《R5-50》

28 市街地の建築工事における災害防止対策に関する記述として，**最も不適当な**ものはどれか。

(1) 外部足場に設置した工事用シートは，シート周囲を 35 cm の間隔で，隙間やたるみが生じないように緊結した。

(2) 歩行者が多い箇所であったため，歩行者が安全に通行できるよう，車道とは別に幅 1.5 m の歩行者用通路を確保した。

(3) 防護棚は，外部足場の外側からのはね出し長さを水平距離で 2 m とし，水平面となす角度を 15° とした。

(4) 飛来落下災害防止のため，鉄骨躯体の外側に設置する垂直ネットは，日本産業規格（JIS）に適合した網目寸法 15 mm のものを使用した。

《R3-50》

29 市街地の建築工事における公衆災害防止対策に関する記述として，**最も不適当なものはどれか。**

(1) 鉄筋コンクリート造建築物の解体工事において，防音と落下物防護のため，足場の外側面に防音シートを設置した。

(2) 建築工事を行う部分の高さが地盤面から 20 m のため，防護棚を 2 段設置した。

(3) 外部足場に設置した防護棚の敷板は，厚さ 1.6 mm の鉄板を用い，敷板どうしの隙間は 3 cm 以下とした。

(4) 地盤アンカーの施工において，アンカーの先端が敷地境界の外に出るため，当該敷地所有者の許可を得た。

《R4-51》

［解説］

25 (1) 転倒解体する際の振動対策として，先行した解体作業で発生したガラを床部分に敷き，クッション材として利用する。

(2) 測定器の指示値が周期的に変動する場合，変動ごとの指示値の最大値の平均値を求め，その値を振動レベルとする。よって，最も不適当である。

26 (4) 防護棚の敷板は厚さ 30 mm 程度の木板または厚さ 1.6 mm 以上の鉄板を用い，隙間なく設置する。よって，最も不適当である。

27 (2) 外部足場に設置した防護棚は，水平面となす角度を 20 度とし，はね出し長さは足場から水平距離で 2 m 以上とする。よって，最も不適当である。

28 (3) 27の(2)の解説参照。

29 (3) 26の(4)の解説参照。

【正解】 25：(2)，26：(4)，27：(2)，28：(3)，29：(3)

施工管理法

必修基本問題　4・4 安 全 管 理

1 事業者の講ずべき措置に関する記述として，「労働安全衛生規則」上，**誤っているものはどれか**。

　⑴　事業者は，高さが2mの箇所で作業を行う場合において，強風，大雨，大雪等の悪天候のため危険が予想されるときは，労働者を作業に従事させてはならない。

　⑵　事業者は，3mの高所から物体を投下するときは，適当な投下設備を設け，監視人を置く等労働者の危険を防止するための措置を講じなければならない。

　⑶　事業者は，高さ又は深さが1.2mの箇所で作業を行うときは，原則として，当該作業に従事する労働者が安全に昇降するための設備等を設けなければならない。

　⑷　事業者は，軒の高さが5mの木造建築物の構造部材の組立て又はこれに伴う外壁下地の取付けの作業を行う区域内には，関係労働者以外の労働者の立入りを禁止する措置を講じなければならない。

（H28-68）

2 「労働安全衛生法」上，作業主任者を**選任しなければならない作業**はどれか。

　⑴　掘削面の高さが2mの地山の掘削作業

　⑵　高さが3mのコンクリート造の工作物の解体作業

　⑶　高さが4mの単管足場の組立作業

　⑷　高さが5mの鉄筋コンクリート造建築物のコンクリート打設作業

（H28-66）

3 労働災害に関する記述として，**最も不適当なものはどれか**。

　⑴　労働災害の頻度を示す指標として，年千人率や度数率が用いられる。

　⑵　労働災害の重篤度を示す指標として，強度率が用いられる。

　⑶　労働損失日数は，一時全労働不能の場合，暦日による休業日数に$\dfrac{300}{365}$を乗じて算出する。

　⑷　労働災害における重大災害とは，一時に2名以上の労働者が死傷又は罹病した災害をいう。

（H27-64）

4 足場に関する記述として，**最も不適当なものはどれか**。

　⑴　つり足場の作業床の幅は，40cm以上とする。

　⑵　単管足場の壁つなぎの間隔は，垂直方向5.5m以下，水平方向5m以下とする。

　⑶　枠組足場の使用高さは，通常使用の場合，45m以下とする。

　⑷　移動はしごの幅は，30cm以上とする。

（R1-67）

⑤ 工具とその携帯に関する規定のある法律の組合せとして，**誤っているもの**はどれか。

(1) ガス式ピン打ち機 ——————— 火薬類取締法

(2) ガラス切り ————————— 軽犯罪法

(3) 作用する部分の幅が 2cm 以上で ——— 特殊開錠用具の所持の禁止等に関する法律
長さが 24cm 以上のバール　　　（ピッキング防止法）

(4) 刃体の長さが 8cm を超える ——— 銃砲刀剣類所持等取締法（銃刀法）
カッターナイフ

(H30-70)

⑥ 市街地の建築工事における公衆災害防止対策に関する記述として，**最も不適当なもの**はどれか。

(1) 歩行者が多い箇所であったため，歩行者が安全に通行できるよう，車道とは別に幅 1.5m の歩行者用通路を確保した。

(2) 道路の通行を制限する必要があり，制限後の車線が 2 車線となるので，その車道幅員を 5.5m とした。

(3) 建築工事を行う部分の地盤面からの高さが 20m なので，防護棚を 2 段設置した。

(4) 防護棚は，外部足場の外側から水平距離で 2m 突き出し，水平面となす角度を 15 度とした。

(H29-65)

正解とワンポイント解説

① (3) 事業者は，高さ又は深さが 1.5m を超える箇所で作業を行うときは，原則として，当該作業に従事する労働者が安全に昇降するための措置を講じなければならない。

② (1) 掘削面の高さが 2m 以上の地山の掘削作業をする場合は，作業主任者の選任が必要である。

③ (4) 労働災害における重大災害とは，一時に 3 名以上の労働者が死傷または罹病（病気にかかること）した災害をいう。

④ (2) 単管足場の壁つなぎの間隔は，垂直方向 5m 以下，水平方向 5.5m 以下とする。

⑤ (1) ガス式ピン打ち機は，火薬類取締法の規制を受けない。火薬式は火薬類取締法，銃刀法の規制を受ける。

⑥ (4) 防護棚は，外部足場の外側から水平距離で 2m 以上突き出し，水平面となす角度を 20° 以上とする。

【正解】 ① : (3)， ② : (1)， ③ : (4)， ④ : (2)， ⑤ : (1)， ⑥ : (4)

施工管理法

7 作業主任者の選任に関する記述として，「労働安全衛生法」上，**誤っているもの**はどれか。

(1) 同一場所で行う型枠支保工の組立て作業において，型枠支保工の組立て等作業主任者を2名選任した場合，それぞれの職務の分担を定めなければならない。

(2) 鉄筋コンクリート造建築物の支保工高さが3mの型枠支保工の解体作業においては，型枠支保工の組立て等作業主任者を選任しなくてもよい。

(3) 高さが4mの鋼管枠組足場の組立て作業においては，足場の組立て等作業主任者を選任しなくてもよい。

(4) 高さが5mの鉄骨造建築物の骨組みの組立て作業においては，建築物等の鉄骨の組立て等作業主任者を選任しなければならない。

(R1-66)

8 解体工事における振動・騒音対策に関する記述として，**最も不適当なもの**はどれか。

(1) 現場の周辺地域における許容騒音レベルの範囲内に騒音を抑えるために，外部足場に防音養生パネルを設置した。

(2) 振動対策として，壁などを転倒解体する際に，床部分に，先行した解体工事で発生したガラを敷きクッション材として利用した。

(3) 内部スパン周りを先に解体し，外周スパンを最後まで残すことにより，解体する予定の構造物を遮音壁として利用した。

(4) 測定器の指示値が周期的に変動したため，変動ごとに指示値の最大値と最小値の平均を求め，そのなかの最大の値を振動レベルとした。

(H30-63)

9 作業主任者の職務として，「労働安全衛生法」上，**定められていないもの**はどれか。

(1) 型枠支保工の組立て等作業主任者は，作業の方法を決定し，作業を直接指揮すること。

(2) 木造建築物の組立て等作業主任者は，作業の方法及び順序を決定し，作業を直接指揮すること。

(3) 足場の組立て等作業主任者は，作業の方法及び労働者の配置を決定し，作業の進行状況を監視すること。

(4) 建築物等の鉄骨の組立て等作業主任者は，作業の方法及び順序を作業計画として定めること。

(H26-66)

10 足場に関する記述として，**最も不適当なもの**はどれか。

(1) 単管足場において，建地を鋼管2本組とする部分は，建地の最高部から測って31mを超える部分とした。

(2) 単管足場における建地の間隔は，けた行方向を1.85m以下，はり間方向を1.5m以下とした。

(3) 枠組足場における高さ2m以上に設ける作業床は，床材と建地とのすき間を12cm未満とした。

(4) 高さが20mを超える枠組足場の主枠間の間隔は，2m以下とした。

(H30-67)

11 市街地の建築工事における公衆災害防止対策に関する記述として，**最も不適当なもの**はどれか。

(1) 高さ10mの鉄骨造2階建の建築工事を行うため，工事現場周囲に高さ3mの鋼板製仮囲いを設置した。

(2) 建築工事を行う部分の高さが地盤面から20mのため，防護棚を2段設置した。

(3) 外部足場に設置した防護棚は，水平面となす角度を20度とし，はね出し長さは建築物の外壁面から水平距離で2mとした。

(4) 外部足場に設置した工事用シートは，シート周囲を35cmの間隔で，すき間やたるみが生じないように緊結した。

(R1-65)

施工管理法

正解とワンポイント解説

7 (2) 型枠支保工の解体作業においては，高さに関係なく型枠支保工の組立て等作業主任者を選任しなければならない。

8 (4) 振動レベル測定器の指示値が周期的に変動する場合，変動ごとの最大値の平均値を振動レベルとする。

9 (4) 建築物等の鉄骨の組立て等作業主任者が，作業の方法及び順序を作業計画として定めることは，定められていない。

10 (4) 高さ20mを超える枠組足場の主枠間の間隔は，1.85m以下とする。

11 (3) 防護棚のはね出し長さは，足場から水平距離で2m以上とする。

【正解】7：(2)，8：(4)，9：(4)，10：(4)，11：(3)

第5章 施工管理法(応用能力)

　本章は，令和3年度より始まった新試験制度の「施工管理法（応用能力)」についてまとめている。

　新試験が令和3年度，令和4年度，令和5年度の3回のみの実施で，出題傾向等が明確でないため，本章では令和3年度，令和4年度，令和5年度の出題問題を年度別に掲載し，解答・解説を付けている。

＜令和3年度・4年度・5年度の出題内容＞

分類	年度	令和5年	令和4年	令和3年
施工管理法	材料の保管		55	
	仕上工事における試験・検査	60		
建築施工	鉄筋の加工・組立て	55		
	異形鉄筋の継手，定着			55
	型枠支保工		56	56
	コンクリートの養生		57	
	コンクリートの調合	56		
	鉄骨の溶接	57		
	柱補強工事			57
	屋根保護アスファルト防水工事			58
	シーリング工事	58		
	軽量鉄骨壁下地		58	
	鋼製建具工事			59
	コンクリート素地面の塗装工事		59	
	内装ビニル床シート張り	59		
	タイル張り外壁面の調査方法と改修工法		60	
	内装改修工事			60

＊番号は問題番号を表す。

施工管理法

5·1　応用能力問題

令和5年度出題問題

☐☐☐ **1** 鉄筋の加工及び組立てに関する記述として，**不適当なものを2つ選べ。**
ただし，鉄筋は異形鉄筋とし，dは呼び名の数値とする。

(1) D16の鉄筋相互のあき寸法の最小値は，粗骨材の最大寸法が20mmのため，25mm
とした。

(2) D25の鉄筋を90°折曲げ加工する場合の内法直径は，3dとした。

(3) 梁せいが2mの基礎梁を梁断面内でコンクリートの水平打継ぎとするため，上下に
分割したあばら筋の継手は，180°フック付きの重ね継手とした。

(4) 末端部の折曲げ角度が135°の帯筋のフックの余長は，4dとした。

(5) あばら筋の加工において，一辺の寸法の許容差は，±5mmとした。

《R5-55》

☐☐☐ **2** 普通コンクリートの調合に関する記述として，**不適当なものを2つ選べ。**

(1) 粗骨材は，偏平なものを用いるほうが，球形に近い骨材を用いるよりもワーカビリ
ティーがよい。

(2) AE剤，AE減水剤又は高性能AE減水剤を用いる場合，調合を定める際の空気量を
4.5%とする。

(3) アルカリシリカ反応性試験で無害でないものと判定された骨材であっても，コンク
リート中のアルカリ総量を$3.0kg/m^3$以下とすれば使用することができる。

(4) 調合管理強度は，品質基準強度に構造体強度補正値を加えたものである。

(5) 調合管理強度が$21N/mm^2$のスランプは，一般に21cmとする。

《R5-56》

☐☐☐ **3** 鉄骨の溶接に関する記述として，**不適当なものを2つ選べ。**

(1) 溶接部の表面割れは，割れの範囲を確認した上で，その両端から50mm以上溶接
部を斫り取り，補修溶接した。

(2) 裏当て金は，母材と同等の鋼種の平鋼を用いた。

(3) 溶接接合の突合せ継手の食い違いの許容差は，鋼材の厚みにかかわらず同じ値とした。

(4) $490N/mm^2$級の鋼材の組立て溶接を被覆アーク溶接で行うため，低水素系溶接棒を
使用した。

(5) 溶接作業場所の気温が−5℃を下回っていたため，溶接部より100mmの範囲の母材
部分を加熱して作業を行った。

《R5-57》

□□□ **4** シーリング工事に関する記述として，**不適当なもの**を2つ選べ。

(1)　ボンドブレーカーは，シリコーン系シーリング材を充填するため，シリコーンコーティングされたテープを用いた。

(2)　異種シーリング材を打ち継ぐ際，先打ちしたポリサルファイド系シーリング材の硬化後に，変成シリコーン系シーリング材を後打ちした。

(3)　ワーキングジョイントに装填する丸形のバックアップ材は，目地幅より20%大きい直径のものとした。

(4)　ワーキングジョイントの目地幅が20mmであったため，目地深さは12mmとした。

(5)　シーリング材の充填は，目地の交差部から始め，打継ぎ位置も交差部とした。

《R5-58》

［解説］

$\boxed{1}$ (2)　D25の鉄筋を90°折曲げ加工する場合の内法直径4dである。

(4)　末端部の折曲げ角度が135°の帯筋のフックの余長は6dである。

$\boxed{2}$ (1)　球形に近い骨材を用いるほうがワーカビリティーがよい。

(5)　調合管理強度が21N/mm²のスランプは18cmとする。

$\boxed{3}$ (3)　溶接接合の突合せ継手の食い違い許容差は，鋼材厚15mm以下で1.5mm以下，15mmより厚い場合は，厚さの10%以下かつ3mm以下である。

(5)　溶接作業場所の気温が−5℃を下回った場合，作業を行ってはならない。

$\boxed{4}$ (1)　シリコーン系シーリング材を充填する場合は，シリコーン系以外のボンドブレーカーを使用する。

(5)　シーリング材の充填は，目地の交差部あるいは角部から始め，打継ぎ位置は交差部を避ける。

【正解】 $\boxed{1}$：(2)(4)，$\boxed{2}$：(1)(5)，$\boxed{3}$：(3)(5)，$\boxed{4}$：(1)(5)

施工管理法

□□□ **5** 内装ビニル床シート張りに関する記述として，**不適当なものを2つ選べ**。

(1) 寒冷期の施工で，張付け時の室温が5℃以下になることが予想されたため，採暖を行い，室温を10℃以上に保った。

(2) 床シートは，張付けに先立ち裁断して仮敷きし，巻きぐせをとるために8時間放置した。

(3) 床シートは，張付けに際し，気泡が残らないよう空気を押し出した後，45kgローラーで圧着した。

(4) 熱溶接工法における溶接部の溝切りの深さは，床シート厚の $\frac{1}{3}$ とした。

(5) 熱溶接工法における溶接部は，床シートの溝部分と溶接棒を180〜200℃の熱風で同時に加熱溶融した。

《R5-59》

□□□ **6** 仕上工事における試験及び検査に関する記述として，**不適当なものを2つ選べ**。

(1) 防水形仕上塗材仕上げの塗厚の確認は，単位面積当たりの使用量を基に行った。

(2) シーリング材の接着性試験は，同一種類のものであっても，製造所ごとに行った。

(3) 室内空気中に含まれるホルムアルデヒドの濃度測定は，パッシブサンプラを用いて行った。

(4) アスファルト防水下地となるコンクリート面の乾燥状態の確認は，渦電流式測定計を用いて行った。

(5) 壁タイルの浮きの打音検査は，リバウンドハンマー（シュミットハンマー）を用いて行った。

《R5-60》

［解説］

5 (2) 巻きぐせをとるためには，床シートを広げて24時間放置する。

(4) 溶接部の溝切りの深さは，床シート厚の1/2〜2/3とする。

6 (4) コンクリート面の乾燥状態は，「コンクリート・モルタル水分計」で確認する。過電流式測定計は，金属の絶縁性皮膜の厚さなどを測定する。

(5) 壁タイルの浮き打音検査は，打診棒や打診用パールハンマーを利用する。

シュミットハンマーはコンクリートの圧縮強度を検査するものである。

【正解】 5 ：(2)(4)， 6 ：(4)(5)

令和4年度出題問題

1 工事現場における材料の保管に関する記述として，**不適当なものを2つ選べ。**

(1) 車輪付き裸台で運搬してきた板ガラスは，屋内の床に，ゴム板を敷いて平置きで保管した。

(2) ロール状に巻いたカーペットは，屋内の乾燥した平坦な場所に，2段の俵積みで保管した。

(3) 高力ボルトは，工事現場受入れ時に包装を開封し，乾燥した場所に，使用する順序に従って整理して保管した。

(4) 防水用の袋入りアスファルトは，積重ねを10段以下にし，荷崩れに注意して保管した。

(5) プレキャストコンクリートの床部材は平置きとし，上下の台木が鉛直線上に同位置になるように積み重ねて保管した。

《R4-55》

2 型枠工事に関する記述として，**不適当なものを2つ選べ。**

(1) 支保工以外の材料の許容応力度は，長期許容応力度と短期許容応力度の平均値とした。

(2) コンクリート打込み時に型枠に作用する鉛直荷重は，コンクリートと型枠による固定荷重とした。

(3) 支柱を立てる場所が沈下するおそれがなかったため，脚部の固定と根がらみの取付けは行わなかった。

(4) 型枠の組立ては，下部のコンクリートが有害な影響を受けない材齢に達してから開始した。

(5) 柱型枠の組立て時に足元を桟木で固定し，型枠の精度を保持した。

《R4-56》

3 コンクリートの養生に関する記述として，**不適当なものを2つ選べ。**
ただし，計画供用期間の級は標準とする。

(1) 打込み後のコンクリートが透水性の小さいせき板で保護されている場合は，湿潤養生と考えてもよい。

(2) コンクリートの圧縮強度による場合，柱のせき板の最小存置期間は，圧縮強度が $3N/mm^2$ に達するまでとする。

(3) 普通ポルトランドセメントを用いた厚さ18cm以上のコンクリート部材においては，コンクリートの圧縮強度が $10N/mm^2$ 以上になれば，以降の湿潤養生を打ち切ることができる。

施工管理法

(4) コンクリート温度が 2℃ を下回らないように養生しなければならない期間は，コンクリート打込み後 2 日間である。

(5) 打込み後のコンクリート面が露出している部分に散水や水密シートによる被覆を行うことは，初期養生として有効である。

《R4-57》

4 軽量鉄骨壁下地に関する記述として，**不適当なもの**を 2 つ選べ。

(1) スタッドは，上部ランナーの上端とスタッド天端との隙間が 15mm となるように切断した。

(2) ランナーは，両端部を端部から 50mm 内側で固定し，中間部を 900mm 間隔で固定した。

(3) 振れ止めは，床ランナーから 1,200mm 間隔で，スタッドに引き通し，固定した。

(4) スペーサーは，スタッドの端部を押さえ，間隔 600mm 程度に留め付けた。

(5) 区分記号 65 形のスタッド材を使用した袖壁端部の補強材は，垂直方向の長さが 4.0m を超えたため，スタッド材を 2 本抱き合わせて溶接したものを用いた。

《R4-58》

[解説]

1 (1) 車輪付き裸台で運搬してきた板ガラスは，屋内の床に，ゴム板を敷いて縦置きで保管する。

(3) 高力ボルトは，包装の完全なものを未開封状態で工場現場に搬入し，施工直前に必要な量だけ包装を解く。

2 (2) スラブ型枠に加わる荷重は，固定荷重に積載荷重（作業荷重＋衝撃荷重：1.5kN/m^2）を加えたものである。

(3) 支保工は，コンクリートを打設した上や敷板の上に設置し，根がらみ鋼管で緊結する。

3 (2) 柱のせき板の最小存置期間は，圧縮強度が 5N/mm^2 に達するまでとする。

(4) コンクリート温度が 2℃ を下回らないように養生しなければならない期間は，コンクリート打込み後 5 日間である。

4 (1) スタッドは，上部ランナーの上端とスタッド天端との隙間が 10mm 以下となるように切断する。

(5) 垂直方向の長さ 4m を超える場合は，区分記号 90 形を使用し，専用の補強材を用いる。

【正解】 **1**：(1) (3)，**2**：(2) (3)，**3**：(2) (4)，**4**：(1) (5)

5 コンクリート素地面の塗装工事に関する記述として，**不適当なもの**を 2 つ選べ。

(1) アクリル樹脂系非水分散形塗料塗りにおいて，気温が 20℃ であったため，中塗りの工程間隔時間を 2 時間とした。

(2) 常温乾燥形ふっ素樹脂エナメル塗りにおいて，塗料を素地に浸透させるため，下塗りはローラーブラシ塗りとした。

(3) 2液形ポリウレタンエナメル塗りにおいて，塗料は所定の可使時間内に使い終える量を調合して使用した。

(4) 合成樹脂エマルションペイント塗りにおいて，流動性を上げるため，有機溶剤で希釈して使用した。

(5) つや有り合成樹脂エマルションペイント塗りにおいて，塗装場所の気温が5℃以下となるおそれがあったため，施工を中止した。

《R4-59》

□□□ **6** 鉄筋コンクリート造建築物の小口タイル張り外壁面の調査方法と改修工法に関する記述として，**不適当なもの**を**2つ**選べ。

(1) 打診法は，打診用ハンマー等を用いてタイル張り壁面を打撃して，反発音の違いから浮きの有無を調査する方法である。

(2) 赤外線装置法は，タイル張り壁面の内部温度を赤外線装置で測定し，浮き部と接着部における熱伝導の違いにより浮きの有無を調査する方法で，天候や時刻の影響を受けない。

(3) タイル陶片のひび割れ幅が0.2mm以上であったが，外壁に漏水や浮きが見られなかったため，当該タイルを斫って除去し，外装タイル張り用有機系接着剤によるタイル部分張替え工法で改修した。

(4) 外壁に漏水や浮きが見られなかったが，目地部に生じたひび割れ幅が0.2mm以上で一部目地の欠損が見られたため，不良目地部を斫って除去し，既製調合目地材による目地ひび割れ改修工法で改修した。

(5) 構造体コンクリートとモルタル間の浮き面積が1箇所当たり0.2m²程度，浮き代が1.0mm未満であったため，アンカーピンニング全面セメントスラリー注入工法で改修した。

《R4-60》

［解説］

5 (1) アクリル樹脂系非水分散形塗料塗りでは，中塗りの工程間隔時間は3時間である。
(4) 合成樹脂エマルションペイント塗りの流動性を上げるには，水で希釈する。

6 (2) 天候（晴天，曇天，雨天など）や時刻（早朝，日中，夜間など）によってタイル温度が変わるため影響を受ける。
(5) 1箇所当たりの浮き面積が0.25m²程度までは，部分エポキシ樹脂注入工法で改修する。

【正解】 5：(1)(4)，6：(2)(5)

令和3年度出題問題

□□□ **1** 異形鉄筋の継手及び定着に関する記述として，**不適当なものを2つ選べ。**

ただし，dは，異形鉄筋の呼び名の数値とする。

(1) 壁縦筋の配筋間隔が上下階で異なるため，重ね継手は鉄筋を折り曲げずにあき重ね継手とした。

(2) 180°フック付き重ね継手としたため，重ね継手の長さはフックの折曲げ開始点間の距離とした。

(3) 梁主筋を柱にフック付き定着としたため，定着長さは鉄筋末端のフックの全長を含めた長さとした。

(4) 梁の主筋を重ね継手としたため，隣り合う鉄筋の継手中心位置は，重ね継手長さの1.0倍ずらした。

(5) 一般階における四辺固定スラブの下端筋を直線定着としたため，直線定着長さは，10d以上，かつ，150mm以上とした。

《R3-55》

□□□ **2** 型枠支保工に関する記述として，**不適当なものを2つ選べ。**

(1) パイプサポート以外の鋼管を支柱として用いる場合，高さ2.5m以内ごとに水平つなぎを2方向に設けなければならない。

(2) 支柱として用いる鋼管枠は，最上層及び5層以内ごとに水平つなぎを設けなければならない。

(3) パイプサポートを2本継いで支柱として用いる場合，継手部は4本以上のボルト又は専用の金具を用いて固定しなければならない。

(4) 支柱として用いる組立て鋼柱の高さが5mを超える場合，高さ5m以内ごとに水平つなぎを2方向に設けなければならない。

(5) 支柱として用いる鋼材の許容曲げ応力の値は，その鋼材の降伏強さの値又は引張強さの値の $\frac{3}{4}$ の値のうち，いずれか小さい値の $\frac{2}{3}$ の値以下としなければならない。

《R3-56》

□□□ **3** 鉄筋コンクリート造の耐震改修における柱補強工事に関する記述として, **不適当なものを2つ選べ。**

(1) RC巻き立て補強の溶接閉鎖フープ巻き工法において, フープ筋の継手はフレア溶接とした。

(2) RC巻き立て補強の溶接金網巻き工法において, 溶接金網相互の接合は重ね継手とした。

(3) 連続繊維補強工法において, 躯体表面を平滑にするための下地処理を行い, 隅角部は直角のままとした。

(4) 鋼板巻き工法において, 工場で加工した鋼板を現場で突合せ溶接により一体化した。

(5) 鋼板巻き工法において, 鋼板と既存柱の隙間に硬練りモルタルを手作業で充塡した。

《R3-57》

□□□ **4** 屋根保護アスファルト防水工事に関する記述として, **不適当なものを2つ選べ。**

(1) コンクリート下地のアスファルトプライマーの使用量は, 0.2 kg/m² とした。

(2) 出隅及び入隅は, 平場部のルーフィング類の張付けに先立ち, 幅150 mm のストレッチルーフィングを増張りした。

(3) 立上り部のアスファルトルーフィング類を張り付けた後, 平場部のルーフィング類を150 mm 張り重ねた。

(4) 保護コンクリート内の溶接金網は, 線径6.0 mm, 網目寸法100 mm のものを敷設した。

(5) 保護コンクリートの伸縮調整目地は, パラペット周辺などの立上り際より600 mm 離した位置から割り付けた。

《R3-58》

施工管理法

［解説］

1 (3) フック付定着の長さは, 定着起点から鉄筋の折曲開始点（フックが始まる点）までの距離となる。したがって, フックの全長は含めない。

(4) 重ね継手の隣り合う鉄筋の継手中心位置は, 重ね継手長さの0.5倍または1.5倍ずらす。

2 (1) 高さ2.0 m 以内ごとに水平つなぎを2方向に設ける。

(4) 鋼柱の高さが4 m を超える場合, 高さ4 m 以内ごとに水平つなぎを2方向に設ける。

3 (3) 隅角部は, 面取りを行う。

(5) 鋼板と既存柱の隙間には, グラウト材をモルタルポンプにより充塡する。

4 (2) 幅300 mm のストレッチルーフィングを増張りする。

(3) 立上り部と平場のアスファルトルーフィングは, 原則として別々に張り付け, 立上り部のルーフィングは, 平場のルーフィングに150 mm 以上張り重ねる。

【正解】 **1**：(3)(4), **2**：(1)(4), **3**：(3)(5), **4**：(2)(3)

□□□ **5** 鋼製建具工事に関する記述として，**不適当なものを2つ選べ**。

(1)　内部建具の両面フラッシュ戸の見込み部は，上下部を除いた2方を表面板で包んだ。

(2)　外部建具の両面フラッシュ戸の表面板は，厚さを 0.6 mm とした。

(3)　両面フラッシュ戸の組立てにおいて，中骨は厚さを 1.6 mm とし，間隔を 300 mm とした。

(4)　ステンレス鋼板製のくつずりは，表面仕上げをヘアラインとし，厚さを 1.5 mm とした。

(5)　枠及び戸の取付け精度は，ねじれ，反り，はらみともそれぞれ許容差を，4 mm 以内とした。

《R3-59》

□□□ **6** 内装改修工事における既存床仕上げ材の撤去及び下地処理に関する記述として，**不適当なものを2つ選べ**。

ただし，除去する資材は，アスベストを含まないものとする。

(1)　ビニル床シートは，ダイヤモンドカッターで切断し，スクレーパーを用いて撤去した。

(2)　磁器質床タイルは，目地をダイヤモンドカッターで縁切りし，電動斫り器具を用いて撤去した。

(3)　モルタル塗り下地面の既存合成樹脂塗床材の撤去は，下地モルタルを残し，電動斫り器具を用いて下地モルタルの表面から塗床材のみを削り取った。

(4)　既存合成樹脂塗床面の上に同じ塗床材を塗り重ねるため，接着性を高めるよう，既存仕上げ材の表面を目荒しした。

(5)　新規仕上げが合成樹脂塗床のため，既存床材撤去後の下地コンクリート面の凹凸部は，エポキシ樹脂モルタルで補修した。

《R3-60》

［解説］

5 (2)　鋼板は，大きな力のかかる部分は厚さ 2.3 mm 以上，その他は 1.6 mm 以上とする。

(5)　枠及び戸の取付け精度は，ねじれ，反り，はらみともそれぞれ許容差を 2 mm 以内とする。

6 (1)　ダイヤモンドカッターでは，下地や躯体まで傷つける可能性があるため，カッター，スクレーパーなどを使用する。

(3)　設問の場合，下地モルタルまで撤去して，再度下地処理をしてから塗る。

【正解】 5 ： (2)(5)， 6 ： (1)(3)

第6章 法　　規

法
規

6・1　建 築 基 準 法

[最近出題された問題]

6・1・1　総 括 的 規 定

□□□ **1** 用語の定義に関する記述として,「建築基準法」上,誤っているものはどれか。
(1) 事務所の用途に供する建築物は,特殊建築物である。
(2) 観覧のための工作物は,建築物である。
(3) 高架の工作物内に設ける店舗は,建築物である。
(4) 共同住宅の用途に供する建築物は,特殊建築物である。

《R3-61》

□□□ **2** 用語の定義に関する記述として,「建築基準法」上,誤っているものはどれか。
(1) 建築物の構造上重要でない間仕切壁の過半の模様替は,大規模の模様替である。
(2) 建築物の屋根は,主要構造部である。
(3) 観覧のための工作物は,建築物である。
(4) 百貨店の売場は,居室である。

《R5-61》

□□□ **3** 次の記述のうち,「建築基準法」上,誤っているものはどれか。
(1) 建築物の容積率の算定において,自動車車庫の面積は,敷地内の建築物の各階の床面積の合計の $\frac{1}{5}$ までは算入しないことができる。
(2) 建築主は,軒の高さが9mを超える木造の建築物を新築する場合においては,二級建築士である工事監理者を定めなければならない。
(3) 建築基準法の規定は,条例の定めるところにより現状変更の規制及び保存のための措置が講じられている建築物であって,特定行政庁が建築審査会の同意を得て指定したものには適用されない。
(4) 建築基準法又はこれに基づく命令若しくは条例の規定の施行又は適用の際現に存する建築物が,規定の改正等によりこれらの規定に適合しなくなった場合,これらの規定は当該建築物に適用されない。

《R3-62》

［解説］

1 建基法第2条には，各種の用語が定義されている。主なものは以下のとおりである。

特 殊 建 築 物：学校（専修学校・各種学校を含む），体育館，病院，劇場，観覧場，集会場，展示場，百貨店，市場，ダンスホール，遊技場，公衆浴場，旅館，共同住宅，寄宿舎，下宿，工場，倉庫，自動車車庫，危険物の貯蔵場，火葬場など。

※事務所は特殊建築物ではない。

建 築 設 備：建築物に設ける電気，ガス，給排水，換気，冷暖房，消火，排煙，汚物処理，煙突，昇降機，避雷針など。

居　　　　室：居住，執務，作業，集会，娯楽などのために継続的に使用する室。

主 要 構 造 部：壁，柱，床，はり，屋根，階段。構造上重要でない間仕切壁，最下階の床，屋外階段などは除く。

耐 火 建 築 物：主要構造部を耐火構造（RC造等）とするか，または政令で定める技術的基準に適合するものとし，延焼のおそれのある部分の開口部を防火戸その他の防火設備としたもの。

設 計 図 書：工事用の図面（現寸図等は除く）および仕様書。

大 規 模 の 修 繕：建築物の主要構造部の一種以上について行う過半の修繕。

大規模の模様替：建築物の主要構造部の一種以上について行う過半の模様替。

工 事 施 工 者：工事の請負人，または請負契約によらないで自ら建築物の工事をする者。

(1) 特殊建築物とは，上記で示す建築物のように不特定多数の者が利用するものなどである。事務所は利用する者が特定されるため特殊建築物ではない。よって，(1)は誤っている。

2 (1) 大規模の模様替とは建築物の主要構造部の一種以上について行う過半の模様替をいう。構造上重要でない間仕切壁は主要構造部ではないので，その過半の修繕は大規模の模様替に該当しない。よって(1)は誤っている。

3 (2) 建築主は，一定の規模の建築工事をする場合においては建築士である工事監理者を定めなければならないが，建築物の設計および工事監理は，建築士の種別ごとに範囲が規定されている。軒の高さが9mを超える木造の建築物については，その設計および工事監理は一級建築士でなければすることができない。よって，(2)は誤っている。

(4) 建基法またはこれに基づく命令等が改正された場合，すでに現存する建築物が改正等の規定に適合しなくなった場合は，原則として，改正規定は当該建築物に適用しない。これらの建築物を既存不適格建築物といい，既存不適格建築物は違反建築物ではない。

【正解】 1：(1)， 2：(1)， 3：(2)

法 規

━━━━

4　次の記述のうち，「建築基準法」上，**誤っている**ものはどれか。

(1) 鉄筋コンクリート造3階建ての共同住宅においては，2階の床及びこれを支持する梁に鉄筋を配置する特定工程に係る工事を終えたときは，中間検査の申請をしなければならない。

(2) 木造3階建ての戸建て住宅を，大規模の修繕をしようとする場合においては，確認済証の交付を受けなければならない。

(3) 確認済証の交付を受けた建築物の完了検査を受けようとする建築主は，工事が完了した日から5日以内に，建築主事に到達するように検査の申請をしなければならない。

(4) 床面積の合計が10m²を超える建築物を除却しようとする場合においては，原則として，当該除却工事の施工者は，建築主事を経由して，その旨を都道府県知事に届け出なければならない。

《R4-61》

━━━━

5　次の記述のうち，「建築基準法」上，**誤っている**ものはどれか。

(1) 床面積の合計が10m²を超える建築物を除却しようとする場合においては，原則として，当該除却工事の施工者は，建築主事を経由して，その旨を都道府県知事に届け出なければならない。

(2) 避難施設等に関する工事を含む建築物の完了検査を受けようとする建築主は，建築主事が検査の申請を受理した日から7日を経過したときは，検査済証の交付を受ける前であっても，仮に，当該建築物を使用することができる。

(3) 鉄筋コンクリート造3階建共同住宅の3階の床及びこれを支持する梁に鉄筋を配置する工事の工程は，中間検査の申請が必要な特定工程である。

(4) 木造3階建の戸建て住宅を，大規模の修繕をしようとする場合においては，確認済証の交付を受けなければならない。

《H30-71》

━━━━

6　次の記述のうち，「建築基準法」上，**誤っている**ものはどれか。

(1) 特定工程後の工程に係る工事は，当該特定工程に係る中間検査合格証の交付を受けた後でなければ，施工することはできない。

(2) 鉄筋コンクリート造3階建の既存の建築物にエレベーターを設ける場合においては，確認済証の交付を受ける必要がある。

(3) 床面積の合計が10m²を超える建築物を除却しようとする場合においては，原則として，当該除却工事の施工者は，建築主事を経由して，その旨を都道府県知事に届け出なければならない。

(4) 床面積の合計が1,000m²のホテルを寄宿舎に用途を変更する場合においては，確認済証の交付を受ける必要はない。

《H26-71》

[解説]

④ (1) 中間検査は，①階数が3以上の共同住宅または②特定行政庁が指定する建築物の特定工程に係る工事を終えた場合に建築主が建築主事または指定確認検査機関に申請し，建築基準関係規定に適合することについて受ける検査である。①では，鉄筋コンクリート造等の共同住宅の2階の床及びこれを支持する梁に鉄筋を配置する工事の工程が対象となる。

(3) 建築主は，工事が完了した日から4日以内に，建築主事または指定確認検査機関に検査の申請をしなければならない。よって，(3)は誤っている。

(4) 表1参照

表1 各種書類の提出義務者と提出先

書 類 名	提出義務者	提 出 先
確認申請	建築主	建築主事または指定確認検査機関
建築計画概要書	建築主	建築主事または指定確認検査機関
建築工事届	建築主	都道府県知事
建築物除却届	工事施工者	都道府県知事
完了検査申請	建築主	建築主事または指定確認検査機関

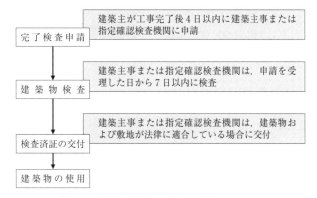

図1 工事完了から使用までの流れ

⑤ (2) 表2の新築の建築物のほか，避難施設等に関する工事（避難施設，消火設備，排煙設備などの工事）を含む場合は，検査済証の交付が必要だが，仮使用も同様の扱いとなり，特定行政庁から仮使用の承認を受けた場合，あるいは完了検査を申請した日から7日を経過しても検査が行われない場合には，仮に使用することができる。

表2 検査済証の交付がなければ使用できない新築の建築物

建築物の種類等	検査済証の交付がなければ使用できない場合
①特殊建築物	建基法別表第一(い)欄の特殊建築物で，床面積の合計200m²を超える
②木造建築物	3階以上または延べ面積500m²，高さが13mもしくは軒の高さが9mを超える
③非木造建築物	2階以上または延べ面積200m²を超える

(3) ④(1)の解説参照。よって，(3)は誤っている。

(4) 大規模の修繕とは，主要構造部の一種以上について行う過半の修繕であり，確認済証の交付を受けなければならない。

⑥ (4) 建築物の用途を変更して，法第6条第1項第1号の特殊建築物のいずれかとする場合は，類似用途相互の用途変更以外は，確認申請の手続が準用される。ホテルを寄宿舎に用途を変更する場合は，確認済証の交付を受ける必要がある。よって，(4)は誤っている。

【正解】④:(3)，⑤:(3)，⑥:(4)

法規

7 次の記述のうち,「建築基準法」上,**誤っているもの**はどれか。

(1) 建築監視員は,建築物の工事施工者に対して,当該工事の施工の状況に関する報告を求めることができる。

(2) 建築主事は,建築基準法令の規定に違反した建築物に関する工事の請負人に対して,当該工事の施工の停止を命じることができる。

(3) 建築物の所有者,管理者又は占有者は,その建築物の敷地,構造及び建築設備を常時適法な状態に維持するよう努めなければならない。

(4) 特定行政庁が指定する建築物の所有者又は管理者は,建築物の敷地,構造及び建築設備について,定期に,建築物調査員にその状況の調査をさせて,その結果を特定行政庁に報告しなければならない。

《R4-62》

8 建築確認等の手続きに関する記述として,「建築基準法」上,**誤っているもの**はどれか。

(1) 延べ面積が150m² の一戸建ての住宅の用途を変更して旅館にしようとする場合,建築確認を受ける必要はない。

(2) 鉄骨造2階建て,延べ面積200m² の建築物の新築工事において,特定行政庁の仮使用の承認を受けたときは,建築主は検査済証の交付を受ける前においても,仮に,当該建築物を使用することができる。

(3) 避難施設等に関する工事を含む建築物の完了検査を受けようとする建築主は,建築主事が検査の申請を受理した日から7日を経過したときは,検査済証の交付を受ける前であっても,仮に,当該建築物を使用することができる。

(4) 防火地域及び準防火地域内において,建築物を増築しようとする場合,その増築部分の床面積の合計が10m² 以内のときは,建築確認を受ける必要はない。

《R5-62》

9 建築基準法違反行為と同法による処罰の対象となる者との組合せのうち,**誤っているもの**は次のうちどれか。

(1) 建築主事又は指定確認検査機関の確認を要する建築物の建築工事を確認を受けないで行った場合 ———————————— 建築主と施工者

(2) 建築主事又は指定確認検査機関の確認を受けた建築物の工事現場に当該工事に係る設計図書を備えていなかった場合 ———————— 施　工　者

(3) 建築主事又は指定確認検査機関の確認を受けた建築物の工事現場に当該工事に係る確認済の表示がしていなかった場合 ———————— 施　工　者

(4) 1級建築士でなければ設計できない建築物の建築工事を工事監理者を
定めずに行った場合 ────────────────── 建築主と施工者

《基 本》

[解説]

7 (1) 特定行政庁，建築主事または建築監視員は，建築物の工事施工者に対して，当該工事の
施工の状況に関する報告を求めることができる。

(2) 建築主事ではなく，特定行政庁は，建築基準法令の規定に違反した建築物の建築主，工
事の請負人，現場管理者，所有者，占有者に対して，当該工事の施工の停止を命じること
ができる。よって，(2)は誤っている。

(4) 特定行政庁が指定する建築物の所有者または管理者は，建築物の敷地，構造及び建築設
備について，定期的に建築物調査員にその状況を調査させ，結果を特定行政庁に報告しな
ければならない。これを一般に定期調査・定期検査報告制度という。

8 (1) 用途変更で確認申請が必要となるのは，特殊建築物の用途となる部分が面積 $200\,\mathrm{m}^2$ を
超える場合である。$150\,\mathrm{m}^2$ の一戸建ての住宅を旅館にしようとする場合は，建築確認を受
ける必要はない。

(2)(3) 5 (2)の解説参照。

(4) その床面積の合計が $10\,\mathrm{m}^2$ 以内の建築物の増築・改築・移転で，防火地域または準防火
地域外であれば確認は不要であるが，防火地域または準防火地域内は必要になる。よって，
(4)は誤っている。

9 違反行為とその処罰の対象となる者との組合せについての問題である。

(1) 建基法第6条第1項の規定により，建築主は建築等に関する確認を受けなければならな
い。また，建基法第6条第14項に，確認済証の交付を受けないで工事を行ってはならな
いと規定されている。

建基法第99条第1項第1号および第2号により，**建築主と施工者**が処罰の対象となる。

(2) 建基法第89条第2項の規定により，施工者は当該工事に係る**設計図書**を当該現場に備
えておかなければならない。これに違反した場合は建基法第102条第1項第3号の規定に
より**施工者**が処罰の対象となる。

(3) 建基法第89条第1項の規定により，施工者は当該工事に係る確認があった旨の**表示**を
しなければならない。これに違反した場合は，建基法第102条第1項第3号の規定により
施工者が処罰の対象となる。

(4) 建基法第5条の4第4項および第5項により，建築士である**工事監理者**を定めないで工
事をすることはできない。これに違反した場合は，建基法第101条第1項第1号の規定に
より**施工者**が処罰の対象となる。よって，(4)は誤っている。

【正解】 7 : (2)， 8 : (4)， 9 : (4)

法

規

6・1・2　実 態 的 規 定

□□□ **10**　防火区画に関する記述として,「建築基準法」上, 誤っているものはどれか.

(1)　主要構造部を準耐火構造とした階数が3以下で, 延べ面積200m² 以内の一戸建住宅の階段は, 竪穴部分とその他の部分について, 準耐火構造の床若しくは壁又は防火設備で区画しなくてもよい.

(2)　政令で定める窓その他の開口部を有しない事務所の事務室は, その事務室を区画する主要構造部を準耐火構造とし, 又は不燃材料で造らなければならない.

(3)　建築物の11階以上の部分で, 各階の床面積の合計が100m² を超えるものは, 原則として床面積の合計100m² 以内ごとに耐火構造の床若しくは壁又は防火設備で区画しなければならない.

(4)　共同住宅の各戸の界壁を給水管が貫通する場合においては, 当該管と界壁との隙間をモルタルその他の不燃材料で埋めなければならない.

《R3-63》

□□□ **11**　次の記述のうち,「建築基準法施行令」上, 誤っているものはどれか.

(1)　共同住宅の各戸の界壁を給水管が貫通する場合においては, 当該管と界壁との隙間をモルタルその他の不燃材料で埋めなければならない.

(2)　劇場の客席は, 主要構造部を耐火構造とした場合であっても, スプリンクラー設備等を設けなければ, 1,500m² 以内ごとに区画しなければならない.

(3)　主要構造部を準耐火構造とした建築物で, 3階以上の階に居室を有するものの昇降機の昇降路の部分とその他の部分は, 原則として, 準耐火構造の床若しくは壁又は防火設備で区画しなければならない.

(4)　換気設備のダクトが準耐火構造の防火区画を貫通する場合においては, 火災により煙が発生した場合又は火災により温度が急激に上昇した場合に自動的に閉鎖する構造の防火ダンパーを設けなければならない.

《R5-63》

□□□ **12**　避難施設等に関する記述として,「建築基準法施行令」上, 誤っているものはどれか.

(1)　小学校には, 非常用の照明装置を設けなければならない.

(2)　映画館の客用に供する屋外への出口の戸は, 内開きとしてはならない.

(3)　回り階段の部分における踏面の寸法は, 踏面の狭い方の端から30cm の位置において測らなければならない.

(4)　両側に居室がある場合の, 小学校の児童用の廊下の幅は, 2.3m 以上としなければならない.

《R4-63》

[解説]

10 (1) 主要構造部を準耐火構造とし，かつ3階以上に居室を有する建築物では，吹抜け部分，階段，昇降機の昇降路，タクトスペース等の壁穴部分には竪穴区画が要求され，竪穴部分とその他の部分とを準耐火構造の床，壁または防火設備で区画しなければならない。ただし，階数が3以下，延べ面積が200m²以内の一戸建住宅については適用が除外されている。

(2) 政令で定める窓その他の開口部を有しない居室（無窓の居室）は，その居室を区画する主要構造部を耐火構造とし，又は不燃材料で造らねばならない。主要構造部を準耐火構造とすることはできない。よって，(2)は誤っている。

(3) 11階以上の高層階については高層区画が要求され，各階の床面積の合計が100m²を超えるものは，原則として床面積の合計100m²以内ごとに耐火構造の床若しくは壁または防火設備で区画しなければならない。

(4) 共同住宅の各戸の界壁を給水管や配電管等が貫通する場合には，当該管と界壁との隙間をモルタル等の不燃材料で埋めなければならない。

11 (2) 劇場，映画館，演芸場，観覧場，公会堂，集会場の客席及び体育館，工場，その他これらに類する用途である建築物の部分は，1,500m²の面積区画が免除されている。よって，(2)は誤っている。

(3) 主要構造部を準耐火構造とした建築物で，3階以上の階に居室を有するものの昇降機の昇降路の部分については，原則として，当該部分とその他の部分とを防火区画しなければならない。

(4) 換気設備のダクト等が準耐火構造の防火区画を貫通する場合においては，防火ダンパーの設置が義務づけられている。

12 (1) 非常用の照明装置の設置が必要となるものは，特殊建築物の居室，階数が3以上かつ延べ面積が500m²を超える建築物の居室などであるが，一戸建ての住宅や長屋・共同住宅の住戸，病院の病室，学校等は除外されている。よって，小学校には設けなくてもよいので(1)は誤っている。

(2) 劇場，映画館，公会堂，集会場等における客席からの出口の戸は，内開きとしてはならない。また，客用に供する屋外への出口の戸は，内開きとしてはならない。

(3) 回り階段の部分における踏面の寸法は，踏面の狭い方の端から30mの位置において測る。

【正解】 10 : (2)， 11 : (2)， 12 : (1)

法
規

---

13 建築物の内装制限に関する記述として，「建築基準法」上，**誤っているもの**はどれか。

(1) 自動車車庫の用途に供する特殊建築物は，構造及び床面積に関係なく，原則として，内装制限を受ける。

(2) 主要構造部を耐火構造とした学校の1階に設ける調理室は，内装制限を受けない。

(3) 内装制限を受ける百貨店の売場から地上に通ずる主たる廊下の室内に面する壁のうち，床面からの高さが1.2m以下の部分は，内装制限を受けない。

(4) 主要構造部を耐火構造とした地階に設ける飲食店は，原則として，内装制限を受ける。

《H30-73》

---

14 次の記述のうち，「建築基準法」上，**誤っているもの**はどれか。

(1) 共同住宅の各戸の界壁を給水管が貫通する場合においては，当該管と界壁とのすき間をモルタルその他の不燃材料で埋めなければならない。

(2) 準防火地域内の鉄骨造2階建，延べ面積 $1,000\,\mathrm{m}^2$ の倉庫は，耐火建築物又は準耐火建築物としなければならない。

(3) 主要構造部を耐火構造とした建築物で，延べ面積が $1,500\,\mathrm{m}^2$ を超えるものは，原則として，床面積の合計 $1,500\,\mathrm{m}^2$ 以内ごとに1時間準耐火基準に適合する準耐火構造の床若しくは壁又は特定防火設備で区画しなければならない。

(4) 政令で定める窓その他の開口部を有しない事務所の事務室は，その事務室を区画する主要構造部を準耐火構造とし，又は不燃材料で造らなければならない。

《H29-73》

〔解説〕

13 表3に，内装制限一覧を示す。

(1) 自動車車庫は，原則として内装制限の適用を受ける。

(2) 火気使用室は，内装制限の対象であるが，主要構造部を耐火構造にしたものは除かれる。

(3) 壁の床面からの高さ1.2m以下の部分が内装制限を受けないのは居室の場合で，地上に通ずる主たる廊下の壁の当該部分は内装制限が適用される。よって，(3)は誤っている。

14 (1) 10の(4)の解説参照。

(2) 準防火地域内では，地階を除く階数が3以下，延べ面積が $500\,\mathrm{m}^2$ 超，$1500\,\mathrm{m}^2$ 以下の建築物は耐火建築物又は準耐火建築物としなければならない。

(3) 主要構造部を耐火構造とした建築物で，延べ面積が $1,500\,\mathrm{m}^2$ を超えるものは面積区画が必要となり，原則として床面積の合計 $1,500\,\mathrm{m}^2$ 以内ごとに1時間準耐火基準に適合する準耐火構造とした床若しくは壁または特定防火設備で区画しなければならない。

(4) 10の(2)の解説参照。

【正解】 13：(3)，14：(4)

表3 内装制限一覧

	用途・構造・規模区分	当該用途に供する部分の床面積の合計			適 用 除 外 等	内 装 制 限	
		耐火建築物の場合	準耐火建築物の場合	その他の建築物の場合		居室等の壁・天井	地上に通ずる主たる廊下・階段・通路
①	劇場, 映画館, 演芸場, 観覧場, 公会堂, 集会場	(客室) 400m² 以上	(客室) 100m² 以上			不燃材料 準不燃材料 難燃材料	不燃材料 準不燃材料
②	病院, 診療所(患者の収容施設のあるものに限る), ホテル, 旅館, 下宿, 共同住宅, 寄宿舎, 児童福祉施設等(建基令19・1参照)	(3階以上の部分) 300m² 以上	(2階部分) 300m² 以上 (病院, 診療所は, 2階に患者の収容施設がある場合に限る)	200m² 以上	・耐火建築物又は主要構造部を準耐火構造等とした準耐火建築物にあっては, 100m²(共同住宅の住戸にあっては200m²)以内に防火区画された部分を除く。 ・1時間準耐火構造の準耐火建築物の下宿, 共同住宅又は寄宿舎の用途に供する部分は, 耐火建築物の部分とみなす。	・3階以上の階に居室を有する場合の天井については難燃材料を除く。 ・居室の壁の床面からの高さが 1.2m 以下の部分には適用されない。	
③	百貨店, マーケット, 展示場, キャバレー, カフェー, ナイトクラブ, バー, 舞踏場, 遊技場, 公衆浴場, 待合, 料理店, 飲食店, 物品販売業を営む店舗(10m²以下を除く)	(3階以上の部分) 1000m² 以上	(2階部分) 500m² 以上				
④	地階又は地下工作物内の居室等で, ①②③の用途に供するもの	全部				不燃材料 準不燃材料	不燃材料 準不燃材料
⑤	自動車車庫, 自動車修理工場						
⑥	無窓の居室(建基令 128 の 3 の 2 参照)				天井の高さが6mを超えるもの		
⑦	階数及び規模によるもの	階数3以上で, 500m² を超えるもの 階数2で, 1000m² を超えるもの 階数1で, 3000m² を超えるもの			・学校等(建基令126の2・1・二参照) ・100m²以内ごとに防火区画された特殊建築物の用途に供しない居室で, 耐火建築物又は主要構造部が準耐火建築物の高さが31m以下の部分 ・②欄の用途に供するもので, 高さが31m以下の部分	不燃材料 準不燃材料 難燃材料 ・居室の壁の床面からの高さ1.2m以下の部分には適用されない。	不燃材料 準不燃材料
⑧	火気使用室	住宅:階数が2以上の住宅で, 最上階以外の階にある火気使用室 住宅以外:火気使用室は全部			主要構造部を耐火構造としたものを除く。	不燃材料 準不燃材料	—

(注) 1. 内装制限の規定で, 2以上の規定に該当する建築物の部分には, 最も厳しい規定が適用される。
　　 2. スプリンクラー設備, 水噴霧設備, 泡消火設備その他これらに類するもので自動式のものおよび排煙設備を設けた建築物の部分には適用しない。

法規

1　用語の定義に関する記述として，「建築基準法」上，**誤っているもの**はどれか。
(1)　共同住宅の用途に供する建築物は，特殊建築物である。
(2)　建築物に関する工事用の仕様書は，設計図書である。
(3)　事務所の執務室は，居室である。
(4)　建築物の基礎は，主要構造部である。

(H24-71)

2　用語の定義に関する記述として，「建築基準法」上，**誤っているもの**はどれか。
(1)　建築物に設ける避雷針は，建築設備である。
(2)　建築物の工事用の図面として現場で作成した現寸図は，設計図書である。
(3)　床が地盤面下にある階で，床面から地盤面までの高さがその階の天井の高さの$\frac{1}{3}$以上のものは，地階である。
(4)　建築とは，建築物を新築し，増築し，改築し，又は移転することをいう。

(H25-71)

3　「建築基準法」上，「道路」として**取り扱われないもの**は次のうちどれか。
(1)　「道路法」による幅員6mの道路
(2)　「建築基準法」の規定が適用された際，現に建築物が立ち並んでいる幅員2.8mの道で，特定行政庁が指定したもの
(3)　「土地区画整理法」によって築造された幅員6mの道路
(4)　「都市計画法」に基づく新設の事業計画のある幅員12mの道路で，3年後に事業が執行される予定のもの

(基 本)

4　建ぺい率の制限に関する次の記述のうち，「建築基準法」上，**誤っているもの**はどれか。
(1)　都市計画区域内において，街区の角にある敷地で，特定行政庁が指定した場合は，建ぺい率の制限が緩和される。
(2)　都市計画区域内において，敷地に接する前面道路の反対側に公園，広場などがある場合でも，建ぺい率の制限は緩和されない。
(3)　都市計画区域外および準都市計画区域外であっても，建ぺい率は制限される。
(4)　商業地域内で，かつ，防火地域内の建築物が準耐火構造である場合は，建ぺい率の制限は緩和されない。

(基 本)

5 防火地域及び準防火地域における建築物に関する次の記述のうち，「建築基準法」上，**誤っ**ているものはどれか。

(1) 防火地域と準防火地域にわたり，かつ，防火壁を設けない建築物は，その過半が属する地域の規定が適用される。

(2) 防火地域又は準防火地域内の建築物の屋根で，耐火構造でないものは不燃材料で造り，又はふかなければならない。

(3) 防火地域又は準防火地域内の建築物で，外壁が耐火構造のものについては，その外壁を隣地境界線に接して設けてよい。

(4) 防火地域内の建築物の屋上に設ける高さ3メートルを超える広告塔は，主要な部分を不燃材料で造り，又はおおわなければならない。

(H19 類題)

6 都市計画区域内の規制に関する記述として，「建築基準法」上，**誤っているもの**はどれか。

(1) 第1種低層住居専用地域内においては，老人ホームを新築することができる。

(2) 前面道路の反対側に公園又は広場等がある敷地においては，前面道路による建築物の高さの制限（道路斜線制限）の緩和措置がある。

(3) 商業地域内で高さが15mの建築物を新築する場合においては，いかなる場合も日影による中高層の建築物の高さの制限（日影規制）を受けない。

(4) 第2種低層住居専用地域内においては，当該地域に関する都市計画において，外壁の後退距離が定められることがある。

(H18-73)

正解とワンポイント解説

1 (4) 主要構造部とは，壁，柱，床，はり，屋根，階段をいう。

2 (2) 設計図書とは工事用の図面および仕様書をいい，現寸図その他これに類するものは除くとされている。

3 (4) 都市計画法等による事業計画のある道路は，**2年以内**に事業が執行される予定のものとして特定行政庁が指定したものを道路として扱う。

4 (3) 建築基準法第三章（いわゆる集団規定）は，第8節を除き<u>都市計画区域外および準都市計画区域外では適用されない</u>。したがって，建ぺい率の制限も適用されない。

5 (1) 建築物が<u>防火地域・準防火地域</u>，またはそれらの内外にまたがる場合は，またがる部分を防火壁で区画されている場合を除き，建築物の全ての部分について<u>制限の厳しい地域に属している</u>として扱う。

6 (3) 日影規制の適用区域は，法別表第4で規定されている。商業地域は，対象区域外だが，10mを超える建築物で対象区域内に日影を生じさせるものは，<u>対象区域内にあるものとみなされ，規制を受ける</u>。

【正解】 1：(4)，2：(2)，3：(4)，4：(3)，5：(1)，6：(3)

6・2 建 設 業 法

[最近出題された問題]

6・2・1 建設業の許可

□□□ **1** 建設業の許可に関する記述として，「建設業法」上，**誤っているもの**はどれか。

(1) 建設業の許可は，一般建設業と特定建設業の区分により，建設工事の種類ごとに受ける。

(2) 建設業者は，許可を受けた建設業に係る建設工事を請け負う場合においては，当該建設工事に附帯する他の建設業に係る建設工事を請け負うことができる。

(3) 建設業の許可を受けた建設業者は，許可を受けてから3年以内に営業を開始せず，又は引き続いて1年以上営業を休止した場合，当該許可を取り消される。

(4) 特定建設業の許可を受けようとする者は，発注者との間の請負契約で，その請負代金の額が8,000万円以上であるものを履行するに足りる財産的基礎を有していなければならない。

《R3-64》

□□□ **2** 建設業の許可に関する記述として，「建設業法」上，**誤っているもの**はどれか。

(1) 特定建設業の許可を受けようとする建設業のうち，指定建設業は，土木工事業，建築工事業，電気工事業，管工事業及び造園工事業の5業種である。

(2) 一般建設業の許可を受けようとする者は，許可を受けようとする建設業に係る建設工事に関して10年以上の実務の経験を有する者を，その営業所ごとに置く専任の技術者とすることができる。

(3) 工事一件の請負代金の額が500万円に満たない建設工事のみを請け負うことを営業とする者は，建設業の許可を受けなくてもよい。

(4) 特定建設業の許可を受けた者でなければ，発注者から直接請け負った建設工事を施工するために，建築工事業にあっては下請代金の額の総額が7,000万円以上となる下請契約を締結してはならない。

《R4-64 ＊法改正により問題文を一部修正》

□□□ **3** 建設業の許可に関する記述として，「建設業法」上，**誤っているもの**はどれか。

(1) 許可に係る建設業者は，営業所の所在地に変更があった場合，30日以内に，その

旨の変更届出書を国土交通大臣又は都道府県知事に提出しなければならない。
(2) 建築工事業で一般建設業の許可を受けた者が，建築工事業の特定建設業の許可を受けたときは，その者に対する建築工事業に係る一般建設業の許可は，その効力を失う。
(3) 木造住宅を建設する工事を除く建築一式工事であって，工事1件の請負代金の額が4,500万円に満たない工事を請け負う場合は，建設業の許可を必要としない。
(4) 内装仕上工事など建築一式工事以外の工事を請け負う建設業者であっても，特定建設業者となることができる。

《R5-64》

[解説]

1 (2) 建設業者は，許可を受けた建設業に係る建設工事を請け負う場合においては，当該建設工事に附帯する他の建設業に係る建設工事（主たる建設工事の施工をするために必要を生じた他の従たる建設工事）を請け負うことができる。

(3) 建設業の許可を受けた建設業者は，許可を受けてから1年以内に営業を開始せず，又は引き続いて1年以上営業を休止した場合は，当該許可を取り消される。よって，(3)は誤っている。

(4) 特定建設業の許可を受けるものは，8,000万円以上の財産的基礎を有していなければならない（表1参照）。

2 (1) 指定建設業とは，土木工事業，建築工事業，電気工事業，管工事業，鋼構造物工事業，ほ装工事業，造園工事業の7業種で，実務経験による営業所専任技術者は認められず，一級施工管理技士や技術士などの一定の国家資格者が存在しないと特定建設業許可が取得できない。よって，(1)は誤っている。

(3) 軽微な建設工事のみ請け負う場合には建設業許可は不要。軽微な建設工事とは，①建築一式工事の場合は，請負代金の額が1,500万円未満または延べ面積150m² 未満の木造住宅工事，②建築一式工事以外の建設工事は，請負代金の額が500万円未満の工事。

3 (3) 建設業の許可を必要としない軽微な建設工事は，**2**(3)のとおり。木造住宅工事以外の請負代金の額が4,500万円に満たない工事であれば，軽微な建設工事には該当しない。よって，(3)は誤っている。

表1　特定建設業と一般建設業の比較

項　　目	特 定 建 設 業	一 般 建 設 業
下　請　契　約	4,500万円以上，建築工事業7,000万円以上	4,500万円未満，建築工事業7,000万円未満
財 産 的 基 礎	8,000万円以上	契約を履行する財産的基礎
常勤役員(法人)個人経営者	5年以上の経営業務の管理責任者としての経験	同左

【正解】 **1**：(3)，**2**：(1)，**3**：(3)

6・2・2　請　負　契　約

☐☐☐ **4** 元請負人の義務に関する記述として,「建設業法」上, **誤っているもの**はどれか。

(1) 元請負人は, 前払金の支払を受けたときは, 下請負人に対して, 資材の購入, 労働者の募集その他建設工事の着手に必要な費用を前払金として支払うよう適切な配慮をしなければならない。

(2) 元請負人は, 請負代金の出来形部分に対する支払を受けたときは, 当該支払の対象となった建設工事を施工した下請負人に対して出来形部分に相応する下請代金を, 当該支払を受けた日から 50 日以内で, かつ, できる限り短い期間内に支払わなければならない。

(3) 特定建設業者は, 発注者から直接建築一式工事を請け負った場合において, 下請契約の請負代金の総額が 7,000 万円以上になるときは, 施工体制台帳を工事現場ごとに備え置き, 発注者の閲覧に供しなければならない。

(4) 特定建設業者が注文者となった下請契約において, 下請代金の支払期日が定められなかったときは, 下請負人が完成した工事目的物の引渡しを申し出た日を支払期日としなければならない。

《R3-66　＊法改正により問題文を一部修正》

☐☐☐ **5** 建設工事の請負契約に関する記述として,「建設業法」上, **誤っているもの**はどれか。

(1) 建設工事の請負契約書には, 契約に関する紛争の解決方法に該当する事項を記載しなければならない。

(2) 建設業者は, 建設工事の注文者から請求があったときは, 請負契約が成立するまでの間に, 建設工事の見積書を交付しなければならない。

(3) 請負人は, 建設工事の施工について工事監理を行う建築士から工事を設計図書のとおりに実施するよう求められた場合において, これに従わない理由があるときは, 直ちに, 注文者に対して, その理由を報告しなければならない。

(4) 注文者は, 工事現場に監督員を置く場合においては, 当該監督員の権限に関する事項及びその行為についての請負人の注文者に対する意見の申出の方法を, 書面により請負人の承諾を得なければならない。

《R3-65》

☐☐☐ **6** 請負契約に関する記述として,「建設業法」上, **誤っているもの**はどれか。

(1) 注文者は, 請負人に対して, 建設工事の施工につき著しく不適当と認められる下請

負人があるときは，あらかじめ注文者の書面等による承諾を得て選定した下請負人である場合を除き，その変更を請求することができる。

(2)　建設業者は，共同住宅を新築する建設工事を請け負った場合，いかなる方法をもってするかを問わず，一括して他人に請け負わせてはならない。

(3)　請負契約の当事者は，請負契約において，各当事者の履行の遅滞その他債務の不履行の場合における遅延利息，違約金その他の損害金に関する事項を書面に記載しなければならない。

(4)　請負人は，請負契約の履行に関し，工事現場に現場代理人を置く場合，注文者の承諾を得なければならない。

《R5-65》

[解説]

4　(2)　建設業法第24条の3に「元請負人は請負代金の出来形部分に対する支払または工事完成後における支払を受けたときは，下請負人に対して下請負人が施工した出来形部分に相応する下請代金を，支払を受けた日から一月以内で，かつ，できる限り短い期間内に支払わなければならない。」と定められている。よって，(2)は誤っている。

(4)　特定建設業者が注文者となった下請契約において，建設工事の完成を確認した後，下請負人が申し出たときは，直ちに，当該建設工事の目的物の引渡しを受けなければならず，下請代金の支払期日が定められなかったときは，その申出の日が，下請代金の支払期日と定められたものとみなすとしている。

5　(1)　建設工事の請負契約書に記載すべき事項は，建設業法第19条に定められているが，「契約に関する紛争の解決方法」がその一つとなっている。

(4)　建設業法第19条の2に，「請負契約の履行に関し工事現場に現場代理人を置く場合は，権限に関する事項及び現場代理人の行為についての注文者の請負人に対する意見の申出の方法を書面により注文者に通知しなければならない。」とされている。承諾は不要であるので，(4)は誤っている。

6　(1)　建設業法第23条に「注文者は，請負人に対して，建設工事の施工につき著しく不適当と認められる下請負人があるときは，その変更を請求することができる。ただし，あらかじめ注文者の書面による承諾を得て選定した下請負人については，この限りでない。」と定められている。

(4)　請負人は，請負契約の履行に関し，工事現場に現場代理人を置く場合は，当該現場代理人の権限に関する事項及び当該現場代理人の行為について，書面により注文者に通知しなければならないとされている。よって，(4)は誤っている。

【正解】　4 : (2)，5 : (4)，6 : (4)

法

規

6・2・3　施工管理技術者・その他

□□□ **7**　工事現場に置く技術者に関する記述として，「建設業法」上，**誤っているもの**はどれか。

(1)　発注者から直接建築一式工事を請け負った特定建設業者は，下請契約の総額が7,000万円以上の工事を施工する場合，監理技術者を工事現場に置かなければならない。

(2)　工事一件の請負代金の額が6,000万円である診療所の建築一式工事において，工事の施工の技術上の管理をつかさどるものは，工事現場ごとに専任の者でなければならない。

(3)　専任の主任技術者を必要とする建設工事のうち，密接な関係のある2以上の建設工事を同一の建設業者が同一の場所又は近接した場所において施工するものについては，同一の専任の主任技術者がこれらの建設工事を管理することができる。

(4)　発注者から直接防水工事を請け負った特定建設業者は，下請契約の総額が4,000万円の工事を施工する場合，主任技術者を工事現場に置かなければならない。

《R2-76　＊法改正により問題文を一部修正》

□□□ **8**　監理技術者等に関する記述として，「建設業法」上，**誤っているもの**はどれか。

(1)　専任の監理技術者を置かなければならない建設工事について，その監理技術者の行うべき職務を補佐する者として政令で定める者を工事現場に専任で置く場合には，監理技術者は2つの現場を兼任することができる。

(2)　専任の者でなければならない監理技術者は，当該選任の期間中のいずれの日においても国土交通大臣の登録を受けた講習を受講した日の属する年の翌年から起算して7年を経過しない者でなければならない。

(3)　建設業者は，請け負った建設工事を施工するときは，現場代理人の設置にかかわらず，主任技術者又は監理技術者を置かなければならない。

(4)　主任技術者及び監理技術者は，建設工事を適正に実施するため，当該建設工事の施工計画の作成，工程管理，品質管理その他の技術上の管理及び施工に従事する者の技術上の指導監督を行わなければならない。

《R4-66》

□□□ **9**　次の記述のうち，「建設業法」上，**誤っているもの**はどれか。

(1)　建設業者は，許可を受けた建設業に係る建設工事を請け負う場合においては，当該建設工事に附帯する他の建設業に係る建設工事を請け負うことができる。

(2)　特定建設業者は，発注者から建築一式工事を直接請け負った場合，当該工事に係る下請代金の総額が4,000万円以上のときは，施工体制台帳を作成しなければならない。

(3) 注文者は，前金払の定がなされた場合，工事1件の請負代金の総額が500万円以上のときは，建設業者に対して保証人を立てることを請求することができる。

(4) 特定専門工事の元請負人及び建設業者である下請負人は，その合意により，元請負人が置いた主任技術者が，その下請負に係る建設工事について主任技術者の行うべき職務を行うことができる場合，当該下請負人は主任技術者を置くことを要しない。

《R5-66》

[解説]

7 (2) 公共性のある施設や工作物，または多数の者が利用する施設や工作物に関する重要な建設工事で，工事一件の請負代金が4,000万円（建築一式工事の場合は8,000万円）以上のものについては，工事の安全かつ適正な施工を確保するために，工事現場ごとに専任の技術者を置かなければならない。設問については，6,000万円の建築一式工事であるため不要である。よって，(2)は誤っている。

8 (2) 監理技術者には，国土交通大臣の登録を受けた講習を受講する等により，監理技術者資格者証が交付されるが，その有効期間は5年である。よって，(2)は誤っている。

9 (2) 特定建設業者は，発注者から直接建設工事を請け負った場合，当該建設工事を施工するために締結した下請契約の請負代金の額が4,500万円以上（建築一式工事である場合は，7,000万円以上）になるときは，建設工事の適正な施工を確保するために施工体制台帳を作成し，工事現場ごとに備え置かなければならない。よって，(2)は誤っている。

表2　技術者の資格

技術者の区分	資　　　格
主任技術者	① 許可を受けようとする建設業に係る工事に関する指定学科を修め，大学（短大等を含む）を卒業し3年以上，高校については卒業後5年以上の実務経験を有する者 ② 許可を受けようとする建設業に係る工事に関し10年以上の実務経験を有する者 ③ 国家試験等に合格した者で国土交通大臣が認定したもの
監理技術者	① 国家試験等で国土交通大臣が定めたものを受けた者 ② 主任技術者となれる資格を有する者（上記，①，②および③に該当する者）で，4,500万円以上の元請工事に関し，2年以上直接指導監督した実務経験を有する者 ③ 国土交通大臣が①および②と同等以上の能力があると認定したもの

表3　技術者の設置を必要とする工事

区　　分	建 設 工 事 の 内 容	専任を要する工事
主任技術者を設置する現場	① 下請の工事現場 ② 下請に出す金額が合計で4,500万円（建築一式工事については7,000万円）未満の建設工事現場 ③ 建築一式工事について，大工，とび，土工，管，電気，左官工事等の各工事を施工する時は，各工事ごとの主任技術者 ④ 附帯工事を施工する際の附帯工事の主任技術者	国，地方公共団体の発注する工事，学校，マンションなどの工事で4,000万円（建築一式工事については8,000万円）以上のもの（個人住宅除く）
監理技術者を設置する現場	① 元請工事で合計4,500万円（建築工事業7,000万円）以上の下請の工事現場 ② 指定建設業（土木，建築，電気，管，鋼構造物，舗装，造園の各工事業）は資格者証を有する監理技術者	

【正解】 **7**：(2)，**8**：(2)，**9**：(2)

法
規

▶ 必修基本問題◀ 6・2 建 設 業 法

1 建設業の許可に関する記述として，「建設業法」上，**誤っているもの**はどれか。

(1) 建設業の許可は，一般建設業と特定建設業の区分により，建設工事の種類ごとに受ける。

(2) 建設業者は，許可を受けた建設業に係る建設工事を請け負う場合，当該建設工事に附帯する他の建設業に係る建設工事を請け負うことができる。

(3) 建設業者として営業を行う個人が死亡した場合，建設業の許可は相続人に承継される。

(4) 建設業の許可を受けた建設業者は，許可を受けてから1年以内に営業を開始せず，又は引き続いて1年以上営業を休止した場合は，当該許可を取り消される。

(H25-74)

2 次の記述のうち，「建設業法」上，**誤っているもの**はどれか。

(1) 元請負人は，下請負人からその請け負った建設工事が完成した旨の通知を受けたときは，当該通知を受けた日から20日以内で，かつ，できる限り短い期間内に，その完成を確認するための検査を完了しなければならない。

(2) 多数の者が利用する施設に関する重要な建設工事で政令で定める建設工事である場合は，建設業者は，その請け負った建設工事を，いかなる方法をもってするかを問わず，一括して他人に請け負わせてはならない。

(3) 元請負人は，その請け負った建設工事を施工するために必要な工程の細目，作業方法その他元請負人において定めるべき事項を定めようとするときは，あらかじめ，下請負人の意見をきかなければならない。

(4) 建設工事の注文者は，いかなる理由であっても，請負人に対して，下請負人の変更を請求することができない。

(H22-76)

3 工事現場に置く技術者に関する記述として，「建設業法」上，**誤っているもの**はどれか。

(1) 建築一式工事に関し10年以上実務の経験を有する者を，建築一式工事の主任技術者として置くことができる。

(2) 建設業者は，請け負った建設工事を施工するときは，現場代理人の設置にかかわらず，主任技術者又は監理技術者を置かなければならない。

(3) 主任技術者及び監理技術者は，当該建設工事の施工計画の作成，工程管理，品質管理その他の技術上の管理及び施工に従事する者の技術上の指導監督を行わなければならない。

(4) 特定建設業者は，発注者から直接請け負った建設工事を施工するときは，下請契約の請負代金の額にかかわらず，当該建設工事に関する主任技術者を置かなければならない。

(H22-75)

4　主任技術者又は監理技術者に関する記述として,「建設業法」上, **誤っているもの**はどれか。

(1)　発注者から直接, 請負代金の額500万円の塗装工事を請け負った場合, 主任技術者を置かなければならない。

(2)　発注者から直接, 建築一式工事を請け負った建設業者が, 8,000万円の下請契約を締結して工事を施工する場合, 専任の監理技術者を置かなければならない。

(3)　元請より設備の工事を下請けで請け負った者から, 下請代金の額500万円の管工事を請け負った者は主任技術者を置かなければならない。

(4)　国, 地方公共団体が発注者である建設工事で, 発注者から直接請け負った2,000万円の工事に置く主任技術者は, 専任の者でなければならない。

(H19-76 ＊法改正により問題文を一部修正)

5　工事現場に置く技術者に関する記述として,「建設業法」上, **誤っているもの**はどれか。

(1)　建築一式工事に関し実務の経験のみを有する者を, 建築一式工事の主任技術者として置く場合, その者の実務経験年数は10年以上でなければならない。

(2)　一般建設業の許可を受けた者が, 工事金額500万円の塗装工事を請け負った場合, 主任技術者を置かなければならない。

(3)　公共性のある施設又は多数の者が利用する施設に関する重要な建設工事で, 政令で定めるものについては, 主任技術者又は監理技術者は, 工事現場ごとに, 専任の者でなければならない。

(4)　専任の者でなければならない監理技術者は, 当該選任の期間中のいずれの日においてもその日の前7年以内に行われた国土交通大臣の登録を受けた講習を受講していなければならない。

(H25-76)

正解とワンポイント解説

1　(3)　建設業者としての個人経営者が死亡した場合, 相続人が廃業等の届出をしなければならない。

2　(4)　注文者は, 請負人に対して, 建設工事の施工につき著しく不適当と認められる下請人があるときは, その変更を請求することができる。

3　(4)　建設業法第26条に, 特定建設業者は, 発注者から直接請け負った建設工事を施工するときは, 下請契約の請負代金の総額が, 6,000万円以上となる場合, 監理技術者を置かなければならない。

4　(4)　建設業法第26条より, 国, 地方公共団体が発注者である建設工事で, 置く主任技術者が専任の者でなければならない工事は, 請負代金が建築工事一式で8,000万円以上, その他の工事で4,000万円以上である。

5　(4)　監理技術者の有効期間は5年である。

【正解】1:(3), 2:(4), 3:(4), 4:(4), 5:(4)

6·3 労 働 基 準 法

[最近出題された問題]

6·3·1 労働契約・就業制限

☐☐☐ **1** 労働契約に関する記述として，「労働基準法」上，誤っているものはどれか。

(1) 使用者は，労働者の退職の場合において，請求があった日から，原則として，7日以内に賃金を支払い，労働者の権利に属する金品を返還しなければならない。

(2) 労働契約は，契約期間の定めのないものを除き，一定の事業の完了に必要な契約期間を定めるもののほかは，原則として，3年を超える契約期間について締結してはならない。

(3) 使用者は，労働者が業務上負傷し，療養のために休業する期間とその後30日間は，やむを得ない事由のために事業の継続が不可能となった場合においても解雇してはならない。

(4) 就業のために住居を変更した労働者が，省令により明示された労働条件が事実と相違する場合で労働契約を解除し，当該契約解除の日から14日以内に帰郷する場合においては，使用者は，必要な旅費を負担しなければならない。

《R4-67》

☐☐☐ **2** 「労働基準法」上，妊産婦であるか否かにかかわらず**女性を就業させることが禁止されている業務**はどれか。

(1) 20kg以上の重量物を継続作業として取り扱う業務

(2) つり上げ荷重が5t以上のクレーンの運転の業務

(3) クレーンの玉掛けの業務

(4) 足場の解体の業務

《R1-77》

☐☐☐ **3** 次の記述のうち，「労働基準法」上，誤っているものはどれか。

(1) 満18才に満たない者を，足場の組立，解体又は変更の業務のうち地上又は床上における補助作業の業務に就かせてはならない。

(2) 満18才に満たない者を，高さが5m以上の場所で，墜落により危害を受けるおそれのあるところにおける業務に就かせてはならない。

(3) 満18才に満たない者を，原則として午後10時から午前5時までの間において使用してはならない。

(4) 満18才に満たない者を，単独で行うクレーンの玉掛けの業務に就かせてはならない。

《R3-67》

［解説］

1 (2) 労働契約は，期間の定めのないものを除き，一定の事業の完了に必要な期間を定めるもののほかは，3年を超える期間について締結してはならない。ただし，①厚生労働大臣が定める基準に該当する専門的知識等を有する労働者との間に締結される労働契約，②満60歳以上の労働者との間に締結される労働契約にあっては，5年を超える期間について締結してはならないとされている。

(3) 労働基準法第19条に，「使用者は，労働者が業務上負傷し，療養のために休業する期間及びその後30日間は，解雇してはならない。ただし，使用者が，打切補償を支払う場合又は天災事変その他やむを得ない事由のために事業の継続が不可能となった場合においては，この限りでない。」と定められている。よって，(3)は誤っている。

2 (1) 女性は身体に大きく負担のかかる業務への就業が禁止されている。設問の中では(1)重量物を継続作業として取り扱う業務が該当する。18歳以上の女性の場合での重量物作業は，継続作業で20kg以上が禁止，一時的なものでも30kg以上は禁止されている。よって，(1)が禁止されている業務である。

3 (1) 18歳未満の年少者就業制限は表1に示すとおりである。

満18歳に満たない者を，足場の組立，解体又は変更の業務に就かせてはならないが，地上又は床上での補助作業は除かれる。よって，(1)が誤っている。

表1 年少者の就業制限業務

就 業 禁 止 の 業 務
1. 起重機の運転の業務
2. 積載能力2t以上の人荷共用または荷物用のエレベータおよび高さ15m以上のコンクリート用エレベータの運転の業務
3. 動力による軌条運輸機関，乗合自動車，積載能力2t以上の貨物自動車の運転業務
4. 巻上機，運搬機，索道の運転業務
5. 起重機の玉掛けの業務（二人以上で行う場合の補助業務を除く）
6. 動力による土木建築用機械の運転業務
7. 軌道内であって，ずい道内，見透し距離400m以下，車両の通行頻繁の各場所における単独業務
8. 土砂崩壊のおそれのある場所，または深さ5m以上の地穴における業務
9. 高さ5m以上で墜落のおそれのある場所の業務
10. 足場の組立，解体，変更の業務（地上または床上での補助作業は除く）
11. 火薬，爆薬，火工品を取り扱う業務
12. 土石等のじんあいまたは粉末が著しく飛散する場所での業務
13. 土石等のじんあいまたは異常気圧下における業務
14. さく岩機，びょう打ち機等の使用によって，身体に著しい振動を受ける業務
15. 強烈な騒音を発する場所の業務
16. 軌道車両の入替え，連結，解放の業務

【正解】 1 : (3)， 2 : (1)， 3 : (1)

法
規

6・3・2　労働者の保護

4　労働時間等に関する記述として，「労働基準法」上，**誤っているもの**はどれか。

(1)　使用者は，労働時間が6時間を超える場合には，少なくとも30分の休憩時間を労働時間の途中に与えなければならない。

(2)　使用者は，事業の正常な運営を妨げられない限り，労働者の請求する時季に年次有給休暇を与えなければならない。

(3)　使用者は，原則として，労働者に対し休憩時間を一斉に与えなければならない。

(4)　使用者は，労働者に対し毎週少なくとも1回の休日を与えるか，又は4週間を通じ4日以上の休日を与えなければならない。

《H26-77》

5　次の記述のうち，「労働基準法」上，**誤っているもの**はどれか。

(1)　建設事業が数次の請負によって行われる場合においては，災害補償については，その元請負人を使用者とみなす。

(2)　賃金（退職手当を除く。）の支払いは，労働者本人の同意があれば，銀行によって振り出された当該銀行を支払人とする小切手によることができる。

(3)　使用者は，満17才の男子労働者を交替制で午後10時以降に労働させることができる。

(4)　労働時間，休憩及び休日に関する規定は，監督若しくは管理の地位にある者については適用しない。

《H20-77》

6　労働時間等に関する記述として，「労働基準法」上，**誤っているもの**はどれか。

(1)　使用者は，削岩機の使用によって身体に著しい振動を与える業務については，1日について2時間を超えて労働時間を延長してはならない。

(2)　使用者は，災害その他避けることのできない事由によって，臨時の必要がある場合においては，行政官庁の許可を受けて，法令に定められた労働時間を延長して労働させることができる。

(3)　使用者は，労働者の合意がある場合，休憩時間中であっても留守番等の軽微な作業であれば命ずることができる。

(4)　使用者は，その雇入れの日から起算して6箇月間継続勤務し全労働日の8割以上出勤した労働者に対して，10労働日の有給休暇を与えなければならない。

《R5-67》

［解説］

4 (1)　労働基準法第34条に，「使用者は，労働時間が6時間を超える場合においては少なくとも45分，8時間を超える場合においては少なくとも1時間の休憩時間を労働時間の途中に与えなければならない。」と定められている。よって，(1)は誤っている。

(2)　労働基準法第39条に，「使用者は，有給休暇を労働者の請求する時季に与えなければならない。」と定めている。ただし，請求された時季に有給休暇を与えることが事業の正常な運営を妨げる場合においては，他の時季に与えることができる。

(4)　労働基準法第39条に，「使用者は，労働者に対し毎週少なくとも1回の休日を与えるか，又は4週間を通じ4日以上の休日を与えなければならない。」と定められている。

5 (2)　労働基準法第24条に，「賃金は，通貨で，直接労働者に，その全額を支払わなければならない。」と定められている。よって，設問のような銀行振出自己宛小切手も，外国通貨・その他証券でも不可であるが，退職手当に関しては労働者の同意がある場合なら認められている。よって，(2)は誤っている。

(3)　労働基準法第61条に，「使用者は，満18歳に満たない者を午後10時から午前5時までの間において使用してはならない。ただし，交替制によって使用する満16歳以上の男性については，この限りでない。」と定められている。

(4)　労働時間，休憩および休日に関する規定は，以下に該当する労働者については適用しない。

ア）　土地の耕作もしくは開墾または植物の栽植，栽培，採取もしくは伐採の事業その他農林の事業（林業を除く），動物の飼育または水産動植物の採捕もしくは養殖の事業その他の畜産，養蚕または水産の事業に従事する者

イ）　事業の種類にかかわらず監督もしくは管理の地位にある者または機密の事務を取り扱う者

ウ）　監視または断続的労働に従事する者で，使用者が行政官庁の許可を受けたもの

6 (1)　労働基準法第36条に，「坑内労働その他厚生労働省令で定める健康上特に有害な業務の労働時間の延長は，1日について2時間を超えてはならない。」と定められている。

(3)　労働基準法第34条第4項では，使用者は，労働者に与える休憩時間を，労働者の自由に利用させなければならないとしている。よって，(3)は誤っている。

【正解】**4**：(1)，**5**：(2)，**6**：(3)

1 次の記述のうち,「労働基準法」上,**誤っているもの**はどれか。

(1) 常時 10 人以上の労働者を使用する使用者は,就業規則を作成し,行政官庁に届け出なければならない。

(2) 使用者は,満 18 歳に満たない者を動力により駆動される土木建築用機械の運転の業務に就かせてはならない。

(3) 建設事業が数次の請負によって行われる場合においては,災害補償については,その元請負人を使用者とみなす。

(4) 賃金（退職手当を除く。）の支払いは,労働者本人の同意があれば,銀行によって振り出された当該銀行を支払人とする小切手によることができる。

(H24-77)

2 次の記述のうち,「労働基準法」上,**誤っているもの**はどれか。

(1) 使用者の責に帰すべき事由による休業の場合は,使用者は,休業期間中当該労働者に,その平均賃金の 60/100 以上の手当を支払わなければならない。

(2) 出来高払制その他の請負制で使用する労働者については,使用者は,労働時間に応じ一定額の賃金の保障をしなければならない。

(3) 使用者は,労働者が疾病等非常の場合の費用に充てるために請求する場合においては,支払期日前であっても,既往の労働に対する賃金を支払わなければならない。

(4) 退職金や賞与などは,使用者が労働の対償として労働者に支払ったものであっても臨時的なものであるため賃金には含まれない。

(H16-77)

3 「労働基準法」上,使用者が労働契約の締結に際し,労働者に対し**必ず明示しなければならない労働条件**は次のうちどれか。

(1) 職業訓練に関する事項

(2) 災害補償に関する事項

(3) 安全及び衛生に関する事項

(4) 休憩時間及び休暇に関する事項

(基 本)

4 次の業務のうち,「労働基準法」上,満 18 歳に満たない者を**就かせてはならない業務**はどれか。

(1) 地上又は床上における足場の組立ての補助作業の業務

(2) クレーンの運転の業務

(3) 最大積載荷重 1t の荷物用エレベーターの運転の業務

(4) 2 名で行うクレーンの玉掛けの業務における補助作業の業務

(基 本)

5 次の記述のうち，「労働基準法」上，**誤っているもの**はどれか。

(1) 1級建築士の資格をもつ女性を，午後10時以降まで設計業務に従事させた。

(2) 産後1年を経過した女性に，動力により駆動される建築用機械の運転をさせた。

(3) 親権者が，未成年者の賃金を未成年者に代って受け取った。

(4) 満18才に満たない者について，戸籍証明書を事業場に備え付けた。

(基 本)

正解とワンポイント解説

1 (4) 労働基準法第24条に，「賃金は，通貨で，直接労働者に，その全額を支払わなければならない。」と定められている。

2 (4) 労働基準法第11条に，「賃金とは，賃金，給料，手当，賞与その他名称の如何を問わず，労働の対償として使用者が労働者に支払うすべてのものをいう。」と定められており，臨時的なものでも賃金に含まれる。

3 使用者は，労働者に次の労働条件を，必ず明示または書面をもって明示しなければならない。

　ⅰ　就業の場所および従事すべき業務

　ⅱ　始業および終業時刻，休憩時間・休日・休暇

　ⅲ　労働者を2組以上に分けて就業させる場合の就業転換

　ⅳ　賃金の決定・計算・支払方法および昇給（書面）

　ⅴ　退職について

よって，(4)が明示しなければならない労働条件である。

なお，使用者が定めた場合のみ，次の労働条件を明示する。

　① 退職手当・その他の手当・賞与・最低賃金額

　② 労働者負担の食費および作業用品

　③ 安全および衛生

　④ 職業訓練

　⑤ 災害補償および業務外の傷病扶助

　⑥ 表彰および制裁

　⑦ 休職

4 (2) クレーンの運転の業務が禁止されている業務である。

5 (2) 労働基準法第64条の3に，「使用者は，妊娠中の女性及び産後一年を経過しない女性（以下「妊産婦」という。）を，重量物を取り扱う業務，有害ガスを発散する場所における業務その他妊産婦の妊娠，出産，哺育等に有害な業務に就かせてはならない。」と定められている。

(3) 労働基準法第59条に，「未成年者は，独立して賃金を請求することができる。親権者または後見人は，未成年者の賃金を代わって受け取ってはならない。」と定められている。

【正解】　1：(4)，2：(4)，3：(4)，4：(2)，5：(3)

6·4　労働安全衛生法

［最近出題された問題］

6·4·1　安全衛生管理体制

1 建設業の事業場における安全衛生管理体制に関する記述として，「労働安全衛生法」上，**誤っている**ものはどれか。

(1) 統括安全衛生責任者を選任すべき特定元方事業者は，安全衛生責任者を選任しなければならない。

(2) 一の場所において鉄骨造の建築物の建設の仕事を行う元方事業者は，その労働者及び関係請負人の労働者の総数が常時20人以上50人未満の場合，店社安全衛生管理者を選任しなければならない。

(3) 事業者は，常時100人の労働者を使用する事業場では，総括安全衛生管理者を選任しなければならない。

(4) 元方安全衛生管理者は，その事業場に専属の者でなければならない。

《H30-78》

2 建設業の事業場における安全衛生管理体制に関する記述として，「労働安全衛生法」上，**誤っている**ものはどれか。

(1) 元方安全衛生管理者は，その事業場に専属の者でなければならない。

(2) 安全衛生責任者は，安全管理者又は衛生管理者の資格を有する者でなければならない。

(3) 特定元方事業者は，統括安全衛生責任者に元方安全衛生管理者の指揮をさせなければならない。

(4) 統括安全衛生責任者は，その事業の実施を統括管理する者でなければならない。

《R4-68》

3 建設業の事業場における安全衛生管理体制に関する記述として，「労働安全衛生法」上，**誤っている**ものはどれか。

(1) 事業者は，常時10人の労働者を使用する事業場では，安全衛生推進者を選任しなければならない。

(2) 事業者は，常時50人の労働者を使用する事業場では，産業医を選任しなければならない。

(3) 事業者は，統括安全衛生責任者を選任すべきときは，同時に安全衛生責任者を選任しなければならない。

(4) 事業者は，産業医から労働者の健康を確保するため必要があるとして勧告を受けたときは，衛生委員会又は安全衛生委員会に当該勧告の内容等を報告しなければならない。

《R5-68》

[解説]

1 (1) 安全衛生責任者は，統括安全衛生責任者を選任すべき事業者以外の請負人が選任する。よって，(1)が誤っている。

(2) 店社安全衛生管理者を選任すべき事業場は，建設業で，統括安全衛生責任者の選任義務がない現場であって，ずい道等の建設，橋梁の建設，圧気工法による作業を行う仕事を行う場合で，下請も含めた労働者数が常時20人以上30人未満の現場，および主要構造部が鉄骨造または鉄骨鉄筋コンクリート造の建築物の建設の場合で，下請も含めた労働者数が常時20人以上50人未満の現場である。

2 (2) 安全衛生責任者は，建設業における通常50人以上の混在作業現場（元方事業者の労働者と関係請負人の労働者が同一の場所で作業をすること）において，関係請負人側が選任する職である。安全衛生責任者は，労働安全衛生法で定められている講習を修了することにより，資格を取得することができる。よって，(2)は誤っている。

3 (3) 統括安全衛生責任者を選任すべき事業者以外の請負人で，当該仕事を自ら行うものは，安全衛生責任者を選任し，その者に統括安全衛生責任者との連絡その他の厚生労働省令で定める事項を行わせなければならない。よって，(3)は誤っている。

表1 安全衛生管理体制一覧表

種 別	適 用 範 囲	資 格 そ の 他
総括安全衛生管理者	常時100人以上の直用労働者を使用する事業所	事業所長等の事業の実施を統括管理する者
安全管理者	常時50人以上の直用労働者を使用する事業所	① 大学・高専の理科系卒業後3年以上安全の実務経験者 ② 高校の理科系卒業後5年以上安全の実務経験者 ③ 厚生労働大臣の定める者（施工管理技士）
衛生管理者	常時50人以上の直用労働者を使用する事業所	① 医師 ② 歯科医師 ③ 厚生労働大臣の定める者（衛生管理者）
産業医	常時50人以上の直用労働者を使用する事業所	医師
統括安全衛生責任者	同一場所で元請・下請合せて常時50人以上（ずい道，一定の橋梁，圧気工法の工事は30人以上）の労働者が混在する事業所	工事事務所長等の事業の実施を統括管理する者
元方安全衛生管理者	統括安全衛生責任者を選任した事業所	① 大学・高専の理科系卒業3年以上安全衛生の実務経験者 ② 高校の理科系卒業後5年以上安全衛生の実務経験者 ③ 厚生労働大臣の定める者（施工管理技士）
安全委員会 衛生委員会	常時50人以上の直用労働者を使用する事業所	半数は労働者の代表者を指名。毎月1回以上開催。安全・衛生の各委員会を一つにして設置できる。
安全衛生協議会	作業員の人数に関係なく混在事業所ではすべての事業所が該当する	別途工事業者も含め関係請負人がすべて参加すること。毎月1回以上開催。

【正解】 1：(1)，2：(2)，3：(3)

法

規

6・4・2　工事・設備計画の届出

4 建設現場における次の業務のうち，「労働安全衛生法」上，都道府県労働局長の当該業務に係る**免許を必要とするもの**はどれか。

(1) 最大積載量が1t以上の不整地運搬車の運転の業務
(2) 動力を用い，かつ，不特定の場所に自走することができる機体重量が3t以上のくい打機の運転の業務
(3) 作業床の高さが10m以上の高所作業車の運転の業務
(4) つり上げ荷重が5t以上の移動式クレーンの運転の業務

《R3-69》

5 事業者が所轄労働基準監督署長に報告書の提出を遅滞なくしなければならない事故等として，「労働安全衛生法」上，**定められていないもの**はどれか。

(1) 事業場内で発生した火災
(2) つり上げ荷重が0.5t以上の移動式クレーンの転倒
(3) 積載荷重が0.25t以上のエレベーターの搬器の墜落
(4) 労働者が3日間休業した労働災害

《H19-79》

6 機械等貸与者から機械等及び運転者の貸与を受ける場合，「労働安全衛生法」上，**誤っているもの**はどれか。

(1) 機械等の貸与を受けた者が，運転者が当該機械の操作について法令に基づき必要とされる資格又は技能を有する者であることを確認した。
(2) 機械等貸与者が，当該機械を貸与するときにあらかじめ点検したところ，異常を認めたので，補修した。
(3) 機械等貸与者が，当該機械の貸与を受けた者に対し当該機械の特性，使用上注意すべき事項を口頭で通知した。
(4) 機械等の貸与を受けた者が，運行の経路，制限速度，当該機械の操作による労働災害を防止するための必要事項を運転者に対し通知した。

《H18-79》

表2　就業制限に係る業務

業　　務	資格・免許
発破時におけるせん孔，装てん，結線，点火不発の装薬，残薬の点検，処理の業務	発破士取扱保安責任者
制限荷重が5t以上のクレーンの運転業務	揚貨装置運転士
ボイラ（小型ボイラを除く）の取扱い業務	ボイラ技士
吊り上げ荷重が5t以上のクレーンの運転業務	クレーン運転士
吊り上げ荷重が5t以上の移動式クレーンの運転業務	移動式クレーン運転士
吊り上げ荷重が1t以上5t未満の移動式クレーンの運転業務	小型移動式クレーン運転士技能講習修了者
吊り上げ荷重が5t以上のデリックの運転業務	デリック運転士
潜水器を用い，かつ空気圧縮機等による送気を受けて水中において行う業務	潜水士

［解説］

4　表2に示す業務を行う者は，<u>都道府県労働局長の当該業務に係る免許が必要</u>である。よって，(4)である。

5　(4)　休業の日数が4日に満たないときは，<u>定められた3月ごとの期間における事実をそれぞれの期間の最後の月の翌月末日までに所轄労働基準監督署長に報告書を提出</u>する。よって，(4)が定められていない。

6　(3)　機械等貸与者が，当該機械の貸与を受けた者に対し<u>当該機械の特性，使用上注意すべき事項を書面で通知</u>する。よって，(3)は誤っている。

表3　工事の届出

---

(1)　**厚生労働大臣に届け出る工事**
　　大規模の工事では，工事着工前30日までに所定の様式により労働大臣に届け出る。
　①　高さ300m以上の塔の建設
　②　堤高さが150m以上のダムの建設
　③　最大支間500m（吊り橋1000m）以上の橋梁の建設
　④　長さ3000m以上のずい道
　⑤　長さ1000m以上，3000m未満のずい道工事で，深さ50m以上の立坑の掘削
　⑥　ゲージ圧0.3MPa（3気圧）以上の圧気工事
(2)　**労働基準監督署長に届け出る工事**
　　次にあげる工事について，工事着工前14日までに労働基準監督署長に届け出る。
　①　高さ31mを超える建築物・工作物（橋梁を除く）の建設，改造，解体工事
　②　最大支間50m以上の橋梁工事
　③　最大支間30m以上50m未満の橋梁の上部構造の建設工事
　④　ずい道の建設
　⑤　圧気工事
　⑥　掘削高さまたは深さ10m以上の地山の掘削工事（掘削面の下に労働者の立入らないときは除く）

表4　機械・設備の届出

　　次にあげる**機械または設備を設置**するときは，工事開始の**30日前**までにその設置計画を**労働基準監督署長**に届け出る。
(1)　**届出を必要とする機械・設備**
　①　アセチレン溶接装置（移動式は除く）
　②　軌道装置（土砂搬出路線等）
　③　型枠支保工（支柱の高さが3.5m以上のもの）
　④　架設通路（高さおよび長さがそれぞれ10m以上のもの）
　⑤　**吊り足場・張出し足場（高さに関係なく届け出る）**
　⑥　足場（高さ10m以上のもの）
　　なお，①と②は，6か月間未満で廃止するものは届け出なくてよい。
　　④，⑤，⑥は，組立から解体まで60日未満のものは届け出なくてよい。
　　③，⑤，⑥は，設置，移転は有資格者の参画が必要である。
(2)　**設置届出の必要な機械**
　①　吊り上げ3t以上のクレーン
　②　吊り上げ2t以上のデリック
　③　積載荷重が1t以上のエレベータ
　④　ガイドレールの高さ18m以上（0.25t以上）の建設用リフト
　⑤　ゴンドラ
　⑥　ボイラ・第一種圧力容器

【正解】　4：(4)，　5：(4)，　6：(3)

6・4・3　就業者の安全衛生

□□□ **7**　労働者の就業に当たっての措置に関する記述として，「労働安全衛生法」上，誤っているものはどれか。

(1) 事業者は，労働者を雇い入れたときは，原則として，当該労働者に対し，その従事する業務に関する安全又は衛生のための教育を行なわなければならない。

(2) 事業者は，事業場における安全衛生の水準の向上を図るため，危険又は有害な業務に現に就いている者に対し，その従事する業務に関する安全又は衛生のための教育を行うように努めなければならない。

(3) 事業者は，特別教育を必要とする業務に従事させる労働者が，当該教育の科目の全部又は一部に関し十分な知識及び技能を有すると認められるときは，当該科目についての特別教育を省略することができる。

(4) 事業者は，建設業の事業場において新たに職務に就くこととなった作業主任者に対し，作業方法の決定及び労働者の配置に関する事項について，安全又は衛生のための教育を行なわなければならない。

《R4-69》

□□□ **8**　建設現場における就業制限に関する記述として，「労働安全衛生法」上，誤っているものはどれか。

(1) 不整地運搬車運転技能講習を修了した者は，最大積載量が1t以上の不整地運搬車の運転の業務に就くことができる。

(2) 移動式クレーン運転士免許を受けた者は，つり上げ荷重が5t未満の移動式クレーンの運転の業務に就くことができる。

(3) フォークリフト運転技能講習を修了した者は，最大荷重が1t以上のフォークリフトの運転の業務に就くことができる。

(4) クレーン・デリック運転士免許を受けた者は，つり上げ荷重が1t以上のクレーンの玉掛けの業務に就くことができる。

《R5-69》

□□□ **9**　次の記述のうち，「労働安全衛生法」上，誤っているものはどれか。

(1) 労働災害とは，労働者の就業に係る建設物，設備，原材料，ガス，蒸気，粉じん等により，又は作業行動その他業務に起因して，労働者が負傷し，疾病にかかり，又は死亡することをいう。

(2) 作業環境測定とは，作業環境の実態をは握するため空気環境その他の作業環境について行うデザイン，サンプリング及び分析をいう。

(3) 建設用リフトとは，人及び荷を運搬することを目的とするエレベーターで，土木，建築等の工事の作業に使用されるものをいう。

　　(4)　石綿等とは，石綿又は石綿をその重量の0.1%を超えて含有する製剤その他の物をいう。

《H23-78》

［解説］

7　(4)　作業主任者は，労働災害を防止するための管理を必要とする　定の作業について，その作業の区分に応じて選任が義務付けられている。作業主任者は，都道府県労働局長の免許又は技能講習の修了が必要だが，事業者からの教育は定められていない。よって，(4)は誤っている。

8　(4)　クレーン・デリック運転士免許は，基本的に固定されたクレーン・デリックの運転の免許であり，移動式クレーン運転免許は別の資格である。よって，(4)は誤っている。

9　(1), (2)　労働安全衛生法第2条に，労働災害とは，「労働者の就業に係る建設物，設備，原材料，ガス，蒸気，粉じん等により，又は作業行動その他業務に起因して，労働者が負傷し，疾病にかかり，又は死亡することをいう。」と，また作業環境測定とは，「作業環境の実態を把握するため空気環境その他の作業環境について行うデザイン，サンプリング及び分析（解析を含む。）をいう。」と定められている。

　　(3)　労働安全衛生法施行令第1条に，建設用リフトとは，「荷のみを運搬することを目的とするエレベータで，土木，建築等の工事の作業に使用されるもの（ガイドレールと水平面との角度が八十度未満のスキップホイストを除く。）をいう。」と定められている。よって，(3)は誤っている。

表5　特別教育を要する業務一覧表

業　務　・　業　種
研削と石の取替え（取替え時の試運転）の業務
アーク溶接の業務
高圧（特別高圧）の活線等に関する業務
最大荷重1t未満のフォークリフトの運転業務
最大荷重1t未満のショベルローダまたはフォークローダの運転業務
最大積載量が1t未満の不整地運搬者の運転業務
制限荷重5t未満の揚貨装置の運転業務
機械集材装置の運転業務
機体重量3t未満の整地，運搬，積込み，掘削，基礎工事，解体用機械の運転業務
ローラー等の締固用機械の運転業務
コンクリート打設用機械の作業装置の操作作業務
ボーリングマシンの運転業務
作業床の高さが10m未満の高所作業車の運転業務
動力巻上げ機の運転業務
動力くい打ち基礎用機械の運転および作業装置の操作の業務
軌道装置等の運転業務
小型ボイラの取扱業務
吊り上げ荷重が5t未満のクレーンの運転業務
吊り上げ荷重が1t未満の移動式クレーンの運転業務
吊り上げ荷重が5t未満のデリックの運転業務
建設用リフトの運転業務
吊り上げ荷重が1t未満のクレーン・移動式クレーン・デリックの玉掛け業務
ゴンドラの操作業務
高圧作業室への送気の調節に関する業務
高圧室内作業への加圧・減圧の調節に関する業務
潜水作業者への送気の調節に関する業務
再圧室を操作する業務
高圧室内作業に係る業務
酸素欠乏危険作業に係る業務
ずい道等の掘削作業またはこれに伴うずり・資材などの運搬，覆工のコンクリート打設等の作業に係る業務（ずい道等の内部において行われるものに限る）
自動車用（2輪自動車は除く）タイヤの組立てに係る業務のうち空気圧縮機を用いてタイヤに空気を充てんする業務

【正解】 7 ：(4)， 8 ：(4)， 9 ：(3)

■▶ **必修基本問題** ◀ **6・4　労働安全衛生法**

1　次の記述のうち,「労働安全衛生法」上, **誤っているもの**はどれか。

　(1)　元方安全衛生管理者は, その事業場に専属の者でなければならない。

　(2)　都道府県労働局長は, 労働災害を防止するため必要があると認めるときは, 統括安全衛生責任者の解任を命ずることができる。

　(3)　統括安全衛生責任者は, 元請負人と下請負人の労働者の作業が同一の場所において行われることによって生ずる労働災害を防止するために選任される。

　(4)　8年以上建設工事の施工における安全衛生の実務に従事した経験を有する者は, 店社安全衛生管理者となる資格がある。

(H25-78)

2　建設業の事業場における安全衛生管理体制に関する記述として,「労働安全衛生法」上, **誤っているもの**はどれか。

　(1)　特定元方事業者は, 統括安全衛生責任者に元方安全衛生管理者の指揮をさせなければならない。

　(2)　安全衛生責任者は, 安全管理者又は衛生管理者の資格を有する者でなければならない。

　(3)　統括安全衛生責任者は, 事業を行う場所において, その事業の実施を統括管理する者でなければならない。

　(4)　関係請負人は, 安全衛生責任者に統括安全衛生責任者との連絡を行わせなければならない。

(H24-78)

3　建設業の事業場における安全衛生管理体制に関する記述として,「労働安全衛生法」上, **誤っているもの**はどれか。

　(1)　事業者は, 常時100人の労働者を使用する事業場では, 総括安全衛生管理者を選任しなければならない。

　(2)　事業者は, 常時50人の労働者を使用する事業場では, 安全管理者を選任しなければならない。

　(3)　事業者は, 常時50人の労働者を使用する事業場では, 衛生管理者を選任しなければならない。

　(4)　事業者は, 常時30人の労働者を使用する事業場では, 産業医を選任しなければならない。

(H23-79)

4 事業者が，新たに職務につくこととなった職長（作業主任者を除く。）に対して行う安全衛生教育に関する事項として，「労働安全衛生法」上，**定められていないもの**はどれか。

(1) 作業方法の決定に関すること

(2) 労働者に対する指導又は監督の方法に関すること

(3) 異常時等における措置に関すること

(4) 労働者の健康診断に関すること

(H24-79)

5 労働者の就業に当たっての措置に関する記述として，「労働安全衛生法」上，**誤っているもの**はどれか。

(1) 事業者は，中高年齢者については，その心身の条件に応じて適正な配置を行うよう努めなければならない。

(2) 就業制限に係る業務につくことができる者が当該業務に従事するときは，これに係る免許証その他その資格を証する書面の写しを携帯していなければならない。

(3) 事業者は，法令で定める危険又は有害な業務に労働者をつかせるときは，安全又は衛生のための特別の教育を行い，当該特別教育の受講者，科目等の記録を作成して，これを3年間保存しておかなければならない。

(4) 建設業の事業者は，新たに職務につくことになった職長に対し，法令で定める安全又は衛生のための教育を行わなければならない。

(H26-79)

正解とワンポイント解説

1 (2) 都道府県労働局長には，統括安全衛生責任者の解任権限はない。

2 (2) 安全衛生責任者，統括安全衛生責任者とも事業者が事業の実施を統括管理する者として任命した者であればよい。国家資格等は不要である。

3 (4) 産業医の選任の必要があるのは，常時50人以上の直用労働者を使用する事業所である。

4 (4) 労働者の健康診断に関することは，労働安全衛生法には定められていない。

5 (2) 就業制限に係る業務に従事するときは，免許証や資格証を携帯していなければならない。写しは不可である。

【正解】 **1**：(2), **2**：(2), **3**：(4), **4**：(4), **5**：(2)

法
規

6・5　環境保全関係法

[最近出題された問題]

6・5・1　騒音規制法・振動規制法

□□□ **1** 「騒音規制法」上，指定地域内における特定建設作業の実施の届出に関する記述として，**誤っているもの**はどれか。

ただし，作業は，その作業を開始した日に終わらないものとする。

(1) 特定建設作業を伴う建設工事を施工しようとする者は，作業の実施の期間や騒音の防止の方法等の事項を，市町村長に届出をしなければならない。

(2) くい打機をアースオーガーと併用する作業は，特定建設作業の実施の届出をしなければならない。

(3) さく岩機の動力として使用する作業を除き，電動機以外の原動機の定格出力が15kW以上の空気圧縮機を使用する作業は，特定建設作業の実施の届出をしなければならない。

(4) 環境大臣が指定するものを除き，原動機の定格出力が70kW以上のトラクターショベルを使用する作業は，特定建設作業の実施の届出をしなければならない。

《R4-71》

□□□ **2** 次の作業のうち，「振動規制法」上，特定建設作業に**該当しないもの**はどれか。

ただし，作業は開始した日に終わらないものとし，作業地点が連続的に移動する作業ではないものとする。

(1) 油圧式くい抜機を使用する作業

(2) もんけん及び圧入式を除くくい打機を使用する作業

(3) 鋼球を使用して建築物その他の工作物を破壊する作業

(4) 手持式を除くブレーカーを使用する作業

《R5-72》

□□□ **3** 「振動規制法」上，指定地域内における特定建設作業に関する記述として，**誤っているもの**はどれか。

ただし，災害その他非常時等を除くものとする。

(1) 特定建設作業の振動が，当該特定建設作業の場所において，図書館，特別養護老人ホーム等の敷地の周囲おおむね80mの区域内として指定された区域にあっては，1日10時間を超えて行われる特定建設作業に伴って発生するものでないこと。

(2) 特定建設作業の振動が，特定建設作業の場所の敷地の境界線において，85dBを超える大きさのものでないこと。

(3) 特定建設作業の振動が，特定建設作業の全部又は一部に係る作業の期間が当該特定建設作業の場所において，連続して6日を超えて行われる特定建設作業に伴って発生するものでないこと。

(4) 特定建設作業の振動が，良好な住居の環境を保全するため，特に静穏の保持を必要とする区域として指定された区域にあっては，午後7時から翌日の午前7時までの時間において行われる特定建設作業に伴って発生するものでないこと。

《R3-72》

[解説]

1 (2) 騒音規制法上，特定建設作業に該当するものは，表1に示すものである。くい打機をアースオーガーと併用する作業については，適用から除外されている。よって，(2)は誤っている。

表1　騒音規制法・特定建設作業

No.	特定建設作業	適用除外の作業	規制基準
1	杭打ち機 杭抜き機 杭打ち・杭抜き機	モンケン，圧入式，アースオーガと併用作業	現場敷地境界線上85デシベル以下
2	鋲打機	———	
3	さく岩機	1日50mを超えて移動する作業	
4	空気圧縮機	電動機，15kW未満の原動機，さく岩機の動力とする作業	
5	コンクリートプラント アスファルトプラント	混練容量0.45m³未満のコンクリートプラント モルタル製造プラント 混練重量200kg未満のアスファルトプラント	
6	バックホウ	80kW未満の原動機　環境大臣指定のもの	
7	トラクタショベル	70kW未満の原動機　環境大臣指定のもの	
8	ブルドーザ	40kW未満の原動機　環境大臣指定のもの	

2 (1) 振動規制法に，特定建設作業として，「杭打ち機（もんけんおよび圧入式杭打ち機を除く），杭抜き機（油圧式杭抜き機を除く）または，くい打ち・くい抜き機（圧入式杭打ち杭抜き機を除く）を使用する作業」とある。よって，(1)は該当しない。

3 (2) 特定建設作業の振動は，当該作業場所の敷地の境界線において，75dBを超える大きさのものでないこととされている。よって，(2)は誤っている。

表2　建設工事に伴う振動規制基準

特定建設作業の種類	規制基準				
	振動の大きさ[dB]	深夜作業の禁止時間帯	1日の作業時間の制限	作業時間の制限	作業禁止日
1. 杭打ち機（モンケンおよび圧入式杭打ち機を除く），杭抜き機（油圧式杭抜き機を除く）または杭打ち・杭抜き機（圧入式杭打ち・杭抜き機を除く）を使用する作業 2. 鋼球を使用して建築物その他の工作物を破壊する作業 3. 舗装版破砕機を使用する作業（作業地点が連続的に移動する作業にあっては，1日における当該作業にかかわる2地点間の最大距離が50mを超えない作業に限る） 4. ブレーカー（手持式のものを除く）を使用する作業（作業地点が連続的に移動する作業にあっては，1日における当該作業にかかわる2地点間の最大距離が50mを超えない作業に限る）	75	第1号区域では午後7時から翌日の午前7時までの間 第2号区域では午後10時から翌日の午前6時までの間	第1号区域では1日10時間以内 第2号区域では1日14時間以内	連続して6日を超えて振動を発生させないこと	日曜日またはその他の休日

【正解】　1：(2)，　2：(1)，　3：(2)

6・5・2　建設リサイクル法・廃棄物処理法

□□□　**4**　「建設工事に係る資材の再資源化等に関する法律」上，特定建設資材を用いた建築物等の解体工事又は新築工事等のうち，分別解体等をしなければならない建設工事に**該当しないもの**はどれか。

(1)　建築物の増築工事であって，当該工事に係る部分の床面積の合計が500 m² の工事

(2)　建築物の大規模な修繕工事であって，請負代金の額が8,000万円の工事

(3)　建築物の解体工事であって，当該工事に係る部分の床面積の合計が80 m² の工事

(4)　擁壁の解体工事であって，請負代金の額が500万円の工事

《R2-80》

□□□　**5**　次の記述のうち，「建設工事に係る資材の再資源化等に関する法律」上，**誤**っているものはどれか。

(1)　建設資材廃棄物の再資源化等には，焼却，脱水，圧縮その他の方法により建設資材廃棄物の大きさを減ずる行為が含まれる。

(2)　建設業を営む者は，建設資材廃棄物の再資源化により得られた建設資材を使用するよう努めなければならない。

(3)　対象建設工事の元請業者は，特定建設資材廃棄物の再資源化等が完了したときは，その旨を都道府県知事に報告しなければならない。

(4)　分別解体等には，建築物等の新築工事に伴い副次的に生ずる建設資材廃棄物をその種類ごとに分別しつつ当該工事を施工する行為が含まれる。

《R4-70》

□□□　**6**　次の記述のうち，「廃棄物の処理及び清掃に関する法律」上，**誤っているも**のはどれか。

ただし，特別管理産業廃棄物を除くものとする。

(1)　事業者は，産業廃棄物の運搬又は処分を委託した場合，委託契約書及び環境省令で定める書面を，その契約の終了の日から5年間保存しなければならない。

(2)　事業者は，工事に伴って発生した産業廃棄物を自ら運搬する場合，管轄する都道府県知事の許可を受けなければならない。

(3)　多量排出事業者は，当該事業場に係る産業廃棄物の減量その他その処理に関する計画の実施の状況について，環境省令で定めるところにより，都道府県知事に報告しなければならない。

(4)　天日乾燥施設を除く汚泥の処理能力が1日当たり10 m³ を超える乾燥処理施設を設置する場合，管轄する都道府県知事の許可を受けなければならない。

《R5-70》

［解説］

4 (1)　床面積の合計が500m²以上の建築物の増築工事として，分別解体等をしなければならない建設工事に該当する。

(2)　建築物の修繕・模様替え工事であり，請負金額が1億円以上の場合，該当する。よって，(2)は分別解体等をしなければならない建設工事に該当しない。

(3)　建築物の解体工事であって，当該工事に係る部分の床面積の合計が80m²の工事は，分別解体等をしなければならない建設工事に該当する。

(4)　請負代金の額が500万円以上のその他の工作物に関する工事として，分別解体等をしなければならない建設工事に該当する。

5 (3)　対象工事の元請業者は，特定建設資材廃棄物の再資源化等が完了したときは，その旨を都道府県知事に報告する義務はない。よって，(3)は誤っている。

　　ただし，都道府県知事は，特定建設資材廃棄物の再資源化等の適正な実施を確保するために必要な限度において，政令で定めるところにより，対象建設工事受注者に対し，特定建設資材廃棄物の再資源化等の実施の状況に関し報告をさせることができる。

　　なお，「再資源化」とは，次の行為であって，分別解体等に伴って生じた建設資材廃棄物の運搬または処分（再生することを含む。）に該当するものをいう。

①　分別解体等に伴って生じた建設資材廃棄物について，資材または原材料として利用すること（建設資材廃棄物をそのまま用いることを除く）ができる状態にする行為

②　分別解体等に伴って生じた建設資材廃棄物であって燃焼の用に供することができるものまたはその可能性のあるものについて，熱を得ることに利用することができる状態にする行為

6 (2)　産業廃棄物（特別管理産業廃棄物を除く。）の収集又は運搬を業として行おうとする者は，業を行おうとする区域を管轄する都道府県知事の許可を受けなければならない。ただし，自らその産業廃棄物を運搬する事業者や，再生利用の目的となる産業廃棄物のみの収集又は運搬を行う者等は，許可は不要である。よって，(2)は誤っている。

　　同様に，一般廃棄物の収集又は運搬を業として行おうとする者は，業を行おうとする区域を管轄する市町村長の許可を受けなければならない。ただし，自らその一般廃棄物を運搬する事業者や，専ら再生利用の目的となる一般廃棄物のみの収集又は運搬を業として行う者等は，許可は不要である。

【正解】**4**：(2)，**5**：(3)，**6**：(2)

法規

1 「振動規制法」上，指定地域内における特定建設作業に関する記述として，**誤っているもの**はどれか。

ただし，災害その他の非常時等を除く。

(1) ブレーカーを使用し，作業地点が連続して移動する作業であって，1日における作業に係る2地点間の最大距離が60mを超える作業は，特定建設作業である。

(2) 当該作業を開始した日に終わる作業は，特定建設作業から除かれる。

(3) 特定建設作業の実施の届出には，特定建設作業を伴う工程を明示した工事工程表を添付しなければならない。

(4) 特定建設作業を伴う建設工事の施工者は，特定建設作業開始の日の7日前までに実施の届出をしなければならない。

(H23-81)

2 指定地域内における特定建設作業の規制に関する基準として，「振動規制法」上，**誤っているもの**はどれか。

ただし，災害その他非常時等を除く。

(1) 特定建設作業の振動が，特定建設作業の全部又は一部に係る作業の期間が，当該特定建設作業の場所において連続して6日を超えて行われる特定建設作業に伴って発生するものでないこと。

(2) 特定建設作業の振動が，日曜日その他の休日に行われる特定建設作業に伴って発生するものでないこと。

(3) 特定建設作業の振動が，特定建設作業の場所の敷地の境界線において，85dBを超える大きさのものでないこと。

(4) 特定建設作業の振動が，当該特定建設作業の場所において，図書館，特別養護老人ホーム等の敷地の周囲おおむね80mの区域内として指定された区域にあっては，1日10時間を超えて行われる特定建設作業に伴って発生するものでないこと。

(H27-82)

3 「建設工事に係る資材の再資源化等に関する法律」上，政令で定める建設工事の規模に関する基準に照らし，分別解体等をしなければならない建設工事に**該当しないもの**はどれか。

(1) 建築物の修繕・模様替えの工事であって，請負代金の額が1億円であるもの

(2) 建築物以外のものに係る解体工事であって，請負代金の額が500万円であるもの

(3) 建築物の新築工事であって，床面積の合計が500m²であるもの

(4) 建築物の増築工事であって，増築に係る部分の床面積の合計が250m²であるもの

(H20-80)

4　次の記述のうち，「廃棄物の処理及び清掃に関する法律」上，**誤っているもの**はどれか。

(1)　現場事務所から排出される図面，書類は，一般廃棄物である。

(2)　改築時に発生する木くず，陶磁器くずは，産業廃棄物である。

(3)　建築物の地下掘削で生じた建設発生土は，産業廃棄物である。

(4)　軽量鉄骨下地材などの金属くずは，産業廃棄物である。

(H23-80)

5　次の記述のうち，「廃棄物の処理及び清掃に関する法律」上，**誤っているもの**はどれか。

(1)　事業者が産業廃棄物の運搬を委託するときは，運搬の最終目的地の所在地が委託契約書に含まれていなければならない。

(2)　事業者は，工事に伴って発生した産業廃棄物を自ら処理しなければならない。

(3)　事業者は，産業廃棄物（特別管理産業廃棄物を除く。）を自ら運搬する場合，管轄する都道府県知事の許可を受けなければならない。

(4)　汚泥の処理能力が $10m^3/$日を超える乾燥処理施設（天日乾燥施設を除く。）を設置する場合は，管轄する都道府県知事の許可を受けなければならない。

(H25-80)

正解とワンポイント解説

1　(1)　ブレーカーを使用し，作業地点が連続する作業のうち特定建設作業にあたるのは，1日における当該作業にかかわる2地点間の最大距離が50mを超えない作業である。

2　(3)　騒音の場合，特定建設作業の場所の敷地の境界線において，85dBを超える大きさのものでないことと規定されているが，特定建設作業の振動は，特定建設作業の場所の敷地の境界線において，75dBを超える大きさのものでないことと規定されており，振動と騒音で異なる。

3　(4)　増築に係る部分の床面積の合計が500m²以上ではないので，分別解体等をしなければならない建設工事に該当しない。

表3　対象建設工事の規模

工事の種類	規模の基準	
建築物の解体	床面積の合計	80m² 以上
建築物の新築・増築	床面積の合計	500m² 以上
建築物の修繕・模様替え（リフォーム等）	請負金額	1億円以上
その他の工作物に関する工事（土木工事等）	請負金額	500万円以上

4　(3)　建設発生土は建設副産物であり産業廃棄物ではない。

5　(3)　市町村長の許可を受けなければならないものは，収集または運搬を業として行おうとするものである。また，自ら産業廃棄物（再生利用目的など）の収集運搬をするものには許可は不要である。

【正解】 1：(1)， 2：(3)， 3：(4)， 4：(3)， 5：(3)

6·6　その他の法律

[最近出題された問題]

☐☐☐ **1** 宅地造成工事規制区域内において行われる宅地造成工事に関する記述として，「宅地造成及び特定盛土等規制法（旧宅地造成等規制法）」上，**誤っているもの**はどれか。
　なお，指定都市又は中核市の区域内の土地については，都道府県知事はそれぞれ指定都市又は中核市の長をいう。

(1)　宅地造成に関する工事の許可を受けていなかったため，地表水等を排除するための排水施設の一部を除却する工事に着手する日の7日前に，その旨を都道府県知事に届け出た。

(2)　高さが2mの崖を生ずる盛土を行う際，崖の上端に続く地盤面には，その崖の反対方向に雨水その他の地表水が流れるように勾配を付けた。

(3)　宅地造成に伴う災害を防止するために崖面に設ける擁壁には，壁面の面積3m² 以内ごとに1個の水抜穴を設け，裏面の水抜穴周辺に砂利を用いて透水層を設けた。

(4)　切土又は盛土をする土地の面積が1,500m² を超える土地における排水設備の設置については，政令で定める資格を有する者が設計した。

《R5-71》

☐☐☐ **2** 宅地以外の土地を宅地にするため，土地の形質の変更を行う場合，「宅地造成及び特定盛土等規制法」上，**宅地造成に該当しないもの**はどれか。

(1)　切土をする土地の面積が300m² であって，切土をした土地の部分に高さが1.5mの崖を生ずるもの

(2)　盛土をする土地の面積が400m² であって，盛土をした土地の部分に高さが2mの崖を生ずるもの

(3)　切土と盛土を同時にする土地の面積が500m² であって，盛土をした土地の部分に高さが1mの崖を生じ，かつ，切土及び盛土をした土地の部分に高さが2.5mの崖を生ずるもの

(4)　盛土をする土地の面積が600m² であって，盛土をした土地の部分に高さが1mの崖を生ずるもの

《R3-71　＊法改正により問題文を一部修正》

☐☐☐ **3** 貨物自動車を使用して分割できない資材を運搬する際に，「道路交通法」上，当該車両の出発地を管轄する警察署長の**許可を必要とするもの**はどれか。
　ただし，貨物自動車は，軽自動車を除くものとする。

(1)　長さ11mの自動車に，車体の前後に0.5mずつはみ出す長さ12mの資材を積載して

　　運搬する場合
(2)　荷台の高さが1mの自動車に，高さ3mの資材を積載して運転する場合
(3)　積載する自動車の最大積載重量で資材を運搬する場合
(4)　資材を看守するため必要な最小限度の人員を，自動車の荷台に乗せて運搬する場合

《R4-72》

[解説]

1　(1)　地表水等を排除するための排水施設の一部を除却する工事に着手する日の14日前に，その旨を都道府県知事に届け出なければならない。よって，(1)は誤っている。

2　宅地造成及び特定盛土等規制法第2条に，宅地造成とは「宅地以外の土地を宅地にするために行う盛土その他の土地の形質の変更で政令で定めるものをいう。」と定められている。宅地造成に該当する土地の形質の変更には，次のものがある。

　　一　盛土であって，当該盛土をした土地の部分に高さが1mを超える崖を生ずることとなるもの

　　二　切土であって，当該切土をした土地の部分に高さが2mを超える崖を生ずることとなるもの

　　三　盛土と切土とを同時にする場合において，当該盛土及び切土をした土地の部分に高さが2mを超える崖を生ずることとなるときにおける当該盛土及び切土（前二号に該当する盛土又は切土を除く。）

　　四　第一号又は前号に該当しない盛土であって，高さが2mを超えるもの

　　五　前各号のいずれにも該当しない盛土又は切土であって，当該盛土又は切土をする土地の面積が500m²を超えるもの

　　よって，(1)は宅地造成に該当しない。

3　(1)　積載物の長さの制限は，自動車の長さの1.1倍となっている。したがって，長さが11mの自動車に，車体の前後に1mはみ出す資材を積載して運搬するのは制限内である。

　　(2)　積載物の高さの制限は，3.8mから積載場所の高さを減じたものとなっている。したがって，荷台の高さが1mの自動車に，高さ3mの資材を積載して運搬するためには許可が必要である。よって，(2)が許可を必要とするものである。

　　(4)　貨物自動車で貨物を積載しているものにあっては，貨物を看守するため必要な最小限度の人員をその荷台に乗車させることができる。

【正解】　**1**：(1)，**2**：(1)，**3**：(2)

法
規

4 消防用設備等に関する記述として，「消防法」上，**誤っているもの**はどれか。

(1) 消火器などの消火器具は，床面からの高さが1.5m以下の箇所に設ける。

(2) 消防用水は，消防ポンプ自動車が3m以内に接近することができるように設ける。

(3) 消防用水の防火水槽には，適当の大きさの吸管投入孔を設ける。

(4) 地階を除く階数が11以上の建築物に設置する連結送水管には，非常電源を附置した加圧送水装置を設ける。

《H28-82》

5 次の記述のうち，「消防法」上，**誤っているもの**はどれか。

(1) 消防の用に供する設備とは，消火設備，警報設備及び避難設備をいう。

(2) 排煙設備には，手動起動装置又は火災の発生を感知した場合に作動する自動起動装置を設ける。

(3) 工事中の高層建築物に使用する工事用シートは，防炎性能を有するものでなければならない。

(4) 消防機関の検査を受けなければならない防火対象物の関係者は，防火対象物における消防用設備等の設置に係る工事が完了した場合においては，完了した日から7日以内に消防長又は消防署長に届け出なければならない。

《H26-81》

6 次の記述のうち，法令上，**誤っているもの**はどれか。

(1) 分流式の公共下水道に下水を流入させるために設ける排水設備は，「下水道法」に基づき，汚水と雨水とを分離して排除する構造としなければならない。

(2) 「駐車場法」に基づき，自動車の駐車の用に供する部分の面積が500m²以上の建築物である路外駐車場の自動車の駐車の用に供する部分の梁下の高さは，2.1m以上としなければならない。

(3) 「水道法」に基づき，給水装置の配水管への取付口の位置は，他の給水装置の取付口から30cm以上離さなければならない。

(4) 工事用板囲を設け，継続して道路を使用しようとする場合は，「道路法」に基づき，当該道路を管轄する警察署長の許可を受けなければならない。

《H21-82》

［解説］

4 (2) 消防法施行令第27条第3項第四号に，「消防用水は，消防ポンプ自動車が2m以内に近接することができるように設けること。」と定められている。よって，(2)は誤っている。

5 (4) 消防用設備等の設置に係る工事が完了した場合，完了した日から4日以内に消防長又は消防署長に届け出なければならない。よって，(4)は誤っている。

表1 消防用設備等の種類

種　別	種　類
消　防　設　備	① 消火器および簡易消火用具 ② 屋内消火栓設備 ③ スプリンクラー設備 ④ 水噴霧消火設備 ⑤ 泡消火設備 ⑥ 不活性ガス消火設備 ⑦ ハロゲン化物消火設備 ⑧ 粉末消火設備 ⑨ 屋外消火栓設備 ⑩ 動力消防ポンプ設備
警　報　設　備	① 自動火災報知設備 ② 漏電火災警報器 ③ 消防機関へ通報する火災報知設備 ④ 次に掲げる非常警報設備，その他の警報器具 　(ア)非常ベル　(イ)自動式サイレン　(ウ)放送設備
避　難　設　備	① すべり台・避難はしご・救助袋・緩降機・避難橋・その他の避難器具 ② 誘導灯および誘導標識
消　防　用　水	① 防火水槽 ② 貯水池，その他の用水
消火活動上 必要な施設	① 排煙設備 ② 連結散水設備 ③ 連結送水管 ④ 非常コンセント設備 ⑤ 無線通信補助設備

6 (4) 道路法第32条により，建築等にともない足場・板囲や朝顔（落下防護施設）など工事用施設を，道路上に設置する場合は，道路管理者の許可（道路占用許可）申請が必要になる。よって，(4)は誤っている。

【正解】 **4**：(2)， **5**：(4)， **6**：(4)

法

規

［執 筆 者］ 宮下　真一 （東急建設㈱，博士（工学））

村田　博道 （㈱森村設計，技術士（衛生工学部門），設備設計一級建築士）

杉田　宣生 （一級建築士事務所 ハル建築研究所，一級建築士）

片山　圭二 （東急建設㈱，博士（工学））

平田　啓子 （一級建築士事務所 鈴木アトリエ，一級建築士）

令和6年度版　第一次検定

1級建築施工管理技士　出題分類別問題集

2023 年 11 月 13 日　初 版 印 刷
2023 年 11 月 20 日　初 版 発 行
2024 年 5 月 15 日　初 版 第 2 刷

執筆者　宮　下　真　一
（ほか上記4名）

発行者　澤　崎　明　治

（印刷・製本）　大日本法令印刷
（装丁）　加藤三喜　（トレース）　丸山図芸社

発行所　株式会社　市ヶ谷出版社
東京都千代田区五番町5
電話　03-3265-3711(代)
FAX　03-3265-4008
http://www.ichigayashuppan.co.jp

ⓒ 2023　　　　　ISBN 978-4-86797-332-5